JE MONTE MON LABEL

Jean-Noël BIGOTTI

JE MONTE MON LABEL

Guide pratique du producteur de phonogrammes

4e édition revue, augmentée et mise à jour

Avec le soutien de la SPPF

Avec le soutien de :

Ministère de la Culture et de la Communication
DGCA (Direction générale de la création artistique)

Adami
Société pour l'administration des droits des artistes et musiciens interprètes

CNV
Centre national de la chanson, des variétés et du jazz

FCM
Fonds pour la création musicale

Sacem
Société des auteurs, compositeurs et éditeurs de musique

SPPF
Société civile des producteurs de phonogrammes en France

irma
centre d'information et de ressources pour les musiques actuelles

Édito

Producteur indépendant, un métier d'avenir !

Cela va sans doute sembler paradoxal : alors même que nous vivons les plus profonds bouleversements de notre métier depuis sans doute sa création, je suis d'un optimisme et d'une conviction sans failles quant à la pertinence et la pérennité de notre existence.

Que n'a-t-on entendu comme discours désobligeants à notre égard ?

Il fallait supprimer les intermédiaires, libérer les artistes des parasites et du joug du producteur tout puissant.

Tout a été dit, ressassé, caricaturé. Et pourtant.

Mon Facebook est submergé de demandes de rendez-vous, ma boîte mail regorge de liens que m'envoient jeunes artistes et managers rêvant (c'est eux qui le disent) de « signer », oui SIGNER, avec un label.

Eux savent que nous sommes complémentaires, que leur métier est de créer et le nôtre de les accompagner et de les guider.

Oui, j'ose l'affirmer, la « direction artistique » est une activité noble à forte valeur ajoutée.

Oui, j'ose le revendiquer, le travail de son, choix de titres, choix de réalisateur, recommandation de musiciens et ingénieurs, tout comme le travail sur l'image et la stratégie promotionnelle sont déterminants dans la carrière des artistes.

Ce sont ces expertises qu'ils attendent de nous et de nos équipes.

Au-delà des moyens financiers indispensables, c'est de conviction, de vision et de ténacité qu'il s'agit.

Le modèle indépendant impose une grande maîtrise des enjeux chiffrés.

L'analyse des besoins financiers et humains, celle du potentiel de développement sont nos premières obligations.

Je réfute la théorie du « lancer de fléchettes » qui laisse à penser que le hasard octroie un taux de réussite de l'ordre de 10 à 20 %.

Certes, nous ne réussissons pas tout.

Et nos échecs sont extrêmement douloureux ne fût-ce que parce que nous sommes constamment en première ligne.

Mais ceux d'entre nous qui traversent les années doivent plus à leur engagement qu'au destin.

Car au fond, que nous demandent les artistes ?

De leur donner les moyens financiers d'enregistrer le disque (leur premier est toujours magique) dont ils rêvent depuis toujours.

De les guider dans les choix à effectuer au cours de cette période de gestation tellement grisante.

Ensuite il nous faut littéralement « porter » le projet.

Une expertise à renouveler sans relâche : en moins de 20 ans on est passé des « périphériques omnipotentes » à la toile participative.

J'ai coutume de dire que nous vivons dans un monde « Blade Runner », un futur proche dans lequel toutes les expériences s'additionnent et cohabitent.

C'est dire si la polyvalence est indispensable.

(La relation avec les FM aux places devenues si rares est toujours d'actualité, comme celle qu'on se doit d'entretenir avec les télévisions et la presse écrite de toujours.

À ceux-ci sont venus s'ajouter les blogs, web radios, YouTube, Deezer et autres DailyMotion, Twitter et Facebook.

Sans compter les marques désormais avides de chair artistique susceptible de leur conférer l'image *ad hoc*.)

La question du périmètre de nos activités est posée : imposée par l'impérieuse nécessité de maîtriser tous les compartiments du jeu autant que celle d'assumer toutes les compétences. Artistique, gestion, stratégie, moyens : nos artistes attendent beaucoup de nous.

Quelle que soit la casquette portée initialement d'ailleurs : on peut être label-producteur, mais on est aujourd'hui manager/producteur, éditeur/producteur, tourneur/producteur.

Voire tout à la fois.

Seul ou en partenariats constructifs (on dit aujourd'hui on dit mutualisation).

Scène, *branding*, revenus éditoriaux, RIEN N'EXISTE SANS LE DISQUE.

Carte de visite, matière première indispensable.

Mais le disque est souvent l'activité la moins rémunératrice.

Ce n'est pas le moindre des défis auquel il faut faire face.

Les contraintes et les pressions sont énormes.

Mais l'aventure plus belle, plausible et passionnante que jamais.

Marc Thonon
www.atmospheriques.com

Mode d'emploi

Monter son label ou créer son entreprise phonographique revient d'un point de vue professionnel à maîtriser des compétences techniques, artistiques, juridiques, relationnelles, médiatiques, fiscales, etc. Tout un programme !

Le disque prouve dans son exploitation qu'il est un produit culturel de consommation de masse ; et comme tout projet d'entreprise, créer son label nécessite d'être le mieux armé pour affronter la tempête.

Vous trouverez dans ce guide un maximum d'informations qui ne vous dispenseront pas de la lecture des autres guides pratiques de l'Irma, utiles pour appréhender toutes les facettes de ce métier :

- *L'Édition musicale* de l'illustre Jean-François Bert, ouvrage où les rôles et domaines d'intervention de l'éditeur sont définis, de même que ses relations avec les auteurs et la Sacem, afin de mieux cerner les logiques à l'œuvre et les enjeux financiers.
- *Les Contrats de la musique* de Pierre-Marie Bouvery qui fournit les clefs essentielles des rapports contractuels entre partenaires dans les différents secteurs de la musique que sont notamment l'édition musicale, la production phonographique, le spectacle vivant, la gestion de carrière et la musique en ligne.
- Du même auteur, *Les Contrats 360°* propose une explication des contrats à droits multiples, pratique de plus en plus fréquente et véritable indicateur de l'évolution des métiers dans le monde de la musique.
- *Profession entrepreneur de spectacles* de Philippe Audubert qui contient tous les renseignements sur le métier de ceux qui prennent des risques financiers pour assurer la promotion d'artistes ou de groupes par le biais de la scène.
- *Musique et stratégies numériques* de Virginie Berger dans la collection « ®évolutic » permet à chacun d'appréhender les nouvelles façons de monétiser des œuvres.

Cet ouvrage a pour but de répondre à la demande importante et constante des jeunes créateurs de label, qui sont à la recherche d'outils pour défricher le terrain et d'informations sur le fonctionnement du marché du disque.

Produire un disque, le faire presser, trouver des moyens de distribution, de promotion, suppose la réussite de la combinaison d'un projet artistique et d'un plan de financement. Séparer l'un de l'autre est dangereusement hasardeux, sachant les investissements humains, techniques et financiers mis en œuvre. Mettre à plat le projet et toutes ses implications en termes de mise en œuvre (choix esthétiques, techniques, financiers, de promotion, etc.) vous permettra de mettre par écrit un premier budget prévisionnel. Et plus encore d'élaborer des stratégies de développement à court, moyen et long terme.

Créer une structure de production est aussi un pari : celui de faire se rencontrer un artiste avec son public et de développer la carrière du premier pour le plaisir des seconds, sans oublier de faire prospérer son entreprise...

Cependant, quelles que soient les aides que vous trouverez pour mener à bien cette aventure humaine et entrepreneuriale, restez réalistes dans vos projets. Même si vous êtes persuadés de réussir, mettez bien en corrélation l'ampleur du projet et les financements dont vous disposerez au final.

L'objectif de cet ouvrage est de répondre à la majorité des questions que tout nouvel entrepreneur phonographique se pose lorsqu'il se décide à franchir le pas.

D'où le sous-titre de *Guide pratique du producteur de phonogrammes* qui souligne les défis que doivent relever les producteurs, face aux nouvelles technologies, au déclin des ventes de disque, au renouveau du marché du vinyle, au souci de mettre à disposition des catalogues introuvables ailleurs, et bien d'autres challenges...

Le lecteur rencontrera des noms de labels qui n'existent plus, mais les citations et les conseils des personnes qui ont participé à cet ouvrage restent toujours utiles. Ce fait est bien plus lié à la conjoncture économique qu'à une volonté de la part des acteurs de quitter le milieu.

Chaque Midem apporte son lot de nouveautés : en 2011, c'était principalement la monétisation des revenus liés aux activités de l'artiste. Mais la situation des producteurs n'en reste pas moins rude. Particulièrement parce que le schéma traditionnel de la musique explose et que de nouveaux acteurs viennent se positionner sur le marché de la musique dans son acception la plus large : on cherche encore un modèle économique fiable qui se substitue à l'ancien.

Sans pour autant faire de cet ouvrage une compilation de renseignements sur la survie en milieu hostile, l'important y est pour vous de trouver des pistes et des conseils afin de créer, développer et pérenniser vos entreprises. « En ce moment, c'est le meilleur moment pour les entrepreneurs. C'est le moment de créer, d'être différent, de créer des nouveaux modes de distribution[1]. » Mais gardez bien à l'esprit que monter un label : « C'est une culture du faire. D'apprendre en faisant[2] ! »

N'hésitez donc pas à consulter l'Irma, les partenaires professionnels incontournables et les lieux ressources référencés dans *L'Officiel de la musique*. Ils pourront vous faire bénéficier de leurs compétences, de leur recul sur votre projet et vous empêcher de foncer dans un mur. Vous trouverez à la fin de cet ouvrage la liste de ces contacts.

Sur ce, bonne lecture et bonne aventure !

Jean-Noël Bigotti
Responsable des éditions et du Centre de ressources et de documentation de l'Irma
jnbigotti@irma.asso.fr

1. Jean-Pierre Weiller.
2. Philippe Conrath.

Les pages qui vont suivre sont le fruit d'un travail de recherche, mais aussi de rencontres avec des « professionnels de la profession ». Certaines de ces entreprises n'existent hélas plus : la crise est passée par là. Mais cependant les propos de leurs auteurs sont toujours pertinents et témoignent de leur engagement, de leur créativité, de leur inventivité et de leur passion pour le travail de producteur de phonogrammes. Il nous a semblé important de leur rendre hommage en gardant leurs propos qui restent toujours aussi criants d'actualité...

INTRODUCTION

« Le label indépendant est la dynamite qui fait sauter les verrous des portes d'accès aux *majors* : pas rentable, pas vendable, pas présentable, pas dans l'air du temps, cadre pas avec les quotas du moment, pas assez exotique… »,

CM, label Monstertruck Corp.

1. Qu'est-ce qu'un label ?

« À partir du moment où l'on fait un disque en respectant toutes les règles, on devient un vrai label »,
Cédric Grouhan.

Préalable à tout propos, une définition commune :

À l'origine, il s'agit de la marque servant à commercialiser des productions [1]. C'est cette acception première qui désigne la marque commerciale sous laquelle une maison de disques décide d'éditer un certain type de production pour des raisons d'homogénéité de catalogues ou de ligne éditoriale.

La maison de disques est donc l'entité première. Le label est intégré à la maison de disques tout en disposant souvent de sa propre équipe. Un label peut aussi désigner la marque commerciale d'un producteur indépendant ayant conclu un accord de licence avec une maison de disques. Enfin, le terme s'utilise aussi aujourd'hui pour une maison de disques à part entière, souvent lorsqu'il s'agit d'un éditeur indépendant. Les appellations commerciales développant des lignes éditoriales précises prendront alors la forme de collections.

On parle de label indépendant lorsque le label dispose d'une structure de distribution propre qui lui laisse toute latitude pour ne dépendre de personne d'autre. Mais l'utilisation fort commode du terme d'« indés » en France permet de déterminer la philosophie qui anime une structure.

Avant toute chose, il convient pour tout porteur de projet, de se poser la première question :

2. Pourquoi monter un label ?

Pour diffuser des artistes ou une esthétique musicale

« La fonction d'un producteur est de faire connaître au plus grand nombre »,
Jean-Pierre Weiller.

C'est une évidence, mais pour beaucoup de producteurs, le travail d'un label consiste en la construction d'un catalogue, d'une écurie. Les artistes d'un label représentent aussi la mentalité du producteur.

Par challenge

« Il faut être ouvert, en mouvement permanent, au risque de s'étioler au niveau de la créativité. C'est tellement dur en terme de business, de commercialisation, de marketing... »,
Christian Bordarier.

Le travail sur des niches permet à des artistes d'être diffusés à des échelles qu'aucun éditeur phonographique généraliste ne pourrait supporter. Certains labels ont des productions dont les chiffres de fabrication et de vente sont de l'ordre du discret, voire de l'invisible au niveau national... Ces petits éditeurs sont alors contraints par le marché à assumer toutes les étapes : de la production

1. Et pour les labels de musique, de l'étiquette en papier apposée au milieu du vinyle...

à la fabrication et à la distribution. Il est clair que « c'est le moment de réinventer l'artisanat[2] ! » dans ce milieu, particulièrement pour des disques qui ont un public et pas forcément un espace de vente dans les circuits traditionnels.

Pour s'enrichir ? pas vraiment. Mais tant mieux si ça arrive...

« Avec un ticket de millionnaire, on a une chance sur 4,5 de revenir sur son investissement, statistiquement, on sécurise 25 % de son investissement. Ce qui n'est pas le cas quand on fait un disque », Frédéric Venant.

Autant le dire tout de suite, la majeure partie (plus de 70 %) de la production nationale dans le disque est déficitaire... L'APCE[3], dans sa fiche « Entreprendre dans le domaine musical » donne quelques données en nombre de créations du secteur de l'édition phonographique. En 2009, 3 448 entreprises étaient référencées (472 créations en 2008).

La classification pour les entreprises liées à la production phonographique est la suivante : 59.20Z Enregistrement sonore et édition musicale[4]. Pour les sites de téléchargement, c'est le code 62.01Z qui est utilisé.

La réalité est plutôt celle d'un tissu dense de microstructures, qui regroupe plus des deux tiers des salariés du secteur (dont, bien souvent, le porteur de projet lui-même), soit environ 4 000 salariés.

« Créer un label aujourd'hui est beaucoup plus dur qu'hier tant le poids des *majors* est écrasant. La fusion des groupes ne laisse aucune place aux plus petits. Les moyens mis dans le marketing et la promo peuvent être de véritables machines de guerre capables de tout vampiriser[5]. » Des années après, le constat a changé mais pas en mieux. Les rayons des magasins diminuent et le numérique n'est pas encore l'aubaine tant attendue. Par contre, les outils de l'ère digitale permettent de gérer de mieux en mieux la visibilité et donc les potentielles retombées financières. On se rapportera au focus « L'emploi dans le disque » réalisé par l'Irma, sur son site.

En outre, créer une entreprise en France est une affaire lourde à gérer en général, en termes de « paperasserie » administrative, à laquelle il ne faut pas être allergique : frais de production traduits en comptabilité, décomptes de *royalties*, rigueur au quotidien, etc. Le défi, c'est aussi d'être consciencieux dans la gestion quotidienne de son entreprise. On le voit, le métier de producteur est un combat sur plusieurs fronts !

Un label, c'est aussi valoriser une expérience, une idéologie et une organisation pratique, mais aussi créer du patrimoine.

Maintenant que le lecteur est averti des difficultés, nous pouvons continuer...

2. Gilles Castagnac, directeur de l'Irma.
3. Agence pour la création d'entreprise.
4. L'ancien code Naf [22 1 G] intégrait l'édition de disques, de disques compacts et de bandes contenant de la musique ou d'autres enregistrements sonores, ainsi que l'édition de produits alliant livres et moyens sonores audiovisuels.
5. Entretien avec François Hadji-Lazaro, in *Multiprises*, n° 6, janvier-mars 2003, LMA, p. 14-15.

Chapitre Ier

Une expérience

1. Des centaines d'aventures

Que ce soit le distributeur de disques qui se lance dans la production parce qu'il a l'opportunité de développer un catalogue qui corresponde aux musiques qu'il apprécie, que ce soit l'étudiant en école de commerce qui crée sa boîte, les vieux briscards du disque qui, avec leur expérience, décident d'exploiter à leur compte leur savoir-faire, le musicien qui se lance dans sa propre production puis dans celle des autres, le journaliste ou l'attaché(e) de presse qui développe des projets personnels, le studio d'enregistrement qui crée un label pour pouvoir exploiter commercialement certaines œuvres enregistrées dans ses locaux... Tous ont en commun le goût de la belle ouvrage, l'envie de côtoyer de « l'intérieur » un milieu qu'ils adorent, et de donner leur chance à des artistes qui veulent aussi avoir voix au chapitre.

Mais, sans se limiter à quelques stéréotypes, le créateur de label n'a pas vraiment l'allure du célèbre producteur cynique au cigare derrière son bureau. La diversité des musiques, leur difficulté d'exposition et de diffusion et en même temps, l'opportunité de développer un catalogue, en font des créateurs d'entreprise conscients des enjeux de l'industrie du disque et de la carrière de leurs protégés.

Les personnes rencontrées ont également en commun une capacité : celle de parler de leur métier et des artistes avec enthousiasme, sans déni, sans s'apitoyer. Et en cherchant des solutions pour produire et rentabiliser leur travail. Constamment.

Un des *leitmotivs* de la plupart des labels est le suivant : le label est un regroupement de personnes, un collectif artistique, au niveau du son, de la philosophie, de l'image pour produire une œuvre et la proposer à la curiosité du marché.

2. Profils de producteurs

La pugnacité dans un milieu réputé difficile (et à raison) est un des atouts du producteur. Un réseau de connaissances, forgé avec le temps et l'expérience, caractérise aussi cette profession. La capacité d'adaptation rapide à un milieu changeant, la compréhension des enjeux du numérique marque les nouveaux producteurs... Tous les chemins mènent à la production d'un catalogue de phonogrammes, même si la passion semble être le moteur de toute création.

Pour certains, l'entrée s'est faite par la vente de disques ou le goût de musiques introuvables en France : « En 1977, j'ai ouvert un magasin de disques. Puis, j'ai élaboré un fonctionnement en réseau *via* les autres disquaires, les artistes, les festivals où l'on vendait des disques de ces "musiques de traverse". En 1981, nous avons créé Madrigal France, distribution de catalogues introuvables. Et puis très logiquement, nous avons proposé des licences, en simultané avec la distribution d'un catalogue et les éditions[6]. »

6. Christian Bordarier.

Pour d'autres, c'est la scène qui a été le déclencheur… « Au festival Transmusique, j'ai rencontré Claude Barthélémy qui jouait à l'époque avec Portal et j'ai trouvé incroyable que personne n'ait jamais proposé à ce guitariste de faire un disque. Au début je me suis entouré de quelques personnes, pour produire deux disques. On a emprunté de l'argent, et on s'est rendu compte qu'on avait monté un label quand les disques sont sortis[7]. »

Pour tous, cependant, c'est la passion qui anime le désir de faire ce métier « si on ne fait pas les choses avec passion, on passe à côté de son métier… On ne vend pas des boîtes, même si l'on fait quelque chose de figé comme un disque. Cela participe tellement à une aventure humaine ! La passion avant tout[8] ».

> « Au tout début du label Virgin, il y avait une boutique qui vendait ses disques à Paris, c'était une boulangerie qui était rue du Moulin de la Vierge. Tu rentrais et tu disais que tu voulais aller acheter les disques, et là en bas, il y avait une malle remplie de disques Virgin… »,
>
> *Christian Bordarier.*

7. Philippe Conrath.
8. Philippe Lecante.

Chapitre II

L'idéologie

1. Indépendants et *majors*, au-delà de l'éternel débat

« *Les indépendants sont le Viagra des* majors[9] »,
Henri de Bodinat.

Le match *major vs* indépendant est un débat qui anime le secteur du disque depuis si longtemps… De fait, une *major*, c'est un indépendant qui a bien réussi puisque « la différence technique entre indés et *majors* (la hauteur dans la hiérarchie pyramidale de la prédation) a été faite par l'histoire. Les *majors* ont mangé plus de monde et se sont diversifiées[10] ».

La complémentarité s'affirme bien dans un tel cadre, puisque les *majors* envoient aussi aux labels indépendants des artistes en disant : lui, il saura le faire !

Le contrat de licence est un autre exemple des relations entre indépendants et *majors*.

Les *majors* sont très utiles pour les indépendants à partir d'un certain niveau de ventes (5 000 à 10 000 exemplaires) où le rouleau compresseur des moyens des *majors* va se mettre en place pour le faire passer à 30 000. On peut aussi se poser la question de savoir si lorsque l'on a vendu autant d'albums par ses propres moyens, on a toujours besoin d'une *major*… « C'est encore plus le temps des indépendants, malgré une vraie difficulté. Les *majors* vont s'appuyer de plus en plus sur ceux-ci. Et ils vont avoir des possibilités de marché qu'ils n'avaient pas. Tout le marché de la musique est revisité en ce moment. Avec de nouvelles méthodes de production et de distribution[11]. »

Et c'est encore plus vrai si l'on raisonne à l'aune de l'inertie d'une grosse entreprise qui ne peut réagir suffisamment rapidement pour saisir certaines opportunités. À l'inverse, les indépendants font preuve d'une constante inventivité dans la réinvention de leur travail. Le label La Plage Records rappelait que son single « Coup de boule », succès post coupe du monde de football, était un des exemples de réactivité puisqu'ils avaient reçu le fichier le lundi et que le jeudi, le contrat était signé.

Dans une *major*, la politique de catalogue tient en trois grands points : la gestion du fonds de catalogue (rééditions, compilations), la récupération d'artistes connus et la recherche de nouveaux artistes (le *scouting* qui existe encore, n'en déplaise à ceux qui disent qu'il n'y a plus de signatures).

9. In *La Lettre du disque*, n° 330, 19 mars 2002, p. 3.
10. Marsu.
11. Adrien Moisson.

Chez un indépendant, on peut très bien retrouver tous ces points : réédition d'œuvres du patrimoine (Frémeaux) ou d'autoproduits mal développés, récupération d'artistes à qui l'on a « rendu » leur contrat (tendance lourde à l'heure actuelle, au vu de la politique artistique des *majors*), recherche constante de talents à développer. « Le label a vocation d'exemple et de média, dans le développement de groupe, mais aussi d'éducation de masse. La scène française manque d'histoire. Le fait de rééditer du fonds de catalogue a la même fonction qu'un éditeur qui va rééditer une collection complète d'ouvrages. Le but est de mettre à disposition des gens, des collections[12]. »

Les échelles ne sont pas les mêmes, les moyens non plus, mais les missions sensiblement similaires.

De plus, la pratique prouve que les deux modes de gestion des carrières d'artistes s'entremêlent au cours du temps. Que des labels comme Barclay, ou d'autres, qui ont développé de nombreux artistes aient été rachetés avec leurs équipes par des *majors* en est un exemple.

Le départ d'artistes d'un label vers une *major* pour des raisons de développement international ou de capacités financières, en est un autre.

De même, la volonté de certains indépendants de figurer sur les catalogues de distribution des *majors* est une autre preuve de cette coexistence, faite de complémentarités pas toujours faciles, mais nécessaires.

2. Des différences pourtant bien marquées

C'est le mode de fonctionnement même de ces deux types de structures qui diffère.

L'organisation des *majors* avec une organisation de multinationale et des filiales ayant des obligations de résultat veut que le développement d'un artiste coûte cher, qu'il vende beaucoup ou peu. Chez les indépendants, c'est la présence sur des créneaux et des réseaux bien définis selon les esthétiques musicales qui leur permet de se positionner de façon beaucoup plus réactive. Ce qui caractérise un indépendant, c'est sa débrouillardise et son adaptation tout terrain.

Certains indépendants font le pari de distribuer leurs artistes par des canaux différents selon leur évaluation du distributeur le plus pertinent pour développer un disque sur un territoire donné.

C'est aussi la *joint-venture* : la *major* apporte la distribution et l'argent au label qui propose l'artistique et le développement.

Un autre point de vue est le suivant : « Les *majors* occupent 90 % du marché, elles ne peuvent pas faire du "One to One", il n'y a que des artisans comme nous pour pouvoir le faire[13]. »

3. Les trois critères de distinction entre *majors* et indépendants

3.1. Le statut

Les *majors* appartiennent à de plus grands groupes, et la partie « industrie du disque » ne représente qu'une (petite) partie du chiffre d'affaires de ces grandes entités.

12. Marsu.
13. Frédéric Venant.

Le terme indépendant vient, par définition, du fait qu'ils ne sont pas intégrés à une compagnie plus importante. Un indépendant est un éditeur phonographique qui détient un contrôle de l'image de marque et un contrôle de gestion de stocks.

3.2. La structure des maisons de disques

La *major* contrôle l'ensemble des activités de la chaîne phonographique (intégration verticale), que ce soit la production, l'édition graphique ou phonographique, la distribution... ainsi que différents labels selon l'esthétique musicale (intégration horizontale) ; et ce partout dans le monde.

Les indépendants se caractérisent plutôt par une activité axée sur la signature d'artistes, leur promotion et leur distribution. Néanmoins, de plus en plus de labels indépendants maîtrisent de mieux en mieux les différentes étapes d'intégration verticale.

3.3. L'idéologie

Les indépendants parlent plutôt de développement de carrière que de signature, d'accompagnement d'artistes que de bénéfices et s'opposent (sans pour autant généraliser) à la volonté oligopolistique des *majors*, qui par leur puissance d'investissement sont capables d'être présentes sur tous les marchés.

« Chaque artiste est important en termes de sortie ! Il faut développer tout le catalogue et ne pas sacrifier une sortie pour une autre... [14] » Ce qui n'est souvent pas le cas lorsqu'une maison de disques de grande envergure sort une centaine de nouveautés par an dans le monde entier. Et avec des équipes réduites...

Selon l'UPFI : « [...] Les indépendants [...] sont les garants de la diversité de la création et du renouvellement des genres musicaux [15] [...] ». Ce ne sera pas facile, particulièrement dans le contexte économique actuel, mais c'est une magnifique aventure humaine.

14. Laurent Milcent.
15. Livre blanc de l'UPFI, *Les objectifs prioritaires des producteurs de phonogrammes pour l'année 2002. Pour une industrie musicale au service de la diversité*, UPFI, 2001.

Chapitre III

Une organisation pratique

Le métier d'un label reste fondamentalement d'éditer un catalogue qui se vende; et donc de connaître et maîtriser les circuits de diffusion et de distribution. Dont notamment les circuits « institutionnels » (médias et professionnels).

Corinne Matheron distingue quatre types de maisons de disques, chacune avec des attentes différentes. Selon elle, les maisons de disques se donnent deux types de « discours ».

Le premier est celui du « chaque artiste est "un cas particulier" qui entraîne un morcellement des actions et brouille la vision globale sur les cibles privilégiées de l'entreprise[16] ». Avec pour conséquence d'induire : « [...] une mauvaise prise en compte des cibles et une incapacité à organiser des actions de communication globale dans leur direction ».

Le second se fonde sur le principe du « toutes les maisons de disques fonctionnent de la même manière [...] leur accès aux circuits de diffusion leur permet de "fabriquer des titres". Cette position conduit à une focalisation sur le plan média et aseptise le message artistique ».

Voici un extrait de son analyse de ces différents types de labels :

	Métier de base	**Rentabiliser**	**« Chaque artiste est un cas particulier »**	**« Notre maison est différente »**
	Faiseurs de tubes	Faiseurs de compilations	Performance sur les produits	Différenciation par l'image
Facteur de succès	Maîtrise de la diffusion (cible : les médias)	– Investissement en communication de masse – Négociation des tubes	– Artistique – Maîtrise de la diffusion – Maîtrise des cibles	– Cohérence d'images – Artistique – Maîtrise diffusion et cibles
Objectif	– Parts de marché – Couverture	Rentabiliser	– Parts de marché – Images de compétence	– Se différencier – Vendre du rêve
Limites	Non-maîtrise circuits promo différents (concerts...)	N'apporte pas de renouvellement	– Absence d'économie d'échelle – *Turn-over*	Énorme besoin en marketing et communication
Risques	– Renforcer le pouvoir de la diffusion – Fragilisation de la fonction découverte	Rachat	– Faible transmission du savoir-faire – Faible fidélisation du personnel	Arrivée d'une concurrence institutionnelle
Travail de communication	– Plan média primordial – Pas d'institutionnel	– TV primordiale – Pas d'institutionnel – Ni radio, ni presse	– Message artistique primordial – Plan média important	– Institutionnel important – Cohérence communication des produits

16. Corinne MATHERON, « Avec ou sans cible », in *Yaourt*, n° 5, août 1990, p. 31-33.

1. Des métiers dans l'entreprise

Quelque soit le type de label créé, on y retrouve souvent plusieurs personnes aux compétences très différentes, et chacune d'entre elles est complémentaire car elle s'inscrit dans des fonctions au sein de l'entreprise.

Le directeur marketing :

Le marketing représente l'ensemble des moyens à mettre en œuvre pour qu'un produit rencontre son public. Le directeur marketing chapeaute toutes les opérations à mettre en place dans ce but. Les budgets selon la notoriété de l'artiste, comme les volumes d'achat d'espaces publicitaires, les opérations spéciales... C'est également lui qui va décider des « *produits plus* » à adjoindre à un disque (titres inédits, singles, DVD, T-shirts...) d'un artiste en général reconnu pour augmenter la motivation à l'achat. En compagnie du directeur promotion, il décide du message à transmettre sur l'artiste ou l'album auprès des médias et des professionnels. Message à distinguer de celui communiqué au grand public.

Le *special marketing* :

Alors que le marketing du disque est un marketing de l'offre (l'artiste devant trouver son public), les cellules de *special marketing* se préoccupent d'avantage d'être à l'écoute du marché. Notamment dans le cadre des compilations d'artistes qui sont du développement de fonds de catalogue. Nommé aussi *back catalogue*, c'est le catalogue des œuvres déjà produites qui tourne tout seul et reste dans les bacs, permettant de faire du chiffre sur certaines références.

Cette division du marketing travaille aussi sur des concepts, comme la lounge music où l'on s'est aperçu qu'avec une bonne prescription (des lieux), le public était prêt à payer pour découvrir des titres.

Le *label manager* :

Avec des responsabilités et des missions qui oscillent entre le chef de produit et le directeur, le *label manager* gère un catalogue ou d'autres labels en licence au sein de la maison de disques. On assiste à une modification des fonctions depuis l'explosion des petites structures, le *label manager* devenant alors le gérant de la structure, s'impliquant aussi bien dans les questions artistiques, qu'entrepreneuriales.

Le chef de produit :

Dans la segmentation des genres musicaux inhérente au fonctionnement des plus gros labels, le chef de produit s'occupe de plusieurs artistes, dans une même ligne musicale, dont il gère toutes les activités inhérentes à la vie du label, d'un point de vue marketing. Et, paradoxalement, c'est souvent le contact principal de ces artistes avec qui il va discuter des choix artistiques et commerciaux. Il réalise le message de communication du produit (que ce soit un artiste ou un album), ainsi que le plan de communication en termes de budget et d'articulation de la campagne de promotion à mener auprès du grand public. Il finalise le plan média.

Le directeur artistique :

Il pratique le *scouting*, découverte des nouveaux talents, et il est le premier interlocuteur des groupes qui souhaitent signer en maison de disques. Son travail n'est pas de discuter des budgets, mais d'être à l'affût des nouvelles tendances et de signer les artistes de demain, ainsi que de décider du moment opportun où le disque devra sortir. Poste très envié de la plupart des personnes qui cherchent à travailler en maisons de disques. C'est aussi celui qui se retrouve le plus souvent sur la sellette… Il n'a pas droit à l'erreur.

Le responsable juridique :

Il participe à la négociation des contrats qu'il rédige et suit. Il conseille les autres services du label et gère les demandes d'autorisation faites aux artistes ou au producteur. Il peut également coordonner les demandes de subvention et participer à la vérification des décomptes de redevances.

Le directeur promotion :

Il a en charge toutes les actions de promotion des artistes et des sorties de disques prévues par le label. Toutes les créations d'événements qui doivent accompagner un projet pour attirer l'attention. Ce service comporte en général dans les plus grosses structures des spécificités selon les médias : radios, télévisions, presse, discothèques. Il chapeaute les activités des attaché(e)s de presse et s'occupe du bon déroulement du plan média.

L'attaché(e) de presse :

La qualité commune à tous les attaché(e)s de presse, c'est d'être chaleureux(se) et disponible, d'avoir un vrai carnet d'adresses pour « toucher » directement les bons médias (journalistes, contacts importants auprès des télévisions, des radios…) et ainsi permettre de diminuer les coûts de promotion en la rendant plus efficace. Son entregent lui permet de contacter les médias pour parler de l'artiste, trouver des interviews, envoyer des places de concerts, des CD promotionnels, envoyer tout support d'information (écrit, image, ou son) aux médias et participer à la mise en place de partenariats.

Le responsable redevances :

Il analyse les contrats en liaison avec le service juridique pour les intégrer aux systèmes d'information. Il vérifie le contenu des contrats et des conditions de rémunération, suit les décomptes de redevances (*royalties*) et les vérifie ; ainsi que les facturations. Il envoie les relevés semestriels aux ayants droit.

Le directeur commercial :

Dans le cadre de la distribution, c'est lui qui gère les représentants commerciaux sur le terrain, définit les priorités du catalogue à distribuer selon l'actualité du label et reporte au directeur marketing.

Le représentant :

C'est lui qui rencontre tous les vendeurs de disques sur la région qui lui est impartie. Il est en contact permanent avec les disquaires des rayons des grandes surfaces spécialisées (Fnac, Virgin…) et a un rapport privilégié avec ceux-ci. Il fait ainsi remonter des informations capitales depuis le terrain pour connaître l'accueil d'une œuvre ou les attentes artistiques selon les régions. Lors de concerts du groupe dans la région, sa tâche est de proposer une mise en avant maximale des artistes dans les rayons. Le commercial multicarte représente souvent sous un statut d'agent commercial (VRP) plusieurs sociétés avec mandat sur un secteur donné. Un commercial exclusif est salarié par l'entreprise et ne défend que ses produits. Il est lui-même sur un secteur donné.

2. Le schéma de fonctionnement d'un label

Ci-dessous, le schéma très simplifié de l'organisation d'un gros label indépendant :

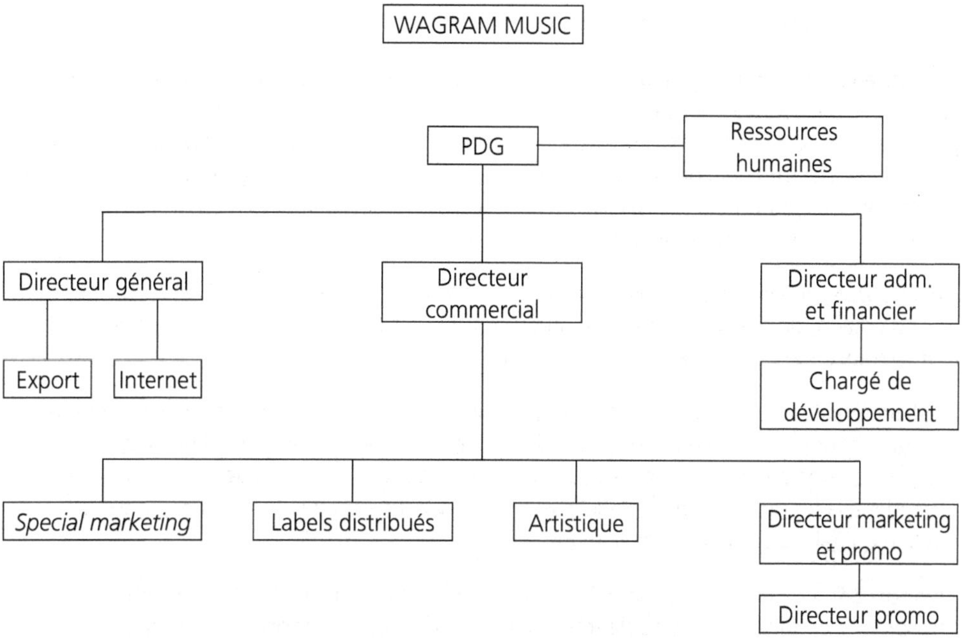

2.1. Le schéma de fonctionnement d'un petit label

Direction : 1 directeur général.

Artiste & répertoire (A&R) : 1 directeur artistique.

Promotion : 1 attaché(e) de presse.

Un label moyen représente environ 10 personnes gérant 15 artistes pour un chiffre d'affaires de 4 millions d'euros environ.

2.2. Le schéma de fonctionnement d'un tout petit label

Une personne, à tous les postes... Bon courage !

Tant de métiers et de compétences professionnelles spécifiques pour faire un disque. Et surtout pour le faire vivre... Ce sont des interactions complexes qui régissent le secteur et font que la production de phonogrammes est un pari à tenter, accompagné d'une bonne équipe, formée au regard d'expériences précédentes et selon ses besoins. Les petits labels d'une personne auront d'autant plus de difficultés à faire vivre le disque et développer la carrière de l'artiste que ladite personne devra tout faire.

Alors le maître mot : déléguer.

De toute façon, on ne peut pas tout faire. Bêtement, un des premiers trucs à déléguer, c'est la comptabilité ou la promotion. Il revient alors de construire un réseau de personnes aux diverses compétences sollicitées en fonction des projets et des moyens.

Mais déléguer ne signifie pas laisser faire. Myriam Kolinka du label No Fridge souligne que les partenaires presse sont friands d'un label investi dans la promotion d'un phonogramme, car le projet est mieux défendu. Mais beaucoup de labels considèrent qu'il faut revenir sur son corps de business, notamment construire des plans promotionnels et marketing pertinents, calculer des investissements publicitaires au plus juste pour toucher un maximum de gens avec un minimum de budget raisonnable pour un indépendant.

Un label doit rechercher des artistes, avoir de bonnes relations avec eux, s'investir sur des questions d'édition, de scène… L'organisation du travail y est primordiale, car le temps de travail est une ressource très rare, donc plus que précieuse !

Il est préférable de se concentrer sur ce que l'on fait de mieux que chercher désespérément à tout faire pour tout contrôler. Cette attitude est envisageable dans le cadre d'une petite structure associative, avec peu de frais fixes et que l'enjeu est de produire un disque pour ses artistes et de le vendre à la fin des concerts. Auquel cas, on en revient plutôt à la problématique de l'autoproduction qui fait appel à une autre logique.

Bien souvent, la différence se fait grâce à l'expérience du producteur, qui après bien des erreurs (on apprend en faisant) est capable très rapidement d'évaluer la viabilité d'un projet.

La plupart des producteurs indépendants sont logés à la même enseigne en termes de visibilité. Ce qui fera la différence dans le contenu des productions, c'est l'originalité de celles-ci, et la façon de les mettre en lumière.

Alors en route pour l'aventure !

Netlabel et _e-label_

On parle de plus en plus de ces labels comme d'une réponse pratique à des problèmes de diffusion, de coûts de production, de choix de promotion et d'usages d'écoute. Deux éléments caractérisent le *netlabel* (ou *e-label*) : les titres sont proposés en téléchargement, en général sous différents types de formats sonores, et ce sont de petites structures qui n'ont pas les moyens de produire des disques selon un schéma traditionnel.

Les *netlabels* font souvent le choix de protéger leurs œuvres sous licence *Creative Commons* pour des raisons de plus grande facilité de diffusion sur la toile. Leur développement prône une philosophie au service de l'artiste et de l'augmentation de la visibilité de ses œuvres. Mais cependant cela représente une étape intermédiaire qui doit pousser à structurer au mieux ses activités de producteur.

Première partie

L'ARTISTIQUE

« Les artistes ont trop tendance à penser qu'ils ont réussi uniquement grâce à leur talent. Or ça n'a jamais suffi… »,

Jill Caytan.

Chapitre Ier

Un rapport humain

Toutes les rencontres faites avec des créateurs de labels ont montré l'importance du rapport humain dans l'esprit de l'entreprise. Le plus souvent, c'est même le critère le plus important, au-delà du choix artistique, qui va décider la signature.

Savoir que l'artiste ou le groupe est conscient des enjeux, des risques et de l'implication que représente une production phonographique est une clé de la réussite du projet. Car le fonctionnement d'un label est une question de symbiose, de mécanisme bien huilé. Une chaîne bien agencée avec le maximum de coordination. Et donc de gestion des conflits et des responsabilités… « Le label cautionne le projet de l'artiste et permet de le faire résonner. Les gens n'ont pas le même regard. L'idée est de comprendre l'artiste sans pour autant tout accepter et faire en sorte ensuite que son œuvre soit comprise par tous les autres[1]. »

Il y a une notion de responsabilité par rapport à l'artiste : lorsqu'un label ferme après avoir signé un groupe, ce dernier est forcément traumatisé. Autant rester ferme et réaliste.

> « Ce qui est génial avec les artistes, c'est que lorsqu'on les a signés, on avait du goût. Six mois après, on leur fait une réflexion sur un album ; et là, on n'y comprend rien, on n'est pas musiciens. J'aime à leur rappeler qu'il y a six mois, j'avais du goût et que je n'ai pas changé »,
>
> *Frédéric Venant.*

Il y a une forme de psychologie à développer pour mener à bien les projets en cohérence avec les désirs de l'artiste, ses possibilités, et les ambitions de tous les partenaires. « Un artiste défend son œuvre, et la maison de disques défend son commerce. On a le patron d'un commerce face à un troubadour. Donc évidemment chacun fait des concessions. Et il y aura toujours des conflits, car ce sont deux métiers différents qui sont obligés de s'associer[2]. »

1. La découverte

Comment résumer la découverte de l'artiste ? Pas facile, sachant qu'il n'y a pas vraiment une seule méthode, la plus courante reste celle du réseau (de personnes : carnet d'adresses, MySpace, Facebook…) que les artistes ont développé et du bouche à oreille. Producteur est toutefois une profession où il faut savoir rester humble. On ne fera pas la liste des groupes en qui certains n'ont pas cru et qui sont maintenant connus (les ratés d'aujourd'hui sont potentiellement les stars de demain). Il y a encore de l'espoir sous les paillettes.

1. Marc Paresys.
2. Cédric Grouhan.

1.1. Recevoir un CD ou un fichier son : ça marche encore !

Les artistes qui veulent être découverts sont très volontaires, font des concerts, envoient fréquemment leurs dernières nouveautés, les modifications importantes sur des titres... Au producteur de rester en contact avec ces groupes prometteurs mais encore trop jeunes; les moyens technologiques facilitant d'autant plus ce travail (MySpace, fils RSS, Netvibes, courriels, blogs...).

Très techniquement, l'écoute de disques (surtout quand on en reçoit 150 par mois) se fait selon la règle des : 30 secondes sur la piste 1, 30 secondes sur la piste 2 et poubelle si le disque n'a pas accroché. Parfois même moins de temps.

1.2. Le manager

On n'insistera jamais assez sur le rôle du manager qui va agir comme un « apporteur d'affaires » pour faciliter la signature par tous les moyens. Il va amener un projet tout prêt, en ayant tenu informé le label avec lequel il souhaite travailler des nouveautés de son artiste, du plan de communication qu'il envisage, des moyens nécessaires pour son artiste. Pour de nombreuses maisons de disques, le manager est, crise oblige, une main-d'œuvre indispensable pour aider un projet à prendre de l'ampleur.

1.3. Les concerts

Un artiste, dans la plupart des cas, prend du sens sur la scène, parce qu'il rencontre un public, transmet une énergie et un message. Le disque est une étape pour que beaucoup de gens viennent le voir. La tendance lourde est d'oublier que le disque n'est que le support d'une expression. Tout porte à croire, dans bon nombre de démarches de promotion, que le disque est une finalité. C'est oublier que la plupart des groupes vivent par (et pour) la scène... « Tous les artistes de mon label, je les ai découverts en train de chanter. Les découvertes se font comme ça. Je n'écoute plus les CD que je reçois. Un artiste que j'ai envie de produire, c'est quelqu'un qui m'aura touché sur la scène[3]. »

1.4. L'éditeur

Souvent confondu avec l'éditeur phonographique, l'éditeur musical (ou graphique) a plusieurs fonctions. Elles sont variées et se décomposent globalement comme suit :

Comme tout directeur artistique, il a pratiqué le *scouting* et su repérer de nouveaux talents. Comme il connaît tout le secteur, il n'a aucun problème à avoir ses entrées auprès des maisons de disques, en sachant les tendances recherchées par les directeurs artistiques. Aussi est-il à même de proposer des *packages* d'interprète, d'auteur et de compositeur, ou des groupes qu'il a déjà commencé à développer, en prévision d'une future signature en maison de disques, qui prend souvent du temps en raison d'un terrain favorable à préparer.

3. Philippe Conrath.

Il va conseiller le créateur par rapport aux besoins du marché et être le lien entre l'auteur, le compositeur, l'interprète et le producteur de disques. Pour cela, il se tient au courant des futures tendances du disque et une fois les titres « placés » (synchronisation, *songplugging*...) auprès d'un label (en France comme à l'étranger), il va assumer le suivi (gestion des droits) et la promotion des œuvres.

1.5. Le bouche à oreille

Il semble que ce soit le moyen le plus efficace de découvrir des artistes. Des éditeurs confient qu'il y a souvent plusieurs directeurs artistiques (DA) sur un artiste qui arrive sur le marché, parce que le bouche à oreille a fonctionné. Le disque est un métier de concierge où tout se sait, mais où il y a de l'information et de la désinformation...

1.6. Internet

Tous les outils de découverte musicale et digitale y sont. Ainsi que ceux de recommandation et de prescription. Et l'on se rappellera tous du succès de Kamini, Arcade Fire, Arctic Monkeys, Lily Allen... qui ont bénéficié à des artistes et à leur maison de disques en utilisant ces outils. Stéphane Davet écrivait dans *Le Monde* le 11 avril 2008, que : « Le 9 avril, la page MySpace de Soko affichait 2,2 millions de connexions. Ce qui fait de cette chanteuse et actrice française de 22 ans l'un des plus impressionnants phénomènes de la blogosphère et un symbole des nouveaux chemins d'un début de carrière. Il y a un an et demi, Soko n'avait écrit aucune chanson. Et à ce jour, elle n'a pas encore enregistré d'album. [...] Elle a donné une centaine de concerts en dix mois et en aura une quarantaine d'autres jusqu'à la fin de l'année ».

MySpace a été l'outil de la visibilité pour un grand nombre de groupes et de labels, avec les problèmes inhérents à tout système de promotion d'artistes à un niveau mondial. On pourra regretter que cet outil mette au même niveau les débutants avec un peu d'expérience informatique, les projets amateurs et professionnels. Depuis 2011, la baisse d'activités de MySpace et la fuite des talents augure de changements plus radicaux à terme. Conséquence : même des géants peuvent vaciller. Et, de toute façon, de nouveaux systèmes se mettront toujours en place.

2. L'accompagnement sur la durée

« Un groupe, c'est un diamant brut; à nous d'en faire une pierre précieuse »,
Daniel Dauxerre.

Il est évident que le travail d'un producteur discographique consiste à allier des impératifs artistiques et économiques, notamment la concertation avec l'artiste et son manager, avec l'éditeur et le distributeur, l'attaché(e) de presse, le producteur de spectacles et les médias; pour, qu'au final, le développement de carrière de l'artiste se fasse dans les meilleures conditions. Pour des labels catégorie « poids lourds », le développement d'un artiste sur trois à cinq ans réclame des investissements de plus en plus lourds, dont les montants peuvent varier de 450 000 à 1,5 million d'euros[4].

4. 1er livre blanc de l'UPFI.

Pas étonnant que la logique économique prenne alors le pas sur la logique artistique. Auparavant, c'était le développement de l'artiste qui comptait. Maintenant, on peut déplorer la recherche de l'artiste formaté dans une logique industrielle. Pourquoi ? Parce qu'un artiste « spé » a besoin d'une stratégie de développement particulière, qui peut prendre un temps long, très long… Mais, en même temps, c'est aussi le devoir de producteur que de faire découvrir de nouveaux artistes et de mettre en avant leurs qualités. Et de porter ces projets en se disant bien que l'échec d'un disque est très mal vécu par les artistes.

« Un artiste est comme un bon vin, il lui faut le temps de la maturation : un accompagnement gigantesque dont les artistes ne se rendent pas compte. Il faut les aider à trouver leur mode d'expression, les motiver[5]. »

Trouver le mode d'expression idoine sur scène et trouver le disque qui va permettre à l'artiste de rencontrer son public, ne se fait pas sur le premier disque[6]. C'est bien pour cela que l'on parle de développement.

Pour certains, l'accompagnement des artistes peut prendre un caractère très personnel : fournir des disques de sa discothèque à des artistes qui recherchent tel disque ou dormir dans le studio d'enregistrement avec eux…

Le boulot de producteur, c'est aussi d'utiliser ses compétences et son expérience pour aider ses artistes à franchir des caps ou à entreprendre des démarches. Cela développe une complicité nécessaire.

À la longue, tout superviser semble être une des missions qui incombe de fait au producteur, pour assurer les meilleures chances à ses protégés…

2.1. Label de disques ou label d'artistes ?

La nuance est de taille. Selon l'orientation du label, on visera un nombre de sorties de disques pour avoir une visibilité maximale en termes de catalogue ; ou la signature de quelques artistes pour les accompagner sur le long terme, en essayant de privilégier le développement de la carrière de son écurie d'artistes. Voire, selon les occasions et les projets, les deux…

2.2. Développer un catalogue

« Mon fantasme de producteur, c'est de produire des disques qui durent 50 ans, un siècle ou plusieurs[7] »,
Patrick Zelnik.

La gestion d'une carrière et du catalogue de titres qui va en découler n'est pas facile.

Un label signifie d'abord une ligne éditoriale, un esprit d'indépendance et d'artisanat. Certains résument le rôle d'un label à la vision de certains producteurs qui y voient le moyen de faire les disques dont ils rêvent, mais qu'ils n'ont jamais pu trouver ou écouter.

5. Vincent Carpentier.
6. Ou alors exceptionnellement, sachant que bien souvent les artistes ont déjà eu une expérience phonographique… avec un autre groupe !
7. Patrick Zelnik et Pascal Nègre, « Tam Tam, etc. », France Inter, émission du 23 janvier 2004.

3. La direction artistique et la production exécutive

3.1. La direction artistique

Elle se fait en amont de toute la production, le but étant de comprendre avec l'artiste dans quelle direction il veut aller, afin d'anticiper les besoins. L'analogie avec le chef d'orchestre qui a une vision d'ensemble revient souvent.

« Plus la confiance est partagée, plus l'artiste peut se reposer sur le DA et demander son avis avant de faire des ajustements. Il ne sert à rien d'imposer des carcans ; ce qu'il faut c'est effectuer quelques retouches sans dénaturer le travail de l'artiste. Et sans fonctionner à l'affectif. Car il va y avoir forcément friction à un moment. Ma conception du travail, c'est une main de fer dans un gant de velours. Respecter l'artiste est la fondamentale de cette profession, en étant à l'écoute de ce qu'il veut, sans être en conflit[8]. »

Philippe Conrath voit la chose de manière différente : « Au début, c'était aider l'artiste à faire son album. Maintenant, j'assume beaucoup plus la capacité et l'envie d'affirmer quelque chose. Le critère, ce n'est pas l'auditeur, mais la relation à l'artiste : l'artiste a besoin d'avoir quelqu'un qui aura du recul et pourra critiquer son travail. C'est dans le cadre d'une amitié et d'une relation professionnelle forte. »

Alors, ami, pas ami ? Relation amicale dans un cadre professionnel ou purement professionnelle mais courtoise ? Au final, c'est Philippe Lecante de La Malle aux trésors qui a peut-être raison : « On ne peut pas éluder le rapport humain. On fait du business les uns les autres : l'artiste en fait parce qu'il a besoin de développer sa carrière commerciale, avec du disque, et nous aussi parce qu'on a besoin que le label se développe. Chacun défend ses intérêts. Il faut faire en sorte qu'ils soient cohérents et le plus en adéquation. Même si la négociation peut être âpre, il faut quand même pouvoir rester cordial. On ne peut pas laisser un artiste seul dans sa dérive. Mais cela oblige à ce que l'artiste soit attentif aux remarques qu'on peut lui faire, comme celles que lui peut faire par rapport à notre démarche commerciale. Si l'on n'arrive pas à s'entendre, on ne peut pas travailler. On fera un disque, pas deux. »

Décidément, le producteur de disques a toutes les fonctions possibles et imaginables. L'artiste est, de toute façon, en demande de conseils.

La direction artistique se fera aussi par rapport à un son et une constante de ce que certains nommeront le « bon goût » au niveau musicalité : faire un disque de qualité, à destination de la curiosité du plus grand nombre d'acheteurs de l'esthétique musicale du label. Cet état d'esprit déterminera alors une charte d'écriture musicale qui entraînera parfois jusqu'à assister l'artiste dans l'achat de matériel.

Ce qui caractérise le producteur, c'est aussi de « penser à la relation humaine avant tout, même si c'est un business et que l'objectif est de faire une plus-value. C'est ce qui fait une relation solide. L'important est d'en comprendre les étapes[9] ».

8. Christian Bordarier.
9. Arnaud Houndjo.

3.2. L'utilité de la production exécutive

« La production exécutive c'est savoir, en fonction du budget, avec qui on va travailler. Cela se fait par rapport aux sommes allouées et en partenariat avec le manager et les désirs de l'artiste », Christian Bordarier.

Ce moyen présente plusieurs intérêts pour tout producteur, car il permet de :

3.2.1. Faire connaître son « son », se faire identifier du marché

Dur, très dur de faire sa place au soleil, lorsque la baisse du prix des outils de production (*home studio*) a permis la démocratisation des moyens techniques. Car le pari réside aussi dans la capacité de tout producteur d'agrémenter un disque de sa griffe, son son, son talent, sa conception de la musique. Le « bon goût » a toute sa place dans la réalisation surtout quand « il vaut mieux avoir du bon son que le meilleur attaché de presse, parce que la qualité prime et vend dans le temps... et qu'un attaché de presse ne fait que pousser[10] ».

3.2.2. Mettre ses talents et son matériel à disposition

Beaucoup de producteurs de disques disposent déjà de tout le matériel, pourquoi ne pas faire de la prestation de services ? Comme réalisateur, ingénieur du son[11], permettant ainsi de travailler avec son matériel, d'expérimenter et de se faire connaître.

3.2.3. Augmenter sa trésorerie pour produire

Récupérer des fonds pour produire son propre catalogue s'inscrit directement dans la suite logique du « faire connaître son son » et « mettre ses talents à disposition ». « La production exécutive me fait vivre, et en ce sens-là, me permet d'aller produire ailleurs[12]. » Ce qui est sensé au vu du coût de revient d'un disque et des frais générés par une entreprise.

10. Laurent Milcent.
11. Mais attention, ce sont des métiers qui ne s'improvisent pas.
12. Vincent Carpentier.

Chapitre II

Un rapport contractuel

Bien que producteurs et artistes s'inscrivent dans un rapport contractuel, il n'existe pas de contrats types[13] et encore moins de contrats avec des blancs à remplir ! Le contrat ne fait que lister les droits et les devoirs de chacun dans le projet commun que représente la création d'un phonogramme et ce document fige l'ensemble des négociations qui auront eu lieu au préalable. Malgré l'expérience acquise, on ne manquera pas de consulter un avocat ou un conseiller juridique.

Le producteur du phonogramme est défini par l'article L. 213-1 du Code de la propriété intellectuelle (CPI) comme la « personne physique ou morale, qui a l'initiative et la responsabilité de la première fixation d'une séquence de sons et d'images ».

Avant toute signature avec les artistes ou tout engagement, le producteur devra d'abord vérifier l'existence d'autorisations préalables à obtenir au niveau des droits d'auteur. Notamment dans le cadre de reprises (*covers*) ou de l'utilisation de samples, soumise à autorisation et négociation financière (*clearance*).

1. Le contrat d'artiste

Aussi nommé contrat d'enregistrement phonographique, c'est un contrat de travail (art. L. 762-1 du Code du travail) dont l'objet est l'obligation mutuelle d'enregistrer ; et qui est conclu entre un producteur et un artiste, le producteur étant l'employeur et l'artiste, le salarié.

Dans le cas où le groupe serait constitué de plusieurs artistes, chacun des artistes devra recevoir un exemplaire signé du contrat. Le contrat d'artiste est conclu pour une durée déterminée ; selon l'article D. 1242-1 du Code du travail (anciennement codifié D. 121-2), certains secteurs d'activité dont « l'édition phonographique » peuvent recourir aux CDD (contrat à durée déterminée) dit d'usage.

Les règles du droit du travail devront être respectées, dont notamment, l'établissement d'un écrit et la mention de certains éléments (date de fin de contrat, définition précise de son motif, poste occupé, convention collective applicable, montant des rémunérations). Attention : si ces règles ne sont pas respectées, ce CDD pourra être requalifié, en cas de litige, en CDI (contrat à durée indéterminée). Le producteur est tenu d'établir une feuille de salaire qui doit mentionner les coordonnées de l'employeur, l'organisme auquel les cotisations de sécurité sociale sont versées, la période et le nombre d'heures de travail, le montant brut et net à payer et la date du paiement.

Comme pour tout salarié de droit commun, il y a des formalités à respecter avant l'emploi d'un artiste : la DUE (déclaration unique d'embauche), document à se procurer auprès de l'Urssaf. L'employeur doit également tenir un registre, en sus de la feuille de salaire, dans lequel figure

13. Il n'existe que deux contrats types dans le secteur musical : le contrat de cession d'œuvre musicale et le contrat d'embauche d'artistes dans le spectacle vivant.

l'identité du salarié, son emploi, la date d'embauche et la date de sortie. Cette DUE permet à l'employeur d'effectuer plusieurs formalités sur un document unique et auprès d'un seul interlocuteur, elle sera envoyée à l'Urssaf au plus tôt huit jours avant l'embauche.

Il est courant de la part des artistes de demander des avances au producteur : ces avances sont recouvrables (non remboursables, mais récupérables par le producteur) sur les redevances; pour le 1er album, c'est une avance forfaitaire négociée; pour les albums suivants, elle est de 50 % lors de l'entrée en studio, 50 % lors de la remise de la bande mère.

À l'inverse des avances totalement recoupables consenties par des éditeurs musicaux, il n'est pas rare que la somme d'argent fournie par le producteur phonographique ne soit pas récupérée dans l'éventualité où le disque n'aït pas atteint des ventes suffisantes pour se rembourser.

On considère qu'il y a résiliation du contrat si l'un des cocontractants faillit à ses obligations.

1.1. Le contenu du contrat d'artiste

Le contrat d'artiste doit faire figurer trois notions : l'enregistrement, l'exploitation de l'enregistrement, la promotion de l'enregistrement.

Il a pour objet l'enregistrement de la prestation de l'artiste; le producteur devant promouvoir ces enregistrements (obligation de moyens), l'artiste donne l'autorisation au producteur de fixer, reproduire et communiquer au public sa prestation.

En général, le contrat est exclusif, l'artiste ne pouvant signer avec un autre producteur; cette exclusivité lie l'artiste le temps du contrat. Cela permet au producteur de faire un travail sur du long terme pour développer la carrière de l'artiste et ainsi récupérer son investissement. Cette exclusivité ne porte que sur l'enregistrement de phonogrammes et non sur d'autres activités que pourrait développer l'artiste; exclusivité sise en contrepartie de l'enregistrement d'un minimum de phonogrammes (qui n'intègre généralement pas les enregistrements *live*, les réenregistrements en d'autres langues, les bandes originales de films et les compilations).

Le producteur a l'exclusivité des prestations de l'artiste, il n'y a pas d'enregistrement possible avec un autre producteur pour l'artiste durant la durée du contrat sauf si l'artiste obtient une autorisation écrite du producteur. Mais l'artiste peut enregistrer avec un autre producteur, s'il est engagé en tant qu'artiste d'accompagnement ou pour un autre domaine que le domaine phonographique.

Dans le cadre du contrat d'enregistrement, la négociation porte également sur le nombre minimum d'albums à exploiter. Le 1er album sera communiqué au public dans un délai d'un an à compter de la signature du contrat.

Pour la reproduction et la communication au public, un pourcentage est calculé sur le PGHT[14]; si le groupe est composé de plusieurs artistes, la part de chacun est répartie selon l'accord qu'ils ont convenu par écrit pour la reproduction de phonogrammes destinés à la location et au prêt, pourcentage calculé sur les recettes encaissées par le producteur.

14. Prix de gros hors taxes.

Il est important de s'attarder sur certaines clauses contenues dans le contrat, dont :

La clause catalogue qui interdit à l'artiste d'enregistrer durant un certain temps (cinq ans) les mêmes titres avec un autre producteur.

La clause de préférence qui fait obligation à l'artiste de préférer son ancien producteur à tout autre pour des offres faites dans les mêmes conditions.

En contrepartie, l'artiste reçoit une rémunération en contrepartie du travail lié directement à l'enregistrement (pour les montants, voir plus loin la convention collective du disque) réévaluée chaque année.

1.2. Le réalisateur artistique

La présence d'un réalisateur artistique figure dans le contrat d'artiste. On y fait également figurer sa rémunération qui se fait en points : des pourcentages sur les ventes de l'album, avec en règle générale une avance financière variant selon sa notoriété. La règle est d'octroyer de deux à quatre points au réalisateur. L'avance se fait très souvent en milliers d'euros pour des réalisateurs connus. Avec des taux (soumis aux mêmes abattements que pour le contrat d'artiste) comme par exemple :

- de 0 à 20000 albums vendus : 4 % base Biem;
- + de 20001 albums vendus : 1 % base Biem.

La convention collective donne une grille salariale pour l'emploi de réalisateur artistique :

Réalisateur artistique	Phonogramme (studio et captation)	Spectacle vivant promotionnel
1 : salaire journalier pour un contrat inférieur à 5 jours dans le cadre des activités « phonogramme » ou « spectacle vivant promotionnel » ; salaire journalier pour les activités « vidéogramme ».	181,8	181,8
2 : salaire journalier pour un contrat de 5 jours dans le cadre des activités « phonogramme » ou « spectacle vivant promotionnel ».	154,53	154,53
3 : salaire journalier pour un contrat de 10 jours par période de 21 jours dans le cadre des activités « phonogramme » ou « spectacle vivant promotionnel ».	139,38	139,38
4 : salaire journalier pour un contrat de 15 jours par période de 30 jours dans le cadre des activités « phonogramme » ou « spectacle vivant promotionnel ».	132,31	

1.3. Les redevances ou royalties

D'après *Le Grand Robert de la langue française* : « ROYALTY, IES n.f. est emprunté (1865) à l'anglais *royalty* n. (1398), lui-même emprunté à l'ancien français roialté (royauté) [...], il désigne la redevance due à un inventeur, à un auteur, à un interprète, à un éditeur [...]. *Royalties* est employé aussi en termes de commerce pour la somme que l'utilisateur d'un brevet étranger verse à l'inventeur, et qui est proportionnelle au nombre d'objets fabriqués (1947). Sa diffusion se heurte alors à la recommandation officielle de redevance. Le terme royauté(s), utilisé au Canada pour éviter l'anglicisme, n'a pas été accrédité en France où *royalties*, malgré les critiques et les propositions d'équivalences, se maintient, la notion étant juridiquement distincte de celle de droits d'auteur ».

Les redevances pour la maison de disques se calculent sur le PGHT (prix de gros hors taxes) qui correspond au « prix hors TVA figurant au catalogue du producteur (ou du licencié ou du distributeur) et auquel le disque est vendu aux détaillants[15] ».

Ces redevances sont dues à l'artiste-interprète sur une base (négociable en fonction de la notoriété de l'artiste, du nombre d'exemplaires vendus, du territoire de vente, des circuits de distribution...) de 7 à 9 % de ce PGHT (voire de 20 à 50 % des recettes encaissées par le producteur pour l'exploitation d'utilisations secondaires comme la téléphonie mobile, etc.), en contrepartie de l'autorisation de reproduire ses prestations sur des supports phonographiques ou audiovisuels et de la communication au public de celles-ci. Et en sus, bien sûr, du salaire dû en contrepartie de l'autorisation d'enregistrer ses prestations accordées par l'artiste-interprète.

Ces rémunérations, conformément à l'article L. 762-2 du Code du travail, ont la qualité de bénéfices non commerciaux (BNC).

Attention, sauf dans l'éventualité où l'artiste-interprète est assujetti à la TVA en sa qualité d'interprète, les redevances ne sont soumises à aucune TVA mais seulement à la CSG (contribution sociale généralisée) et à la CRDS (contribution pour le remboursement de la dette sociale).

Le versement des redevances se fait en général deux fois par an et dans les trois mois qui suivent l'arrêté d'état des redevances (avec en général, une provision sur les retours magasins de 15 % du montant total des redevances).

Attention ! Il incombait au producteur d'ouvrir auprès de l'Urssaf un second compte employeur sur lequel effectuer le versement de la CSG et de la CRDS sur *royalties*, et ce, afin de mieux distinguer le versement des cotisations de sécurité sociale et de CSG dues au titre des salariés de l'entreprise, du versement de la CSG due au titre des *royalties*. Ce n'est plus nécessaire, Il suffit de porter cette base sur la ligne 260 du bordereau trimestriel habituel en cumul des autres sommes soumises à ces cotisations. L'exigibilité démarre avec la date de versement des *royalties*. De plus, les artistes bénéficiaires des *royalties* ne seront pas inclus, le cas échéant, dans les effectifs de l'entreprise.

Exemple de calcul de redevances artiste sur la vente d'un album CD, tiré de l'ouvrage de Pierre-Marie Bouvery, *Les Contrats de la musique* : redevance fixée contractuellement à 8 % du prix de gros base Biem : 10,00 € pour 1 500 exemplaires vendus.

Redevance brute = 8 % (1 500 x 10) = 1 200 €

Redevance nette = 1 200 - (CSG + CRDS)

= 1 200 - [7,5 % (1 200 x 97 %) + 0,5 % (1 200 x 97 %)]

Redevance nette = 1 200 - [8 % (1 200 x 97 %)]

Redevance nette = 1 200 - 93,12 = 1 106,88 €

15. Pierre-Marie BOUVERY, *Les Contrats de la musique*, Irma éditions, 2008.

Exemple de note de débit[16] :

Note de débit :

Nom de l'artiste Adresse Tél.		
		Nom du producteur Adresse Date
Objet : Royautés album « ... »		
Redevance semestre...		
Montant brut	... €	
CSG	... €	
CRDS	... €	
Net à payer	... €	
TVA non applicable selon la loi du 26 juillet 1991		

La CSG et la CRDS ont une base de calcul qui part de 97 % du montant brut ; c'est l'employeur qui prélèvera :

- CSG imposable : 2,40 % ;
- CRDS : 0,5 % ;
- CSG non imposable : 5,10 %.

Et retirera la totalité de ces déductions du montant brut total.

1.4. Les abattements

Ils sont nombreux et viennent en déduction du montant de la rémunération de base.

L'abattement Biem (regroupement de sociétés d'auteurs compositeurs gérant les droits de reproduction mécanique), ou CTPI pour les producteurs indépendants, comprend :

- un abattement de 9 % pour les rabais sur factures pratiquées à l'égard des détaillants ;
- un abattement forfaitaire de 10 % dit abattement pochette ;
- un abattement de 10 % pour les exemplaires exportés ;
- 25 % révisables sur les minidisques et les DCC.

En outre, selon les supports, divers abattements ont lieu : 15 à 25 % sur les CD singles (deux ou trois titres), 45 tours et maxi 45 tours.

16. Dans le cas d'un producteur n'appliquant pas de TVA, ce qui est plutôt rare...

Selon le mode de distribution, des abattements supplémentaires ont lieu :

- 50 % calculés sur le prix de gros ou le prix de facturation du producteur pour la VPC ;
- 50 % sur le prix facturé par les sociétés de VPC, type France Loisirs, (et donc pas sur le PGHT).

Les « ventes kiosques », *premiums* (phonogrammes mis à la disposition du public gratuitement, en association avec un produit ou un service) ou à prix réduit (*mid price*) ont également des abattements spécifiques qui vont de 33 à 50 %.

Les exonérations de redevances portent sur les produits mis à disposition à titre de promotion (distribués gratuitement) et sur les exemplaires soldés où le producteur ne fait aucune marge ainsi que ceux détruits ou retournés.

Les investissements publicitaires donnent aussi lieu à des abattements :

Valeur de l'investissement pub	Jusqu'à 70K-75K €	De 70K-75K € à120K-150K €	À compter de 150K €
% de l'abattement	Aucun	De 25 à 33	50

Il en va de même pour les ventes à l'étranger, sur la base d'un abattement de 50 % de la redevance, calculée sur le prix net facturé.

L'artiste touchera donc de la part de son producteur plusieurs genres de rémunérations :

- un salaire pour le travail d'interprétation (lors de l'enregistrement et des répétitions préalables à l'enregistrement) ;
- des redevances perçues sur la vente au public des phonogrammes et sur la diffusion et la reproduction des prestations enregistrées ;
- des droits d'utilisations secondaires (selon le contrat).

1.5. Artistes et musiciens d'accompagnement

Le contrat passé lors de l'enregistrement est différent selon que l'artiste est membre (ou pas) de la Spedidam (Société de perception et de distribution des droits des artistes-interprètes de la musique et de la danse) ou de l'Adami (Société civile pour l'administration des droits des artistes et musiciens interprètes).

Si le contrat est passé avec l'Adami (cf. le formulaire d'adhésion sur le site de l'Adami : www.adami.fr), l'artiste cède au producteur son droit exclusif de fixer ses prestations, de les reproduire et de les communiquer au public.

Pour les utilisations secondaires (synchronisation, sonorisation d'œuvres audiovisuelles, de spectacles, etc.) du phonogramme, les modalités sont prévues dans le contrat.

La gestion contractuelle de l'Adami comprend la rémunération des utilisations secondaires pour la gestion desquelles celle-ci a été expressément mandatée (notamment les mandats conférés par des producteurs privés ou les applications de l'accord conventionnel cinéma). On y retrouve également les accords de réciprocité conclus avec des sociétés homologues étrangères et les droits exclusifs des associés (lorsqu'ils n'ont pas déjà été cédés à un producteur et qu'ils en font apport à la société).

Cependant, certains droits d'utilisations secondaires ne sont pas gérés par l'Adami, notamment ceux, exclusifs et liés à l'exploitation commerciale de l'œuvre, qui sont contractuellement cédés par l'artiste-interprète au producteur. Il incombe alors à ce dernier de reverser directement à l'artiste-interprète la part lui revenant en application du contrat, de conventions collectives ou d'accords conventionnels (commercialisation, édition de vidéocassettes, rediffusion, etc.)[17].

Les intervenants ou les musiciens d'accompagnement désignent les musiciens de séance et les choristes accompagnant un artiste (principal) ou un groupe. « Les musiciens d'accompagnement interviennent sur une base ponctuelle pour chaque enregistrement, et signent avec le producteur un contrat de travail par lequel ils font cession de leurs droits (hors droits à "rémunération équitable" et "rémunération pour copie privée")[18]. »

Il n'y a pas lieu de faire une distinction, concernant les droits voisins (au profit des artistes-interprètes, des producteurs de phonogrammes et de vidéomusiques), entre les artistes « principaux » et les artistes d'accompagnement, chacun disposant des mêmes droits sur l'œuvre ; cependant, les rémunérations et le mode de transmission de leurs droits sont différents.

Pour les artistes-interprètes, toutes les rémunérations dues aux artistes sont versées directement par le producteur à l'artiste conformément au contrat d'enregistrement qui les lie (à l'exception de la rémunération pour copie privée et de la rémunération équitable versées par l'Adami).

Les artistes communiquent directement leur discographie à l'Adami qui peut aussi les identifier grâce aux bases de données de la SCPP et SPPF (elles-mêmes renseignées par les labels).

1.5.1. La feuille de présence

Émanant de la Spedidam, c'est une autorisation accordée par l'artiste au producteur de fixer les prestations et de les exploiter selon « une première destination » clairement définie. Ce document tient lieu de contrat d'enregistrement.

Ce contrat ne laisse pas de place pour la négociation sauf pour le montant de la rémunération ; sachant que la seule destination cochée sera « phonogramme du commerce », il est impossible pour le producteur de cocher plusieurs cases, s'il souhaite d'autres exploitations, il devra demander l'autorisation directement auprès de la Spedidam (voir plus bas). C'est grâce à cette feuille de présence que la Spedidam répartit les sommes provenant de la rémunération équitable et de la copie privée (cf. Les droits des producteurs et artistes).

Sur la feuille de présence seront mentionnés : nom et adresse du studio, coordonnées du producteur et de l'artiste (ou du groupe), titre de l'album, les titres enregistrés, leur durée et l'identité et les coordonnées des compositeurs et des arrangeurs, le n° Spedidam, le n° de Congés spectacles et l'instrument de chaque artiste, le nombre d'heures passées en studio et le montant du cachet.

La signature de la feuille de présence donne droit au producteur d'enregistrer les prestations de l'artiste et de reproduire celles-ci selon la quantité qu'il veut. Les musiciens d'accompagnement ne signent pas d'exclusivité avec le producteur et peuvent enregistrer avec un autre producteur.

17. Source : www.adami.fr.
18. Site du Snep : www.disqueenfrance.com.

Les utilisateurs ont le choix entre deux types d'accord avec la Spedidam :

- un accord ponctuel les autorisant à effectuer une utilisation secondaire identifiée d'un ou plusieurs enregistrement(s) déterminé(s) ;
- un accord longue durée (5 ans) autorisant un type d'utilisation secondaire identifiée pour un nombre d'enregistrements non définis à l'avance mais basé sur un système déclaratif et qui permet de bénéficier d'un abattement de 20 % sur le montant des rémunérations dues aux artistes interprètes.

Tout producteur devra renseigner les champs suivants :

- le titre de l'enregistrement concerné ;
- le minutage de musique utilisée ;
- le nombre d'artistes-interprètes participants ;
- les utilisations secondaires envisagées ;
- en cas d'utilisation secondaire sous forme de radiodiffusion ou de câblodistribution, les chaînes concernées ;
- en cas de réalisation d'un phonogramme ou d'un vidéogramme du commerce, le nombre d'exemplaires envisagés.

1.5.2. Le contrat de cession ou contrat d'engagement

C'est un contrat par lequel l'artiste cède à titre exclusif la totalité de ses droits au producteur ; l'artiste touchant en guise de rémunération un salaire défini forfaitairement (pas de rémunération supplémentaire en cas de succès par exemple). Une fiche d'identification des différents artistes sera envoyée à la Spedidam par le producteur, afin qu'ils puissent prétendre à la rémunération équitable et à la copie privée.

2. La signature

Il faut être psychologue : avoir une vraie compétence en terme de gestion humaine, et de l'instinct car « c'est un travail à long terme de suivre des groupes prometteurs. À un moment donné, avec le groupe ou l'artiste, on passe à l'étape supérieure en accord avec nos moyens de développement. Il faut toujours trouver la structure qui est au niveau du groupe. Dans certains cas de signatures, le ratio d'investissement n'est pas atteint par rapport au nombre de ventes ; résultat : on rend le contrat à l'artiste. Quel intérêt ?[19] ».

Les artistes de scène ne font pas forcément les meilleurs albums. Le métier est d'arriver à convaincre ces artistes de faire un album aussi bon que le *live*.

Pour convaincre, il faut instaurer un climat de confiance, car le moment de la négociation, bien qu'important, n'est qu'une étape dans le développement de l'artiste.

19. Christian Bordarier.

Aussi, grâce aux conseils de Cédric Grouhan (Les Associés du réel), voici un petit récapitulatif des données importantes à prendre en considération lors d'une signature, que ce soit avec un artiste ou avec une maison de disques pour une licence :

- à quel moment doit sortir le disque ? ;
- combien d'albums sont prévus contractuellement ? ;
- quelles sont les possibilités pour le livret ? ;
- quelle est la durée du contrat ? ;
- quels sont les territoires concernés par l'exploitation du phonogramme ? ;
- à combien se chiffrent les avances ? ;
- quel est le budget marketing ? ;
- y aura-t-il une relance marketing prévue ? ;
- quel type de campagne de promotion est prévu ? ;
- quel plan de promotion et de distribution digitale est prévu ? ;
- quel est le montant du *tour support* ? ;
- quels sont les taux de redevance pour l'export ? ;
- quelle est la répartition des *royalties* selon le type de disque ? (digipack, DVD, etc.) ;
- quels sont les taux et les seuils de *royalties* ? ;
- quel sera le prix de gros hors taxes ? ;
- quel sera l'avenir du groupe en cas de mauvaises ventes ? ;
- quelles portes de sortie sont prévues dans le contrat en cas de mésentente, sans aller jusqu'au tribunal ? ;
- quel sera l'avenir du groupe avec le label en cas de mauvaises ventes ?

3. La coproduction

La coproduction se fait de moins en moins car elle est compliquée à monter avec un autre intervenant sur la partie production. Elle est également plus pénible à mettre en place par rapport aux économies faites. Attention donc à ne pas perdre plus de temps et d'argent sur ceci sans contrôle du processus.

Certaines coproductions sont plus difficiles à gérer que d'autres. Notamment lorsque le coproducteur est un artiste car il faut les mêmes engagements financiers et une implication réciproque. Les sommes investies doivent être sécurisées. Ce qui signifie qu'il faut au moins que la structure d'artistes présente un manager qui ait le « nez » dans les chiffres.

« La coproduction est impossible à gérer. Nos coproductions se sont avérées être rapidement des échecs, car même lorsque les rôles sont bien attribués dès le début, il y a une tendance à revenir dessus. Je préfère dans ce cas assumer les risques et la responsabilité en augmentant le revenu de l'artiste. Ce qui peut être une licence ou racheter une bande[20]. »

20. Frédéric Venant.

Difficile en effet de quantifier tout le travail effectué par le coproducteur chargé de faire la promotion, d'envoyer des disques par la poste, de passer des coups de téléphone pour être sûr que l'envoi est bien arrivé... Tout cet ensemble de coûts, sans compter le temps passé, représente une somme non négligeable d'efforts et d'argent qui repose sur les épaules d'une seule des deux parties en présence. Pourtant Vincent Carpentier est plus optimiste d'une certaine façon : « En établissant un bon contrat, ce n'est pas galère du tout. C'est la nature humaine, le vrai problème : si le disque marche, les gens vont changer et demander à renégocier le contrat. » Enfin... d'une certaine façon.

Attention aux coproductions où l'autre coproducteur est très connu, au risque de coproduire un produit dont l'autre producteur va retirer plus de bénéfices.

Ce contrat est donc conclu entre plusieurs producteurs, avec parfois même l'artiste comme coproducteur (ce qui n'est pas sans poser de problèmes, particulièrement si celui-ci est intermittent du spectacle). Le préalable entre coproducteurs est le fait que l'un d'eux détient le droit exclusif d'enregistrer sur phonogramme telle prestation. De même, ce contrat représente l'ensemble des négociations entre producteurs, notamment sur le travail de promotion de l'artiste lorsqu'il y a plusieurs producteurs.

L'objet du contrat est la coproduction d'un ou plusieurs albums répondant aux caractéristiques suivantes : l'interprète, les œuvres fixées, l'auteur, le compositeur, l'éditeur, le lieu et la date d'enregistrement.

Il y est fait mention que la collaboration n'est pas constitutive d'une société et *a fortiori* d'une société en nom collectif. Ce qui mène à évoquer la SEP (société en participation) : « Les associés peuvent convenir que la société ne sera point immatriculée. La société est dite alors "société en participation". Elle n'est pas une personne morale et n'est pas soumise à publicité[21]. »

Le montant du budget de l'enregistrement est précisé en spécifiant la participation chiffrée de chacun des producteurs et la répartition des recettes selon un pourcentage défini.

La rémunération de l'artiste est répartie au prorata des apports des producteurs. Et la propriété du *master* devient une copropriété indivise au prorata des apports, avec une indication de pourcentage en fonction des apports de chacun des producteurs.

Lors de la cession du *master*, celle-ci se fait d'un commun accord, et le partage de la somme se fait au prorata précédemment fixé. Si l'un des coproducteurs veut céder sa part sur le *master*, il est tenu d'en informer les autres coproducteurs, qui donneront leur accord écrit et disposeront néanmoins d'un droit de préemption.

La gestion comptable de la coproduction entraîne un état des charges et recettes résultant de l'exploitation commerciale du *master* qui doit être arrêté chaque semestre.

La durée du contrat se fait de la signature du contrat de coproduction jusqu'à ce que l'enregistrement puisse être exploité pour le compte commun des coproducteurs.

21. Article 1871 du Code civil.

La résiliation du contrat intervient en cas de l'inexécution d'une des obligations. Une des parties pourra se substituer à la partie défaillante ou lui substituer un tiers pour réaliser ou achever de réaliser l'enregistrement ; dans ce cas les droits et obligations de la partie défaillante seront définitivement acquis à l'autre partie ou au tiers substitué, les sommes investies par la partie défaillante devenant alors une créance remboursable uniquement par les recettes.

4. Le label en licence

Le licencieur, c'est le producteur qui amène ses bandes à la maison de disques qui est le licencié.

Toutefois, si, en termes de choix de stratégie d'entreprise, il s'avère trop coûteux d'assumer les frais financiers de pressage (fabrication + SDRM) des disques, le *label deal* est un choix : au lieu de faire une signature disque par disque avec un éditeur phonographique (cas classique de la licence), on délègue l'édition de tout son catalogue à un label partenaire. Ce qui a pour avantages de garder son identité de producteur sur le catalogue (ce qui peut ne pas se passer ainsi dans le cas des négociations disques par disques) ; et de bénéficier des tarifs presseurs parfois plus avantageux pour les grosses entreprises que pour les petites.

C'est une technique qui permet d'avoir une trésorerie pour investir dans du matériel à des fins d'autonomie, en essayant de placer des titres sur des compilations à l'étranger qui vont ramener de l'argent en édition.

Mais la licence se conçoit aussi en termes d'indépendants et de *major* où « il faut proposer un projet qui ait un sens avec une ligne éditoriale et une association avec une distribution[22] ».

Un autre intérêt du label en licence est de travailler en amont avec l'artiste. Par exemple, en recherchant un réalisateur artistique sur un futur album, pour l'améliorer sans dénaturer la musique. Toujours dans le but de donner les meilleures chances au produit.

Le contrat de licence est le contrat passé entre un producteur et un éditeur phonographique dont l'objet principal est la commercialisation des disques. Le producteur prend à sa charge la réalisation du *master* (frais d'enregistrement studio, bandes, ingénieur du son...) et les salaires de tous les artistes et musiciens d'accompagnement intervenant dans la production. Il a également à sa charge le livret au complet. Le producteur concède à l'éditeur, pour une durée prévue au contrat, un droit d'exploitation des enregistrements et une exclusivité d'exploitation sur un ou plusieurs territoires pour un certain temps (au moins trois ans). Le producteur reçoit des redevances (entre 18 et 22 % avec des seuils) sur les ventes réalisées par l'éditeur phonographique. Celui-ci payera tous les frais de fabrication et la SDRM, et aura la charge d'assurer la distribution et la promotion. Le producteur demeure propriétaire de l'enregistrement. À l'échéance du contrat, il est libre de reconduire la licence ou de signer avec un autre éditeur, sous réserves des clauses de droit d'option et de droit de préférence. Pourtant la licence ne remporte pas tous les suffrages parmi les indépendants : « La licence pour moi est risquée : je préfère maîtriser mon projet jusqu'au bout. À quel degré le partenaire peut-il suivre ? Comment contrôler ce qui est fait en promotion ? Ce n'est pas évident en licence. Alors que le travail d'un distributeur est facile à contrôler : mon disque est trouvable, mis en rayon. Avec la promotion, on peut me dire un budget incroyable et 50 000 flyers à Reims ou à Bordeaux. Comment faire pour contrôler[23] ? »

22. Jean-Pierre Weiller.
23. Arnaud Houndjo.

5. La *joint-venture* et la participation au capital

C'est l'association d'un indépendant avec une *major* en termes de prise de participation de la part des *majors* dans le capital des indépendants. Même les artistes s'y mettent dans le cadre de leur label : la *major* payant toutes les dépenses et amenant sa force de distribution, alors que l'artiste se consacre à la partie artistique et touche 50 % des bénéfices. L'intérêt est multiple. Il permet aux indépendants de pouvoir bénéficier d'une logistique incroyable, de force de promotion, juridique, comptable et de distribution et donc de travailler dans un confort qu'ils n'auraient pas pu avoir. Les inconvénients : « On peut se plaindre de ne pas être totalement maître de la situation et de ne posséder que 50 % de la société qu'on dirige[24]. » La pratique se fait également entre indépendants : Wagram entrant au capital de Discograph; mais, globalement, seulement à partir du moment où le catalogue proposé et les artistes vendeurs sont suffisamment intéressants pour le plus gros partenaire.

6. Les stratégies de contrats

Le producteur ne lâche jamais ses véritables chiffres de vente, car c'est également un métier de mensonge où les producteurs distillent les chiffres, comme ils mentent sur l'âge des artistes.

Il semble aussi que la production pure ne soit pas intéressante, hormis dans le cas d'une *joint-venture*. On tâchera de privilégier l'édition phonographique !

Pourtant certains s'en sortent aussi d'une façon peu noble : à partir d'une bonne démo, le producteur négocie une avance et fait le disque avec l'argent du licencieur. Avec cette somme, il fait également la pochette, et avec les subventions, le clip, etc.

Le contrat d'artiste sert sur le long terme pour des artistes sur lesquels on souhaite investir vraiment.

La licence ou le contrat de production ou de *One Off* (disque par disque) sont des moyens de diminuer les risques pour des investissements moindres. Cependant, le développement du *streaming via* Deezer, Spotify, Grooveshark et consorts a une conséquence sur la baisse des ventes de singles : les auditeurs lambda peuvent écouter le single à volonté sans se préoccuper de le payer, alors pourquoi l'acheter ?

Certains artistes ou éditeurs utilisent aussi le contrat de production avec des labels qui payent tous les frais, mais ne reversent que des *royalties* (entre 18 et 22 %) à l'artiste. Ainsi, si un éditeur, un artiste ou un réalisateur artistique a signé un contrat de production dans le cadre de son label, il perçoit le taux de royautés susmentionné, la culbute de royautés pour les autres artistes se faisant à un taux moindre pour eux.

« C'est le but ultime de tout le monde d'être signé en *major*, avec un bon contrat, et de l'argent ! Le but d'un indépendant, c'est d'être labellisé. C'est une grande hypocrisie, l'atmosphère générale sur la grande volonté de l'indépendance[25]. »

Le coup est rude, mais il porte... Maintenant, on peut toujours arguer du fait que mieux vaut être gros chez un petit que l'inverse.

24. *Musique info hebdo*, n° 287, 23 janvier 2004, p. 48.
25. Vincent Carpentier.

7. Le 360°

Lors du colloque « Musique et diversité » organisé par le Bureau export de la musique française, Stéphane Bourdoiseau, PDG de Wagram affirmait : « [...] les acteurs de la musique doivent réviser leur mode d'exploitation, passer d'une activité monorevenu à un modèle multirevenus, et pratiquer l'intégration verticale en ayant recours à des contrats à 360° [...] englobant tous les revenus autour de l'artiste : musique enregistrée, scène, édition, numérique, *merchandising*[26]... ».

Cette diversification des sources de revenus *via* un contrat dit à 360° porte sur :

- la production de phonogrammes et ses diverses utilisations à travers la concession de licences, les synchros, les contenus vidéo, les supports numériques et interactifs, les directs... ;
- l'édition qui grâce aux droits d'auteur permet de rentabiliser plus rapidement des investissements. Sans oublier la synchronisation pubs et films... ;
- la tournée, avec l'organisation de spectacles, puisque la scène est un média rendant visible les artistes et ayant (presque) toujours déclenché des ventes de disques ;
- le *merchandising* : la vente de produits dérivés constitue pour certains groupes des sources financières plus importantes que les ventes de disques ;
- le *sponsoring* et le partenariat avec des marques sont aussi concernés par ce nouveau type de contrat ;
- le management qui permet de percevoir un pourcentage sur un certain nombre de rentrées d'argent.

Pierre-Marie Bouvery a publié un ouvrage, *Les Contrats 360°* (éditions Irma), qui traite justement de ce sujet, distinguant les adeptes du 360 actif ou passif... Il y aborde notamment les aspects contractuels, les incompatibilités légales et la logique de mise en œuvre. L'intérêt, pour les acteurs de la filière et l'artiste : « dans le cadre du 360° actif, c'est de poursuivre la collaboration dans d'autres domaines que celui qui les a fait se rencontrer. [...] Parce que c'est la crise, on trouve moins de partenaires. Faute de combattants, le premier partenaire se dit alors : allons-y[27] ».

Le 360 n'est pas un concept très nouveau, puisqu'en France, des producteurs indépendants comme Dreyfus le pratiquaient déjà dans les années 1970 en organisant les concerts de leurs artistes : leur économie était déjà assise sur l'ensemble des revenus de l'artiste. Puis les alternatifs feront de même dès les années 1980-1990. Mais chaque activité correspond à un métier et des compétences à acquérir ; on ne s'improvise pas éditeur ou producteur de spectacles, on le devient. Sans négliger le risque de fragiliser sa structure à vouloir tout faire. Il est logique de penser que pour bon nombre de producteurs indépendants ce procédé favorise l'artisanat (deux ou trois projets par an grand maximum, sur lesquels tous les moyens seront concentrés).

Thierry Chassagne, patron de Warner Music France, témoigne : « Atteindre les 100 000 exemplaires sur un album nécessite aujourd'hui des investissements marketing 30 à 40 % supérieurs à ceux d'il y a quelques années. Il nous faut bien trouver des moyens pour reconstituer une partie des marges. » Ainsi, 60 % des artistes Warner Music sont, au niveau mondial, sous contrats à 360°.

26. Source : colloque « Musique et diversité » au Centre Pompidou à Paris. Disponible sur www.french-music.org.
27. Pierre-Marie Bouvery, lors de la conférence de lancement de l'ouvrage *Les Contrats 360°* au Midem 2011.

8. La convention collective du disque

Le 30 juin 2008[28], les partenaires sociaux du disque se sont mis d'accord pour signer une convention collective de l'industrie phonographique[29]. Cette convention encadre les conditions de travail et de rémunération des artistes relatives aux enregistrements et à leurs exploitations, mais aussi les techniciens et les salariés composant le personnel des entreprises dont l'activité principale est la production, l'édition ou la distribution de phonogrammes ou de vidéogrammes musicaux ou d'humour.

8.1. La rémunération des artistes principaux

Si l'employeur utilise jusqu'à 10 minutes des interprétations de l'artiste fixées dans le cadre d'un travail défini, le salaire minimum est fixé à 170,49 euros par tranche indivisible de 5 minutes d'interprétation fixée effectivement utilisée.

Si l'employeur utilise entre 10 et 20 minutes des interprétations de l'artiste, le salaire minimum est fixé à 511,46 euros pour une tranche indivisible de 20 minutes d'interprétation fixée effectivement utilisée.

Si l'employeur utilise plus de 20 minutes des interprétations de l'artiste, le salaire minimum est fixé à 28,13 euros par minute d'interprétation fixée effectivement utilisée pour les artistes principaux, hors artistes lyriques, chefs d'orchestre, chefs de chœur, diseurs et artistes dramatiques pour qui le calcul du salaire est :

- 1re tranche indivisible de 20 minutes d'interprétation de l'artiste : salaire minimum 272,63 euros ;
- 2e tranche indivisible de 21 à 40 minutes : salaire minimum 245,36 euros ;
- 3e tranche indivisible de 41 à 60 minutes : salaire minimum 218,10 euros ;
- 4e tranche indivisible de 61 à 80 minutes : salaire minimum 190,84 euros ;
- 5e tranche indivisible de 81 à 100 minutes : salaire minimum 163,57 euros ;
- 6e tranche indivisible de 101 à 120 minutes : salaire minimum 136,31 euros.

Pour les chefs d'orchestre et les chefs de chœurs, les montant ci-dessus sont augmentés de 50 %.

8.1.1. La rémunération des artistes membres permanents d'un groupe

Le montant minimum de la rémunération globale est au titre du 1er artiste, de 100 % des montants définis au titre de la rémunération des artistes principaux. Au 2e artiste : 75 %..., au 3e artiste : 60 %, du 4e au 6e artiste : 50 %..., du 7e au 9e artiste : 40 %..., à partir du 10e artiste : 30 %, etc.

8.1.2. Forfait

Dans le cas où un artiste effectue un enregistrement dans son propre studio, hors de la présence de l'employeur, une rémunération forfaitaire est convenue selon le nombre de minutes effectivement utilisées sans pouvoir être inférieure à la rémunération calculée selon les dispositions de l'article II.1 des dispositions « artistes principaux » (en tout état de cause le taux horaire de rémunération ne saurait être inférieur au Smic horaire).

28. Jusqu'alors, pour des raisons historiques, les maisons de disques appliquaient la convention collective de la sidérurgie.
29. La convention collective de l'édition phonographique est consultable sur le site de l'Irma.

8.1.3. Captation d'un spectacle

Dans le cas de la première captation d'un spectacle (hors captation promotionnelle), l'artiste recevra un salaire de 200 % du salaire minimum conventionnel prévu pour le type de représentations considérées dans la convention collective du spectacle vivant applicable. Ces rémunérations se porteront à 50 % pour les deux captations suivantes. Au-delà de trois captations, il y aura négociation de gré à gré entre artiste et employeur (avec un minimum pour l'ensemble des captations de 300 % du salaire minimum).

8.1.4. Captation d'un spectacle promotionnel

Salaire minimum : 78,78 euros brut dans un magasin, 123,22 euros brut dans une salle de spectacles.

8.1.5. Vidéomusiques

Salaire minimum journalier : 216,34 euros brut par jour de tournage (maximum 10 heures de travail effectif).

8.2. La rémunération des artistes musiciens

Les rémunérations dues aux artistes comportent une rémunération minimale, éventuellement majorée et le cas échéant des rémunérations complémentaires (voire forfaitaires).

8.2.1. Cachet de base

Engagement au service :

- service de 3 heures[30] : 158,54 euros;
- service de 4 heures[31] : 211,40 euros.

Engagement à la journée pour un nombre minimum de 3 journées sur une suite de 7 jours consécutifs :

- 262,60 euros la journée, composés d'un cachet de 157,56 euros au titre de l'enregistrement avec une limitation à 20 minutes de la durée d'interprétations enregistrées de l'artiste effectivement utilisables, et d'un cachet de 105,04 euros pour les répétitions qui ne peuvent comporter aucun enregistrement;

ou

- 367,80 euros la journée soit 3 cachets de 122,60 euros au titre de l'enregistrement, sans limitation de la durée d'interprétations enregistrées de l'artiste effectivement utilisables.

Engagement à la journée pour un nombre minimum de 5 journées sur une suite de 7 jours consécutifs) :

- avec une limitation à quinze minutes de la durée d'interprétations enregistrées de l'artiste effectivement utilisables : 236,95 euros la journée, composés d'un cachet de 132,62 euros au titre de l'enregistrement et d'un cachet de 104,33 euros au titre du travail de répétition.

30. Séance de travail de trois heures comprenant vingt minutes de pause, correspondant à vingt minutes d'interprétations enregistrées effectivement utilisables.
31. Séance de travail de quatre heures de travail comprenant deux pauses de quinze minutes, correspondant à vingt-sept minutes d'interprétations enregistrées effectivement utilisables.

8.2.2. Captation d'un spectacle

Pour les artistes musiciens, les conditions sont identiques à celles des artistes principaux.

8.2.3. Rémunérations complémentaires forfaitaires

L'artiste-interprète qui consent à autoriser[32] le producteur de phonogrammes à exploiter la fixation de sa prestation perçoit une rémunération forfaitaire complémentaire en fonction de la durée du titre, du mouvement ou découpage prévu dans la partition selon les modes B, C, D, E ou F. Le cas échéant, les rémunérations complémentaires forfaitaires correspondant respectivement aux B, C, D, E ou F de la nomenclature des modes d'exploitation se cumulent.

La nomenclature des modes d'exploitation	
Mode A : exploitation de phonogrammes par voie de mise à la disposition du public, y inclus :	– la mise à la disposition du public sous forme matérielle d'exemplaires de phonogrammes hors location, notamment par la vente, l'échange ou le prêt ; – la mise à la disposition du public sous forme immatérielle d'exemplaires de phonogrammes communiqués à la demande par un service de communication électronique, notamment par voie de téléchargement ou de flux continu interactif (*streaming*), telle que prévue à l'article 3.2 de la directive 2001/29/CE du 22 mai 2001.
Mode B : mise à la disposition du public sous forme matérielle d'exemplaires de phonogrammes par la location.	
Mode C : exploitation de phonogrammes par des services de communication électronique, de façon incorporée à des programmes composés d'une suite ordonnée d'émissions sonores destinées à être reçus simultanément par l'ensemble du public ou une catégorie de public, y inclus :	– la réalisation et la diffusion de programmes qui n'entrent pas dans le champ des dispositions de l'article L. 214.1 du Code de la propriété intellectuelle ; – la réalisation et la diffusion de publicités radiophoniques ; – la réalisation et la diffusion de bandes *play-back* partiel en direct.
Mode D : exploitation de phonogrammes non couverte par un autre mode d'exploitation visé à la présente nomenclature, notamment aux fins d'une communication au public ne relevant pas d'un de ces modes d'exploitation, y inclus :	– l'illustration sonore de spectacles ; – la réalisation et l'exploitation de bases de données pour la sonorisation de lieux publics ; – la réalisation et la communication de publicités sonores dans des lieux publics ; – la réalisation et la communication d'attentes musicales téléphoniques ; – la réalisation et la communication de messageries téléphoniques ; – le stockage de phonogrammes à des fins d'archivage ou d'étude.
Mode E : exploitation de phonogrammes incorporés dans des vidéogrammes (ou de captations audiovisuelles), y inclus :	– la réalisation et l'exploitation de vidéomusiques ; – la réalisation et l'exploitation de films cinématographiques ; – la réalisation et l'exploitation de publicités audiovisuelles ; – la réalisation et l'exploitation d'autres vidéogrammes.
Mode F : exploitation de phonogrammes incorporés dans des produits multimédias, y inclus :	– la réalisation et l'exploitation de jeux vidéo ; – la réalisation et l'exploitation d'encyclopédies interactives ; – la réalisation et l'exploitation de bases de données pour des bornes de consultation interactives situées dans les lieux publics ; – la réalisation et l'exploitation de sites web.

32. L'exploitation de la fixation de la prestation de l'artiste aux fins de l'illustration sonore de spectacles, ainsi que de la réalisation et la diffusion de bandes *play-back*, doit faire l'objet de dispositions particulières.

Les modalités de calcul de la rémunération complémentaire forfaitaire se présentent ainsi pour chaque titre :

Tranche A : de 1 à 10 musiciens; tranche B : les 10 musiciens supplémentaires (total de 20 musiciens au plus); tranche C : les 10 musiciens supplémentaires (total de 30 musiciens au plus); tranche D : les musiciens supplémentaires (total de 31 musiciens et au-delà). La dégressivité de la rémunération individuelle des musiciens par mode doit cesser au-delà de 40 musiciens.

En salaires bruts (CB = Cachet de base de 3 heures)			
	Paiement initial		**Paiement différé (payable uniquement lors de la première exploitation dans le mode concerné)**
Mode B (exclusivement en cas de location d'exemplaires matériels)	À définir (chaque année, lors de la négociation annuelle sur les salaires, le sujet sera évoqué en relation avec l'économie éventuelle de ce mode d'exploitation).		À définir.
Mode C ou mode D ou mode E ou mode F	– A : 1,5 % CB par musicien et par minute; – B : 1 % CB par musicien supplémentaire et par minute; – C : 0,5 % CB par musicien supplémentaire et par minute; – D : 0,25 % CB par musicien supplémentaire et par minute; répartis entre les musiciens par parts égales.	**OU**	– A : 1,8 % CB par musicien et par minute; – B : 1,2 % CB par musicien supplémentaire et par minute; – C : 0,6 % CB par musicien supplémentaire et par minute; – D : 0,3 % CB par musicien supplémentaire et par minute; répartis entre les musiciens par parts égales.

Le paiement de chaque rémunération complémentaire forfaitaire est libératoire pour l'ensemble des exploitations entrant dans le champ du mode d'exploitation considéré et autorisé, sans préjudice de l'obligation de verser les rémunérations prévues aux articles III.26 et III.27 lorsqu'elles sont applicables.

Exemple : pour un album de 60 minutes avec 19 musiciens sur chaque titre de l'album, en paiement immédiat, les rémunérations complémentaires forfaitaires sont égales à :

Tranche A : les 10 premiers musiciens (1,5 % cachet base) x 10 x 60
Tranche B : les 9 suivants + (1 % cachet base) x 9 x 60
= Total par mode

Total mode B + ... + Total mode F = Total général brut, à répartir entre les musiciens par parts égales.

8.2.4. Rémunérations complémentaires proportionnelles en cas de gestion collective

Lorsqu'un artiste-interprète a autorisé l'exploitation de sa prestation dans le cadre des modes B, C, D, E ou F, et que les employeurs ont confié la gestion d'une exploitation incluse dans l'un de ces modes aux SPRD (SPPF ou SCCP), l'artiste perçoit (outre la ou les rémunération[s] forfaitaire[s] complémentaire[s]) une rémunération proportionnelle calculée selon les modalités suivantes, pour chaque titre :

Exploitations faisant l'objet d'une gestion collective en 2011	
Mode A	– le prêt de phonogrammes ; – la sonorisation et l'exploitation de services audiotel à l'aide d'extraits de phonogrammes ; – la mise à la disposition du public à la demande en téléchargement ou en flux continu (*streaming*) par un service de communication électronique de programmes composés pour partie de phonogrammes (*podcasting* ou programmes d'archives).
Mode C	la diffusion de programmes visés à ce mode à titre primaire sur Internet ou sur des réseaux câblés, ainsi que leur retransmission sur des réseaux de téléphonie mobile.
Mode D	– la réalisation et l'exploitation de bases de données pour la sonorisation de lieux publics ; – la réalisation et la communication d'attentes musicales téléphoniques à l'aide d'extraits de phonogrammes ; – le stockage de phonogrammes à des fins d'archivage ou d'étude ; – l'utilisation de phonogrammes publiés à des fins de commerce dans le cadre de l'illustration d'un spectacle, étant précisé que cette exploitation fait l'objet de stipulations particulières à l'article III.27 de la présente annexe.
Mode E	la radiodiffusion télévisuelle de vidéomusiques.
Mode F	– la réalisation et l'exploitation de sites web à l'aide d'extraits de phonogrammes ; – la réalisation et l'exploitation de bornes de consultation interactive dans les lieux publics à l'aide d'extraits de phonogrammes.

La rémunération proportionnelle complémentaire correspond à 6 % des sommes nettes collectées[33] par la SPRD du producteur (par enregistrement auquel l'artiste-interprète a participé) à répartir entre les artistes-interprètes ayant participé à l'enregistrement. Cette rémunération complémentaire proportionnelle constitue une redevance et n'a pas le caractère de salaire.

8.2.5. Barème spécifique fixant les *minima* de rémunération des autorisations relatives aux utilisations des phonogrammes ayant une incidence directe sur l'emploi des artistes

Illustration sonore de spectacles à l'aide de phonogrammes publiés à des fins de commerce ou d'extraits de ceux-ci, sauf en cas d'utilisation en mode *play-back* (mode D) : 20 % des sommes nettes collectées à ce titre par la SPRD (par enregistrement auquel l'artiste a participé) à répartir entre les artistes ayant participé à l'enregistrement.

Illustration sonore de spectacles à l'aide de phonogrammes publiés à des fins de commerce ou d'extraits de ceux-ci, en cas d'utilisation en mode *play-back* (mode D) : 30 % des sommes nettes collectées à ce titre par la SPRD (par enregistrement auquel l'artiste a participé) à répartir entre les artistes ayant participé à l'enregistrement.

33. Recettes brutes hors taxes perçues auprès des utilisateurs par la SPRD de producteurs concernée, déduction faite de frais de gestion de cette société de perception et de répartition des droits au titre de l'exploitation en cause.

8.2.6. Captation d'un spectacle promotionnel

Salaire minimum : 92,92 euros brut dans un magasin, 126,25 euros brut dans une salle de spectacles.

8.3. La rémunération des exploitations du fonds de catalogue

Un protocole additionnel facilite l'exploitation des enregistrements les plus anciens, dans l'intérêt commun des musiciens et des producteurs. Plus précisément, les producteurs ont obtenu la détention des droits d'exploitations secondaires des enregistrements fixés en France, moyennant un dédommagement forfaitaire en faveur des interprètes. Comme le précise la convention collective de l'édition phonographique : « Lorsque, pour un enregistrement du fonds de catalogue, le paiement d'une rémunération au titre de modes d'exploitation autres que sous la forme de "phonogrammes publiés à des fins de commerce" n'a pas été convenu par contrat individuel, il sera dû aux artistes-interprètes, conformément aux modalités définies à l'article 4 du présent protocole un complément de rémunération égal aux sommes qui auraient été dues par application de l'article III.26 de l'annexe III à la convention collective nationale de l'édition phonographique depuis le 1er janvier 1986 jusqu'à l'entrée en vigueur de ladite convention. »

« Les parties sont convenues que la contribution des employeurs sera déterminée en fonction des revenus de l'exploitation des phonogrammes et des vidéogrammes gérés par une société de perception et de répartition des droits des producteurs, issus exclusivement de l'exercice des droits exclusifs de leurs mandants, depuis le 1er janvier 1986 et jusqu'à la fin de l'année civile précédent la date d'entrée en vigueur de la convention collective.

Cette contribution est égale à 6 % des recettes relatives aux enregistrements produits en France avant l'entrée en vigueur de la convention collective, réparties par la société de perception et de répartition des droits à laquelle appartient l'employeur. Seront exclues de ce calcul les exploitations effectuées en 1987 et 1988 qui ont donné lieu à un versement de rémunérations soit à l'Adami, soit à la Spedidam.

Pour tenir compte du fait que la base sur laquelle la contribution calculée ne couvre pas les éventuelles utilisations entreprises hors gestion collective ainsi que les éventuels actes d'exploitation antérieurs au 1er janvier 1986, le taux évoqué au paragraphe précédent est complété par un taux additionnel de 0,5 % appliqué sur les mêmes recettes que celles visées ci-dessus au titre de ces utilisations et actes d'exploitation, soit un taux total de 6,5 %. »

Des aménagements sont prévus pour les producteurs ayant conclu un accord individuel avec des artistes-interprètes prévoyant le paiement d'un complément de rémunération.

Chacune des sociétés de perception et de répartition des droits des producteurs concernée déterminera le montant de la rémunération due au titre de chaque enregistrement.

8.4. Les salariés permanents

On y retrouve aussi toutes les informations concernant les personnels permanents de l'industrie phonographique. Embauche et contrat de travail selon l'emploi et le niveau dans la classification, le salaire garanti conventionnel, la rémunération brute réelle, la prime d'ancienneté... Au même titre que n'importe quel salarié du régime général et selon les règles du Code du travail !

Salaires *minima* conventionnels applicables aux salaires permanents au 1er janvier 2011 (en euros)		
	Annuel	Garantie mensuelle (annuel divisé par 12,5)
I	17061,75	1364,94
II	17061,75	1364,94
III	18293,63	1463,49
IV	19808,63	1584,69
V	21336,25	1706,90
VI	23962,25	1916,98
VII	29365,75	2349,26
VIII	36461,00	2916,88
IX	45121,75	3609,74

Barème de base de la prime d'ancienneté	
Niveaux classification convention collective	Base prime ancienneté en euros
I	853,09
II	937,56
III	1091,21
IV	1236,98
V	1480,29

La définition des emplois correspondant à chacun des niveaux est rappelée dans la convention. Voici la description de poste du chef de produit :

Titre : chef de produit

Supérieur hiérarchique : directeur marketing (à titre indicatif)

Missions généralement requises :

- coordonne la mise en œuvre et assure le suivi des stratégies et budgets marketing ;
- organise et coordonne les opérations liées à l'artiste avec le service commercial ;
- coordonne les éléments nécessaires au lancement des projets avec le service fabrication ;
- assure la gestion et le suivi des quantités à fabriquer ;
- organise et coordonne les opérations de lancement et de tournées avec le service promotion ;
- participe au relationnel avec l'artiste, son manager et ses ayants droit ;
- veille au respect des engagements contractuels (visuels, accords préalables...) ;
- veille à la mise à jour des informations marketing contenues dans les systèmes d'information.

Outils susceptibles d'être utilisés (systèmes, logiciels...) : outils informatiques dédiés.

Expertises spécifiques requises : anglais (pour le marketing international), compétences marketing (formation et/ou expérience professionnelle).

8.5. Les techniciens du spectacle

La convention collective de l'édition phonographique règle également les conditions d'emploi et de rémunération des techniciens du spectacle vivant ou enregistré. Des grilles précisent tous les salaires.

Chapitre III

Les aides aux productions

Plusieurs pistes existent afin d'obtenir des aides (surtout financières) pour boucler un budget de production. La plupart d'entre elles concernent les projets, et pas une rente annuelle pour assurer la pérennité de son entreprise. Mieux vaut se préparer à remplir des pages et des pages de dossiers de demandes d'aides dans le cadre de chacun des projets de disques. Il convient au minimum de présenter un budget clair, cohérent et sensé dans lequel l'aide escomptée ne représente qu'une partie, environ 30 %, du budget total. Et surtout les subventions à la production ne sont pas dues à chaque fois.

Autant prévoir que l'on n'en aura pas ou peu dans son budget de production et ne pas hésiter à prendre du temps pour la mise au point de ce budget et la rédaction du dossier d'aide.

1. Les aides publiques

Ces précisions faites, de telles aides pourront être obtenues auprès des collectivités territoriales (commune, département, groupement de communes, région) et/ou services déconcentrés de l'État (Drac : Direction régionale des affaires culturelles, DDJS : Direction départementale du ministère de la Jeunesse et des Sports)[34] et les organismes professionnels (sociétés civiles entre autres).

Ces aides sont souvent allouées dans un but précis (bouclage de financement d'un enregistrement...) et une contrepartie peut être demandée (investissement, embauche, etc.). Lors des demandes de subventions auprès de collectivités, il n'est pas rare que ces dernières exigent une activité déjà engagée afin de mieux cerner le projet et de vérifier le sérieux de la structure.

Il existe désormais un dossier commun de demande de subventions pour les associations désireuses d'obtenir une subvention de l'État ou de services déconcentrés (www.cerfa.gouv.fr).

Toute association qui reçoit des subventions doit fournir à l'autorité administrative ses comptes et son budget; en cas de subvention supérieure à 23 000 euros, une convention doit être passée avec la collectivité locale, qui définit l'objet, le montant et les conditions d'utilisation de la subvention.

Les collectivités territoriales ont chacune leur manière de fonctionner (dossier et éléments à fournir, délais à respecter, montant maximum des aides, etc.), il est bon de bien se renseigner au préalable afin d'éviter de laisser passer un délai ou de ne pas s'adresser à la bonne personne ! Il est aussi intéressant de s'adresser au service culturel de la collectivité visée.

Il est possible aussi de s'adresser à d'autres services des collectivités tels que le service Jeunesse et Sports par exemple.

De même, il ne faut pas hésiter à s'adresser au réseau des associations départementales ou régionales consacrées à la musique et aux associations cherchant à accompagner d'autres structures (telles que les correspondants Irma).

34. Attention, les aides des Drac ont tendance à diminuer de façon drastique.

En annexe I de cet ouvrage figure une partie du dossier de l'Irma : « Labels en ville, les dispositifs locaux de soutien à la filière discographique[35] » présentant un panorama de certains des dispositifs de soutien direct et indirect aux labels indépendants.

2. Les organismes professionnels

Ces organismes consacrent, conformément à la loi de 1985, 25 % des sommes issues de la rémunération pour copie privée et la totalité des sommes disponibles qui n'ont pu être réparties à l'expiration d'un certain délai à l'aide à la création, à la diffusion et à la formation professionnelle des artistes.

2.1. L'Adami (Société civile pour l'administration des droits des artistes et musiciens interprètes)

L'Adami, dans le cadre de l'action artistique, participe à une politique efficace d'aide à la création, axée sur deux points :

- favoriser la création et la diffusion de spectacles vivants;
- favoriser l'aide à la formation professionnelle et au développement de la carrière des artistes.

Après avoir complété un dossier de demande d'aide (à retirer auprès de l'Adami), l'une des trois commissions (dramatique, variétés, chefs d'orchestre et solistes de la musique et de la danse), statuera sur la demande d'aide. Le dépôt des dossiers devant s'effectuer, pour l'aide au disque, au moins un mois avant le premier jour d'enregistrement. Le montant de la subvention est plafonné à hauteur d'un tiers du budget total (incluant les frais de fabrication s'il y a lieu). L'ensemble des subventions ne pouvant excéder 50 % du coût total de la production.

La demande doit être formulée par une structure (société ou association) immatriculée à toutes les caisses de protection sociale et notamment aux caisses propres au spectacle (Audiens, Congés spectacles) et respectant scrupuleusement législation sociale. Le montant des rémunérations doit respecter les minimums prévus dans les accords interprofessionnels.

Le dossier est téléchargeable sur le site www.adami.fr.

2.2. La SCPP (Société civile pour l'exercice des droits des producteurs phonographiques)

La SCPP propose une aide à la création de phonogrammes (album d'au minimum 4 titres inédits). Il faut être producteur phonographique, sociétaire ou non (peu importe le type de structure). Le disque doit bénéficier d'une distribution physique professionnelle, ou d'un contrat de licence avec un producteur bénéficiant lui-même d'un contrat de distribution et cotisant auprès de Audiens, de l'Urssaf et des Congés spectacles ou à un centre de traitement de salaires des intermittents du spectacle. Dans le cadre d'une coproduction, c'est le coproducteur bénéficiaire de la subvention qui devra fournir le contrat de distribution ou de licence, émettre les bulletins de salaire et cotiser à Audiens, à l'Urssaf et aux Congés spectacles.

L'apport personnel doit être important et l'aide se place véritablement en complément.

Se reporter au site www.scpp.fr.

35. http://www.irma.asso.fr/LABELS-EN-VILLELes-dispositifs?xtor=EPR-3.

2.3. La SPPF (Société civile des producteurs de phonogrammes en France)

La SPPF propose différents programmes d'aide pour le disque, les vidéomusiques, le *tour support*, la promotion et le marketing et les DVD musicaux (voir le détail en annexe II). Ces aides sont soumises à des conditions de délivrance bien précises et planifiées dans le temps (cf. calendrier des commissions).

En outre, certaines salles franciliennes sont conventionnées avec la SPPF pour accueillir des concerts de lancement d'album. De même, le Studio des variétés, lieu de formation, est agréé par la SPPF pour la formation d'artistes.

Quels sont les critères de ces aides ?

Le CD et/ou la vidéomusique doivent générer des droits voisins en France dont la gestion doit être assurée par un associé SPPF.

Pour les aides aux albums de « variété », ceux-ci doivent contenir un minimum de 50 % de titres inédits. Les lives et compilations sont exclus du dispositif, sauf s'ils respectent ce critère. Pour un album de jazz, les compositions doivent comporter des arrangements inédits. Pour les projets de musique classique, les « reprises » d'œuvres sont éligibles si elles ont été enregistrées moins de trois fois ou seulement avant 1985, date de l'ère du CD.

La distribution doit être effectuée par un professionnel au niveau national : ni autodistribution, ni distribution numérique.

Les subventions de la SPPF sont cumulables avec celles d'autres organismes, à l'exception de celles de la SCPP. Le montant du cumul des aides ne pourra dépasser 350 000 euros par an et par producteur. Le versement définitif n'interviendra qu'après la déclaration du support objet de l'aide octroyée au Répertoire social de la SPPF.

Nous attirons l'attention sur le fait que ces aides (comme la plupart des aides des sociétés civiles) sont conditionnées au respect d'un certain nombre de règles : législation sur les droits de l'auteur, des artistes-interprètes, des producteurs et le droit du travail, faire la preuve des justificatifs de paiement des cotisations auprès des différentes caisses (Pôle emploi, Audiens, Congés spectacles...), conserver la gestion des droits voisins du disque et/ou de la vidéomusique concerné et en faire la déclaration auprès de la SPPF.

En outre, chaque dispositif d'aide est encadré par des conditions précises.

On se reportera au site www.sppf.com et au Facebook www.facebook.com/SPPF.Producteurs.Independants.

2.4. Le FCM (Fonds pour la création musicale)

Le FCM développe deux programmes d'aide à la production phonographique et un programme d'aide à la distribution. Dans les deux cas, le demandeur doit disposer d'un accord écrit de distribution et le disque ne doit pas être commercialisé avant la date de réunion de la commission concernée.

2.4.1. L'aide à la production phonographique (classique, contemporain, enfants, jazz de création, musique traditionnelle)

L'accès à ce programme est réservé aux structures commerciales non associatives ou présentées conjointement (coproduction) par un label et une association loi 1901.

Les producteurs et coproducteurs doivent assurer, hors subventions, au moins 30 % du cadre subventionnable (frais d'enregistrement, frais de premier établissement). L'aide du FCM ne peut excéder 30 % du cadre subventionnable avec un plafond de 15000 euros. Le nombre d'aides par label est limité à trois par an.

2.4.2. L'aide à la production phonographique de variétés

Destinée en priorité aux artistes d'expression française, elle est réservée aux projets d'enregistrement d'œuvres originales inédites (au moins 50 % en titres et en minutage) et concerne en priorité les nouveaux talents (premier, second ou troisième album ou single d'artiste d'expression française) soutenus par des structures commerciales (non associatives). Les producteurs doivent assurer, hors subventions, au moins 50 % du cadre subventionnable. En outre, il s'agit soit du 1er, 2e ou 3e album (sous le même nom d'artiste) d'artistes francophones; soit d'un album d'artistes francophones enregistré en public (dans la limite des 3 premiers albums de l'artiste). Ce cadre comprend les frais d'enregistrement et les frais de premier établissement (frais techniques hors communication et pressage). L'aide du FCM ne peut excéder 30 % du cadre subventionnable avec un plafond de 15000 euros pour les albums. Le nombre d'aides par label est limité à trois par an.

Se reporter au site www.lefcm.org.

2.5. La Sacem (Société des auteurs, compositeurs et éditeurs de musique)

La Sacem accompagne la filière professionnelle pour la production de phonogrammes par l'intermédiaire du FCM, de MFA et d'une aide à l'autoproduction. Il faut impérativement être membre de la Sacem pour pouvoir en bénéficier.

2.5.1. L'aide à l'autoproduction discographique

Accordée à tout(e) auteur et/ou compositeur ayant la qualité d'adhérent Sacem pour un premier ou un second enregistrement dans le domaine des musiques actuelles.

L'enregistrement doit être composé en majorité d'œuvres déposées n'ayant pas été fixées sur un support commercialisé. Un minimum de six titres et/ou une durée de 40 minutes sont nécessaires. Il est préférable de disposer d'un accord de distribution et/ou de projets scéniques (production d'un spectacle, plan de tournée). L'aide est impérativement délivrée à une personne morale (association, structure commerciale) et plafonnée à 3000 euros. Le nombre d'exemplaires de l'enregistrement doit être au minimum de 500 réservés à la vente.

2.5.2. Programme d'aide aux enregistrements phonographiques MFA (Musique française d'aujourd'hui)

Ce programme est réservé aux producteurs phonographiques en musique contemporaine, jazz de création et musique traditionnelle, exerçant une activité commerciale. Sont également recevables les demandes présentées conjointement par une association régie par la loi de 1901 et une société de production phonographique ou une société de distribution. Le demandeur doit disposer d'un accord écrit de distribution et le disque ne doit pas être commercialisé avant la date de réunion de la commission concernée. Le projet peut être porté par un producteur opérant à l'étranger à la condition qu'il bénéficie d'une distribution en France.

Se reporter au site www.sacem.fr.

Chapitre IV
Un travail en équipe

« Quand on est indépendant (i. e. qu'on va jusqu'au bout sauf la distribution), on peut enregistrer ce que l'on a envie d'enregistrer, et le mettre sur le marché, parce que l'on y croit. Mais on peut porter tous les projets que l'on a envie d'enregistrer, tant que l'on n'a pas de partenaires, on reste avec sa bande, et puis plus rien »,
Philippe Lecante.

Ce n'est pas uniquement la dimension financière dont vont avoir besoin le disque et l'artiste. C'est plutôt l'imbrication du label dans toutes les étapes de la vie d'un produit (promotion, tournée, distribution...) qui se défend de plus en plus difficilement, économie précaire et surabondance d'offres obligent.

« À un moment donné pour sortir un album, on a besoin de plusieurs personnes autour de la table : le manager, le groupe, la maison de disques, l'éditeur, le tourneur et l'on doit travailler le plus en amont pour mettre en place la stratégie de sortie de lancement[36]. »

Ce travail d'équipe ressemble à un puzzle à assembler pour donner le maximum de chances à l'artiste et à son disque comme continuité du travail effectué par tous les acteurs de la chaîne discographique. Surtout lorsque l'on sait que le lancement d'un disque et de l'artiste qui le défend ressemble au lancement d'une fusée : il y a une fenêtre de lancement à ne pas rater (les fatidiques trois semaines) et ensuite, trop tard, il faudra relancer la machine. Mais à quel prix ?

On évoquait précédemment dans la section découverte, les différents possibles : manager, concerts, éditeur. Pas étonnant que l'on retrouve les mêmes intervenants dans la concrétisation des projets et dans le développement de la carrière de l'artiste.

1. L'éditeur

Il peut apporter une aide financière pour réaliser certains projets comme des clips, des tournées, du matériel... Plusieurs éditeurs peuvent être associés sur un projet : l'éditeur de l'artiste-interprète si celui-ci écrit et compose également; l'éditeur de l'auteur et du compositeur dans le cadre de placement de titres. Ces éditeurs concourent tous à l'avancement et au développement du disque et de l'activité scénique.

Le rôle du producteur est d'essayer d'associer le plus en amont l'éditeur afin de déterminer quelles aides seront les plus pertinentes pour favoriser le développement de l'artiste et de son œuvre. Bien souvent quand il y a un éditeur, on peut reprocher que la relation soit de l'ordre du pur business. Mais il est là pour apporter sa quote-part à l'édifice : son investissement ou son appui dans certains domaines. Idéalement, c'est plus un échange qu'il faut réussir à trouver, dans l'intérêt de l'artiste. L'éditeur doit être un partenaire, non pas le principal, mais un partenaire dans le cadre du développement de la carrière de l'artiste.

36. Christian Bordarier.

Dans le cadre des tournées, celles-ci rapportent à l'éditeur et à l'auteur compositeur, contrairement à la maison de disques qui ne va espérer obtenir de recettes que par les ventes de disques postconcert. Bien souvent, comme seules les tournées sont génératrices de droits (surtout en cas de faibles ventes de disques, malgré un fort biais promotionnel), l'éditeur soutiendra plutôt des tournées promotionnelles et encouragera les premières parties, les festivals ou les petites dates utiles pour présenter un artiste en vue de le faire signer en une maison de disques.

Les négociations avec l'éditeur peuvent être assez âpres, car il cherchera en général à obtenir des garanties pour les auteurs et compositeurs interprètes d'avoir au moins un soutien financier à la création ou à la tournée (*tour support*).

Néanmoins, beaucoup d'éditeurs considèrent que les maisons de disques viennent les voir seulement lors des tournées ou les sollicitent uniquement pour contribuer à la réduction de leur budget marketing. Et c'est le terme amer de « pompe à fric » qui revient.

La tendance lourde constatée au niveau du disque, est d'avoir des structures qui signent un artiste ou un groupe en production ET en édition. Ce qui peut s'avérer délicat pour l'artiste, si le producteur n'a plus les moyens de développer correctement les artistes...

2. Les concerts

> *« Depuis une dizaine d'années, la musique enregistrée [...] s'est banalisée. Les disques ne se vendent pas, mais les salles de concert sont pleines. Si le public se déplace, c'est parce qu'il est toujours en demande de cette excitation, de cette expérience physique de la musique*[37] »,
> *Nadim Abdi.*

Le label travaille de concert avec le tourneur pour atteindre le même objectif de développement d'un disque lors de la tournée. Certains labels travaillent aussi beaucoup en termes de promotion pour la production de spectacles. Car l'incidence sera directe pour les tourneurs : avoir de bons articles dans la presse nationale permet de trouver beaucoup plus facilement des concerts, qui vont amener encore plus de bons papiers et faire vendre du disque.

Le concert devient un « produit d'appel » pour le disque, alors que la production de disques peut se faire à peu de frais, mais où la production de concerts, et encore plus de tournées, ne peut (souvent) se faire sans subventions. Pas étonnant alors que les labels s'adjoignent une division production de spectacles et demandent une licence d'entrepreneur de spectacles... Surtout lorsque la couverture médiatique d'un concert est supérieure à celle de la sortie d'un disque. Et puis le concert reste le moment privilégié où le groupe rencontre son public, sans les artifices de la production studio; et c'est aussi le moment où la relation public/artiste se fidélise.

Dans un contexte national et international difficile pour le disque, avec un difficile relais médiatique, souvent fort coûteux, pour les artistes, le concert permet de pallier cette carence en offrant de la visibilité, du public et forcément des ventes.

L'autre intérêt est de permettre aux artistes de mûrir et d'affirmer leur jeu, de peaufiner les morceaux par la scène au fur et à mesure des concerts.

37. « L'avenir du disque, c'est la scène? », in *Rézo international*, n° 13, hiver 2004. Interview de Nadim Abdi, journaliste à *Libération*.

On se rend alors compte que cela implique des disques plus en adéquation avec le public et des projets artistiques mieux assumés par l'artiste, et remet en cause le sacro-saint chemin d'« un disque et la tournée ensuite ». D'aucuns reprochent un manque d'acuité de la part des artistes : le disque est l'outil de l'omnipotence, qui va se trouver partout en France, permettre de passer à la radio. Alors que le métier de l'artiste est de jouer.

« Un groupe de rock de cinq personnes va vendre 20 000 disques, récupérer 1,50 euro par disque. Ce qui fait 30 000 euros et 18 mois pour le faire. 30 000 euros divisés par cinq, et par 18 mois, ça ne fait même pas un RMI par tête. Par contre, en tournant et en vendant des disques, le régime de l'intermittence permet de vivre de sa musique, et les *royalties* viennent compléter ce revenu, ainsi que les droits d'auteur, la vente de T-shirts, (lorsque le label y autorise le groupe)... et l'artiste a un revenu correct »,

Frédéric Venant.

Néanmoins, attention de ne pas lancer un artiste trop tôt sur des scènes pour lesquelles il n'est pas encore prêt. C'est le meilleur moyen de le « tuer » et de détruire la confiance qu'il peut avoir en lui-même et en ses différents partenaires. Donc : à chaque phase de son développement, des scènes adaptées !

En général, un certain nombre de disques promotionnels sont prévus pour le tourneur afin qu'il puisse assurer son travail de « trouveur de dates » pour le groupe. Et avec ledit entrepreneur de spectacles, le travail se fait sous forme de collaboration entre le service promotion et la maison de disques, mais avec un prorata à respecter. Un taux de rentabilité à trouver.

De plus en plus, la maison de disques vend au tourneur le disque au prix coûtant, car il arrive que l'on donne plus de disques que l'on en vend. Mais c'est aussi de la promotion ! Aussi les labels essayent de faire payer un minimum, mais en prenant à leur compte l'affichage, le tractage.

3. Le manager

En attendant la sortie de *Profession manager* aux éditions Irma, nous ne saurions proposer meilleure définition du travail du manager avec le producteur, que celle-ci :

« Le manager s'occupe du suivi de la carrière de l'artiste ou du groupe dans ses moindres détails. Il le représente auprès de tous les professionnels de la filière musicale : il va l'assister dans ses démarches, l'aider à signer avec un éditeur, une maison de disques, un tourneur, si ce n'est déjà fait. Il va l'aider à négocier tous ses contrats, en amont et faire le suivi en aval, de l'enregistrement à la promotion et au marketing, l'organisation des spectacles et des tournées, le *merchandising* qui l'accompagne, etc. Il définit avec le producteur et l'artiste l'image qu'ils souhaitent développer, du choix de photos à la réalisation des clips. Le manager est un chef d'orchestre, qui va œuvrer pour que tous les interlocuteurs de l'artiste travaillent ensemble. »

Plus pragmatiquement, Christian Bordarier évoque le travail sous l'angle suivant : « Je travaille cartes sur table avec le manager; ça doit être transparent, sinon ce n'est pas bon. Ne serait-ce que lorsque l'on négocie un deal, quand on travaille sur la production exécutive d'un album, si ce n'est pas clair, on arrive à un clash. Mieux vaut dire les choses que ne pas les dire. Stratégies et budgets sont vus ensemble. C'est la même relation qu'avec les artistes, mais axée sur la négociation, l'échange, et la mise en confiance. Dès que tout est mis à plat et net, on peut passer à la suite de la relation. »

Le travail d'écoute et de choix du réalisateur se fait aussi avec le manager. Ne pas impliquer le manager dans tout le processus, c'est perdre 50 % d'efficacité, Il sera parfois plus utile de laisser le manager négocier certains budgets car il aura de meilleurs prix.

Pour de nombreuses maisons de disques, le manager est désormais une assistance primordiale pour la sortie d'un disque. En période de crise, tout le monde doit se retrousser les manches !

4. La promotion

Tout est promotion : donner un disque à la bonne personne, faire un concert qui va entraîner de la presse, mettre une affiche, tracter, chercher un moyen de booster la fréquentation du MySpace/Facebook/Twitter de l'artiste, créer le *buzz*, etc.

Une des règles de base : quand le disque marche c'est parce que l'artiste est génial. Quand il ne marche pas, c'est la faute de la promotion !

Déterminée par le directeur du marketing, elle s'appuie sur les possibilités des groupes; certains ont des titres qui peuvent rentrer en radio, d'autres pas (on parle de formatage), certains s'appuient sur la scène parce que ce sont des groupes de scène. Tout dépend de la stratégie prédéfinie. Un petit budget de promotion tourne souvent autour de 7 000 à 8 000 euros, parfois moins, surtout si l'on utilise essentiellement des outils numériques de promotion.

> « La promotion n'écoute pas les disques tant que ceux-ci ne sont pas finis : pour éviter de se faire des idées sur le groupe, et dans le souci de donner les bons éléments au bon moment... »,
>
> *Christian Bordarier.*

Toutefois, malgré tous les efforts promotionnels mis en place, le meilleur vecteur de promotion d'un label, c'est la qualité du disque. Quand un disque est bon, la promotion (*tchatche* et réseau) ne fait que « pousser » un peu pour toucher le plus grand nombre.

Deuxième partie

LA PRODUCTION

« Il n'y a pas de mauvaise musique, il n'y a qu'une mauvaise manière de la faire »,

Vincent Carpentier.

Élément incontournable de l'activité de producteur de phonogrammes, la production d'un disque représente probablement l'aspect « technique » le plus important. La suite est souvent de l'ordre de l'administratif et du relationnel.

Chapitre Ier

Le plan de travail

Le préalable obligé à l'enregistrement, en accord avec l'artiste et le réalisateur artistique, est l'élaboration d'un plan de travail.

La réalisation d'une maquette (voire d'une préproduction) permet de (se) rendre compte du temps nécessaire à l'enregistrement d'un titre, mais aussi de savoir quels moyens humains et techniques mettre en œuvre le jour de l'enregistrement : ce n'est, par exemple, pas utile de louer une harpe ou un piano à queue pour une semaine si le groupe ou l'artiste l'utilisera seulement un jour voire deux. Cette phase est primordiale pour contrôler ses coûts d'enregistrement et définir par la suite l'équation de rentabilité de vente du disque : le point mort.

Le plan de travail permet d'associer le groupe entier, le manager, et le réalisateur à l'élaboration du projet d'enregistrement. En discutant au préalable avec les divers intervenants, on arrivera à concevoir leurs besoins de façon très réaliste.

On y déterminera par écrit le nombre de journées de studio, combien d'artistes seront présents, le matériel nécessaire... Ce qui donnera au final le nombre de séances à payer aux musiciens.

Réserver le studio à l'avance autorise toute latitude du choix dans la date en discutant avec le groupe de leurs disponibilités, leurs obligations.

Chapitre II

L'enregistrement

La problématique d'un label est d'abord de limiter les coûts d'enregistrement. Et le temps, c'est de l'argent. Les musiciens doivent être prêts avant de rentrer en studio, sinon c'est la garantie de coûts supplémentaires, de dépassement de budget, avant même l'exploitation du disque.

Le tableau suivant reprend de manière chronologique les fonctions des différents intervenants qui devront interagir lors de l'enregistrement et de ses suites. Il n'a pas valeur de modèle et correspond à un usage généralement constaté pour un grand nombre de genres musicaux.

Tableau des étapes et des intervenants			
Étapes	**Fonctions**	**Intervenants**	**Pour le label**
Répétitions	Évaluation du nombre de jours d'enregistrement et de musiciens d'accompagnement avec le label.	Réalisateur artistique (peut assister et conseiller).	En amont, le directeur artistique (DA) a décidé avec le groupe (et le manager) d'un réalisateur avec qui travailler. Il peut être cet acteur.
Préproduction	Mise en place des parties, enregistrement en *home studio*.	Réalisateur artistique (peut assister et conseiller).	Vérification du « plan de travail ».
Enregistrement en studio	Enregistrement des voix témoins, prises séparées, *live*… tout est possible !	Groupe + musiciens d'accompagnement + ingénieur du son + réalisateur artistique. Travail avec l'arrangeur.	Le DA vérifie : l'avancement de l'enregistrement, le confort de travail des artistes, résout les tensions, veille au non-dépassement du budget.
Mixage	Choix artistiques primordiaux pour faire « sonner » le disque.	Artistes + ingénieur du son + réalisateur artistique.	Le DA assiste à cette étape.
Prémastering	Correction des inégalités, préparation au pressage.	Ingénieur du son + réalisateur artistique.	Le DA assiste à cette étape.
***Mastering* et pressage**	Processus mécanique de duplication des œuvres.	Presseur.	Vérification de la qualité des disques.

1. Les répétitions

Les répétitions sont un préalable obligatoire dans le cadre de la préparation de l'enregistrement et peuvent être l'occasion de produire une ou plusieurs maquettes. Dans ce cas, la maquette vient en déduction du budget initialement prévu. Tout enregistrement est utile pour prendre du recul.

2. La préproduction

Elle représente une part importante du travail préparatoire à l'enregistrement et a pour conséquence de conditionner, par la suite, les méthodes d'enregistrement.

Comme pour les répétitions, ce peut être l'occasion d'une négociation financière avec l'éditeur graphique.

Ce procédé reste plus qu'intéressant : il met le groupe en confiance, et comme ils ont travaillé avec le réalisateur pendant un mois, cela donne de très bons résultats.

Quels sont les critères de sélection du lieu où enregistrer ?

Comment interagissent les différents intervenants ?

3. Le choix de la méthode d'enregistrement : quelques conseils

Les artistes et leur façon de jouer, sur scène, en répétition, ont déjà donné des pistes à suivre pour la fixation des œuvres sur un support sonore. Voici le moment de se poser quelques questions : enregistrement en studio, enregistrement en acoustique naturelle, enregistrement en public ou *home studio* ?

Tout dépend du choix artistique. Et de ses capacités budgétaires. La plupart des labels fonctionnent sur une base allant de 15 000 euros à plusieurs dizaines de milliers d'euros. Souvent moins, parfois plus.

Les dépassements possibles sont à négocier avec l'artiste avant l'enregistrement et auront une incidence soit sur son contrat, soit sur le type d'enregistrement, voire les deux.

Certains styles de musique comme le rap ou l'électro, entre autres, se prêtent fort bien au *home studio*. Mais pas seulement ceux-ci, puisque : « Les percus dans le salon, les flûtes dans la chambre ; en bidouillant et en passant du temps, on arrive à avoir un résultat très correct au niveau son comme a pu le faire le Hadouk Trio [1]. »

Certains artistes qui travaillent avec leur propre matériel peuvent avoir besoin d'une courte séance d'enregistrement en fonction de certains impératifs comme un matériel bien spécifique, un enregistrement voix ou piano acoustique pour un titre ou plusieurs. C'est aussi le rôle du label de se tenir au courant du matériel (type et état) mis à disposition dans les studios d'enregistrement. Et de discuter avec l'artiste pour connaître ses besoins en termes de production. La règle est de chercher à lui apporter tout le confort nécessaire pour qu'il livre le meilleur produit !

Pour connaître les compétences de l'ingénieur du son, rien ne vaut l'écoute d'un ou plusieurs disques sur lesquels il a travaillé. *L'Officiel de la musique* liste les studios avec les références des artistes enregistrés.

Cependant, rien ne vaut un déplacement pour constater sur place la qualité de l'accueil et des conditions de travail. Le studio est souvent vécu par les artistes comme un énorme moment de stress. Autant privilégier d'emblée un bon environnement de travail pour qu'ils se sentent le plus à l'aise possible et enregistrent le mieux possible, sans dépassement…

Faire des devis par écrit pour connaître les tarifs pratiqués (avec ou sans ingénieur du son) est obligatoire ! Est-ce un prix forfaitaire à la journée (en général huit heures par jour) ou un forfait

1. Laurent Milcent.

englobant les séances de mixage. Le prix des consommables (CD vierges, cassettes Adat, bandes magnétiques dans les studios équipés de matériel analogique) est-il inclus ? Les instruments sur place sont-ils mis à disposition ? Peut-on faire un *lock-out*[2] ?

Il ne faut pas hésiter à négocier pour déterminer quelles sont les configurations les plus intéressantes en termes financiers. Certains labels ont leur propre studio d'enregistrement (pour diminuer les coûts de production) ou des accords de préférence avec des studios. Rien ne remplace l'expérience et la concertation avec les artistes dans le choix de la méthode d'enregistrement.

Le studio nécessite des réponses rapides aux questions d'ordre artistique ou technique qui se posent. C'est une des fonctions du producteur ou du réalisateur de prêter une oreille attentive à ces questionnements et de pouvoir décider pour les artistes ou agir en tant que « tampon ». Il peut avoir aussi pour fonction, en l'absence d'un réalisateur artistique, de « recadrer » un ingénieur du son qui souhaite apporter une touche trop personnelle[3].

Financer un projet artistique ne dispense pas de suivre l'enregistrement, sans pour autant devenir collant au risque de nuire à l'alchimie de celui-ci. Certains téléphonent, passent pour voir si tout va bien, boivent un verre avec le groupe à l'issue de la session, prennent à cœur les problèmes du groupe. À chacun sa méthode pour gérer au mieux ses investissements d'argent, de compétences et de talent !

Enfin, il ne faut pas oublier qu'après la séance d'enregistrement, le mixage est primordial et prend autant de temps (en moyenne) que l'enregistrement.

À noter, certains studios ont des accords de partenariat avec des entreprises de *mastering* et de pressage. Et détail important, il n'est pas rare d'avoir des studios qui font des tarifs spécialement pour les indépendants, avec des réductions allant jusqu'à 50 %. Toujours appréciable comme économie, non ?

4. Comment travailler avec un réalisateur artistique

Le choix d'un réalisateur artistique n'est pas innocent, puisqu'il va conseiller les artistes lors de l'enregistrement. Le personnage doit avoir la même sensibilité artistique que le groupe et est choisi en général en accord avec la maison de disques.

Il est responsable de l'organisation des séances d'enregistrement, des choix artistiques qui orientent le son en fonction de sa vision artistique. Il rend compte au producteur. Il doit prendre connaissance des œuvres de l'artiste avant l'enregistrement. La pratique fait que le réalisateur artistique peut assister à une ou plusieurs répétitions pour donner son avis et préparer la couleur sonore de l'enregistrement.

> Clarification : le réalisateur artistique est désigné par le terme de *producer* dans les pays anglophones, ce qui prête constamment à confusion.

2. Mise à disposition totale du studio.
3. Certains ne prennent pas de distance par rapport à l'enregistrement et deviennent réalisateurs artistiques, au risque de se retrouver avec un son qui ne ressemble plus à ce que l'on souhaite produire

Chapitre III

Le budget

Les budgets dépendent très souvent de l'esthétique musicale : enregistrer un disque d'électro ne revient pas au même coût qu'enregistrer un orchestre philharmonique. Le coût de l'enregistrement reste assez stable avec une moyenne de 15 000 euros. Mais qu'inclure dans le budget de production ?

Tout ce qui se passe avant le pressage du disque : les déplacements, les répétitions, la préproduction, la location du studio et du matériel, l'achat des consommables... Tout !

1. Exemple de budget de production complète d'un disque

Ce tableau donne à titre indicatif les postes à inclure dans tout budget d'enregistrement. Il dépasse le cadre de l'enregistrement pour prendre en compte tous les coûts à prendre en compte.

La limite de ce budget est qu'il ne peut être équilibré : les royautés, impôts et autres résultats d'exploitation ne sont pas inclus dans ce budget, puisqu'il n'y a pas encore eu de vente de disques. De même, il ne prend pas en compte les avances versées aux artistes.

Grille de budget de production

Charges	
Frais de préproduction	
Location de studio de répétition	
Location de matériel	
Autres frais	
Total frais de préproduction	
Frais d'enregistrement	
Location studio enregistrement	
Location studio mixage (si différent du studio d'enregistrement)	
Ingénieur du son	
Réalisateur artistique	
Location de matériel	
Location d'instruments	
Consommables (bandes et fournitures)	
Salaires bruts DA	
Salaires bruts (détaillés) des interprètes : artiste(s), musiciens de complément ou d'accompagnement, chef d'orchestre, copistes, arrangeurs	
Autres salaires	
Charges sociales patronales	
Défraiement	
Déplacement	
Hébergement/*catering*	
Mastering/montage/codage	
Coûts de digitalisation, d'encodage si distribution numérique	
Autres frais	
Total frais d'enregistrement	
Frais de fabrication	
Artwork (création graphique = livret + pochette)	
Pressage CD (promotion + vente)	
Sérigraphie	
Impression livrets et/ou pochettes cartonnées	
SDRM	
Impression *stickers*	
Autres frais	
Total frais de fabrication	
Frais de promotion	
Supports publicitaires (encarts médias, affiches, tracts…)	
Site Internet, animation d'un réseau social	
CD journalistes et distributeur	
Attaché(e) de presse	
Tour support	
Autres frais	
Total frais de promotion	
Total dépenses	
Apports divers	
Fonds propres	
Coproduction	
Subventions (collectivités publiques)	
Subventions (organismes professionnels)	
Autres apports	
Mécénat	
Éditeur	
Total des apports divers	

L'Upfi[4] propose la consultation d'exemples de budgets tirés de la réalité qui sont différents en fonction des genres esthétiques et de la mise sur le marché...

Ainsi, pour un disque de jazz dont l'artiste soliste possède déjà une forte notoriété, le montant total de l'investissement pour le producteur se monte à 90234 euros. Pour un disque autoproduit dont un label a pris en charge la sortie en licence, avec une mise en place de 2000 exemplaires, des ventes réelles de 1539 CD sur 6 mois, et au final un projet en perte de 900 euros pour le label; le montant total de l'investissement pour le producteur est de 14160 euros.

Nous mettons ci-dessous en copie l'exemple, tiré de ce même site, pour un disque d'un groupe de rock en développement, bénéficiant d'une notoriété croissante et 29500 copies.

ENREGISTREMENT	
Cachet artiste, salaires musiciens, ingénieurs du son, réalisateur, défraiements, frais d'hébergement et de transport	28000 €
Location du studio, prises (20 jours) et mixage (15 jours), location de matériel	14900 €
Mastering	4291 €
TOTAL	47191 €
FABRICATION	
Création graphique	6500 €
Fabrication et pressage de 29500 copies définitives	27929 €
TOTAL	39429 €
PROMOTION ET MARKETING	
CONCERTS – 15160 €	
Tour support (30000 affiches, promotion des dates, participation aux frais)	7500 €
Street marketing	7660 €
MAGASINS – 8950 €	
Opérations magasin, fabrication de PLV, achat d'espaces sur catalogues et guides d'enseigne	8950 €
MÉDIAS – 38000 €	
Réalisation d'un clip	10000 €
Attaché de presse	3000 €
Partenariats presse et achat espaces publicitaires	25000 €
TOTAL	**62110 €**
Montant total de l'investissement pour le producteur : 148730 €	

Trois esthétiques différentes, trois budgets différents et un constat : la tendance est aux disques signés en licence... Les artistes et leurs structures prenant la plupart des risques financiers.

2. Les artistes et les musiciens

La convention collective de l'édition phonographique encadre les rémunérations en fonction des utilisations de l'œuvre.

Beaucoup de groupes sont extrêmement créatifs, mais pas forcément de bons musiciens. Il peut être bien qu'ils acceptent de laisser des musiciens de studio poser les parties; afin de se libérer ensuite pour ajouter une touche créative. Dans l'optique de ne pas perdre de temps, d'énergie, de confiance, et d'éviter les dépassements en studio.

Cette pratique, qui fera hurler les puristes, est pourtant fréquemment utilisée, mais personne n'en parle ouvertement...

4. www.upfi.fr, section la production indépendante.

3. Enregistrer à l'étranger ?

Que ce soit dans l'Union européenne ou ailleurs, on peut tout à fait enregistrer ailleurs en respectant quelques règles :

La première est de vérifier si passeports, vaccins, etc., des artistes et du personnel sont bien à jour.

La deuxième, si du matériel (magnétophones, instruments, micros, etc.) transite à l'étranger, est de se procurer auprès des douanes ou de la chambre de commerce et d'industrie le carnet ATA (cf. annexe III), carnet qui va lister le matériel emmené par l'ensemble de l'équipe. Il équivaut à un passeport pour les marchandises devant séjourner temporairement à l'étranger, et ne dispense pas de remplir toutes les formalités d'admission temporaire à l'étranger.

D'autres problèmes peuvent se poser, notamment dans le cas de la circulation des artistes à l'étranger. L'ouvrage de Cendryne Roé, *La Circulation internationale du spectacle,* aux éditions Irma est un incontournable.

Chapitre IV

La fabrication

C'est le processus qui se met en place lorsque l'enregistrement et le mixage sont terminés et que le producteur dispose de la bande *master*.

1. Le *master*

La bande *master* ou « master » est le résultat de l'enregistrement (fixation sonore d'une œuvre). Le *master* sert à reproduire les œuvres pour toutes les exploitations, il convient donc de le conserver dans les meilleures conditions, même si c'est bien souvent l'usine de pressage qui les stocke pour de futures demandes de repressage (dans le pire des cas, un CD peut être utilisé pour reproduire des œuvres).

Le label n'oubliera pas d'envoyer le *label copy* à la Sacem et à la société civile gérant ses droits de producteurs... Le *label copy* est un document que doit réaliser chaque label : on y trouve toutes les informations utiles à la production d'un phonogramme (studio, année d'enregistrement, interprète, éditeur, producteur, auteur, compositeur, code ISRC, minutage, etc.) et il sert de base par la suite pour les étapes de fabrication, de déclaration SCPP ou SPPF (cf. annexe IV).

2. Prémastering et codage ISRC

C'est la dernière étape artistique obligée après l'enregistrement et avant le pressage. Ce métier spécifique consiste à procéder à une égalisation, une compression, vérifier l'enchaînement des titres sur le futur phonogramme, son indexation, le codage ISRC (*International Standard Recording Code*). On confond fréquemment prémastering et *mastering*. Comme pour le studio d'enregistrement, il convient de faire des devis auprès de plusieurs prestataires, en cherchant à écouter le travail produit, vérifier les références, l'équipement en analogique et en numérique. Beaucoup de labels apprécient que ce travail soit fait en collaboration avec les artistes ou le réalisateur artistique. Les tarifs, qui vont de 100 à 200 euros de l'heure, sont parfois calculés au forfait et certains presseurs effectuent aussi ce travail.

Le code ISRC est attribué à chaque phonogramme et vidéogramme. Il a pour objet de faciliter la gestion des droits voisins (donc des droits des producteurs) par les sociétés de gestion collective, permettre le contrôle de la reproduction, de la radiodiffusion, de la communication au public de chaque titre, d'en faire payer le prix à l'utilisateur et de répartir les rémunérations perçues aux ayants droit.

Chaque enregistrement ou élément individualisé d'un enregistrement doit se voir attribuer son propre code ISRC qui doit figurer dans toute documentation relative à l'enregistrement en question.

Incorporé dans le signal des supports numériques, le code ISRC immatricule chaque enregistrement – phonogramme et vidéomusique – mais n'est en aucun cas destiné à identifier le support lui-même, mais identifie l'enregistrement pendant toute sa durée de vie.

Un nouvel enregistrement ou un enregistrement modifié doit obtenir un nouveau code ISRC. Afin de préserver le caractère unique et distinct de l'identification fournie par le code ISRC, il est interdit de réutiliser un code ISRC déjà attribué. Il demeure par contre inchangé au cas où le premier propriétaire cède un enregistrement après sa publication, dans sa forme initiale.

Que l'on soit producteur des enregistrements à immatriculer, coproducteur, responsable de l'immatriculation des enregistrements ou licencié ayant la charge d'administrer les codes ISRC du producteur des enregistrements, toute demande de code ISRC passe par la création d'un compte utilisateur avec la fourniture de pièces justificatives qui permet par la suite d'attribuer soi-même les codes ISRC des phonogrammes et/ou vidéomusiques ou un code ISRC complet pour chacun des phonogrammes et/ou vidéomusiques à immatriculer.

Exemple d'un code ISRC :
FR - D38 - 95 - 3021 - 0
FR : Code du pays de résidence du premier propriétaire (2 caractères)
D38 : Code du premier propriétaire (3 caractères)
95 : Code de l'année d'enregistrement (2 caractères)
3021 : Code de l'enregistrement (3 ou 4 caractères)
0 : Code de l'enregistrement unitaire (1 ou 2 caractères)

La SCPP est depuis 1989 l'Agence nationale ISRC chargée d'assurer la promotion et l'administration du code ISRC en France. Plus d'informations sur www.scpp.fr/SiteIsrc/ mais aussi auprès de la SPPF.

3. Le pressage

Pourquoi presser des disques à l'heure du numérique ? Tout simplement parce que pour l'instant, la vente de disques physiques représente un volume supérieur au téléchargement légal, que les groupes vendent de plus en plus de disques à la fin des concerts…

Quelles sont les étapes qui suivent la phase de production et de prémastering ?

3.1. *Le* mastering

C'est le processus de fabrication de la matrice ou *glass master* qui servira de « moule » pour les reproductions. Ce *glass master* est véritablement la transposition physique des données (CD-R, DLT, DVD-R, etc.) remises au presseur. Ce dernier, *via* des procédés techniques, fabrique un disque en verre sur lequel est appliqué une fine couche de nickel qui, après galvanisation, donnera la matrice susnommée (il en assure la garde). Lorsque l'on paye les *glass masters*, ils appartiennent au producteur. Quand le prix n'est pas détaillé, souvent, le film et les *glass masters* ne lui appartiennent pas.

3.2. La duplication

La machine de pressage utilise du polycarbonate injecté à 320 °C sur la matrice. C'est le pressage à proprement parler. La galette encore transparente se voit appliquer une couche d'aluminium puis un vernis et est séchée sous UV. Dans le cas des vinyles, la qualité du pressage est primordiale, notamment au niveau de la quantité de matière utilisée. De mauvais composants entraîneront un disque de moindre qualité, notamment au niveau de la profondeur des sillons.

3.3. La sérigraphie

On passe ensuite à la sérigraphie (impression couleur sur la galette) qui utilise les mêmes principes que la sérigraphie textile (d'une à six couleurs), à la différence près que la couleur y est projetée puis séchée sous UV.

3.4. La gravure et le pressage dans la duplication

La gravure utilise des systèmes de tours graveuses de CD qui proposent un disque de meilleure qualité qu'un « gravé maison » mais pas pérenne dans le temps. C'est une solution rapide (délais de deux à cinq jours) qui comporte un problème en terme de valorisation des prescripteurs : ceux-ci peuvent se sentir dévalorisés par l'envoi d'un CD gravé.

Néanmoins, un des us du métier est d'envoyer des copies gravées aux journalistes pour qu'ils puissent chroniquer le disque avant sa sortie. Ce qui aura bien évidemment un impact non négligeable sur les ventes. Il est d'usage d'envoyer un « vrai » disque aux journalistes qui auront fait des articles pour les remercier de cet échange de bons procédés.

Le distributeur doit recevoir ces exemplaires promotionnels bien à l'avance également : les commerciaux auront ces exemplaires promotionnels du disque un mois et demi avant la sortie du disque : c'est le temps qu'il faut aux commerciaux pour couvrir le territoire français, et faire les précommandes).

Un coût moyen de gravure (jusqu'à 500 CD, au-delà on passera à la duplication) :

Quantité	**CD 12 cm avec impression texte + logo sur fond blanc**
100 à 199	1,15 €
200 à 299	1,05 €
300 à 499	0,95 €
500 et +	0,90 €

Le pressage permet d'obtenir les disques du commerce : ceux que l'on trouve chez tous les bons revendeurs. Et qui disposent de qualités certaines, comme celle de résister au temps qui passe.

Un coût moyen de pressage de CD (en général pour des quantités allant de 500 à plusieurs milliers d'exemplaires) :

Quantité	CD pressés et sérigraphiés, livrés en *spindle* (rouleau)	CD pressés et sérigraphiés livrés en pochette carton quadrichromie + cellophanage	CD pressés et sérigraphiés en boîtier cristal avec livret de quatre pages quadri + cellophanage	CD pressés et sérigraphiés en digipack quadri 2 volets + cellophanage
500	0,83 €	1,39 €	1,49 €	X
1 000	0,59 €	0,69 €	0,89 €	1,42 €
2 000	0,38 €	0,52 €	0,69 €	1,09 €
3 000	0,34 €	0,49 €	0,62 €	0,99 €
5 000	0,29 €	0,42 €	0,50 €	0,84 €

Il n'est pas rare que le *glass master* soit offert à partir de 1 000 exemplaires de CD pressés.

« La grande distribution ne prend pas de *digipacks*, mais du boîtier cristal. Lors d'opérations avec la Fnac et Virgin, c'est bien de faire des produits différents »,

Christian Bordarier.

Les prix sont donnés à titre indicatif et s'entendent à prix unitaire hors taxes : PUHT. De même, ils concernent des disques dont les durées d'enregistrement sont supérieures à 20 minutes. Il existe des formats divers : 8 cm ou 12 cm.

4. Le *packaging*

« Between two products equal in price, function and quality, the one with the most attractive exterior will win »,

Raymond Loewy.

Le choix d'un *packaging* (conditionnement) spécifique s'inscrit dans une stratégie d'ensemble, avec un choix de positionnement marketing et un prix bien précis.

La tendance constatée est de souhaiter faire des beaux objets que le public voudra garder. Car le *packaging* doit mettre en avant le produit. Que ce soit sous forme de séries limitées ou de digipack, l'intérêt est, bien sûr, d'attirer l'attention de l'acheteur.

En bac, tout disque dispose en général d'une demi-seconde pour intéresser les gens qui ne le connaissent pas, d'où l'importance du visuel : à quel public je m'adresse, qu'est-ce que je défends ? C'est plutôt le plus simple qui doit être retenu. Plus c'est simple, plus c'est lisible.

Tous les presseurs donnent sur leurs sites les caractéristiques techniques à respecter pour créer la pochette, la sérigraphie de la « rondelle ». Tous les presseurs n'ont pas les mêmes spécificités. Mais il faut penser à cette petite phrase : « Faites un bel objet ! Il faut donner aux gens le goût de l'objet[5]. » Mais un boîtier est fait pour rentrer dans des bacs : un *packaging* trop peu conventionnel et c'est le refus de certains disquaires. Ou bien, c'est que la stratégie a été d'abandonner les réseaux traditionnels de vente.

Quelles sont les différentes options pour le livret intérieur ?

Lors de l'établissement du devis, chaque détail et tarif doit être indiqué : combien coûteront l'*artwork*, la photogravure, l'impression, etc.

L'usage est de poser la question suivante au presseur : que lui fournir et sous quel format ?

En sérigraphie, on demandera des fichiers informatiques aux formats suivants : Tif, BMP, AI, EPS, PSD, Gif, JPEG, XPress, InDesign 1.0/1.5 / 2.0, avec des normes de qualité élevées.

On voit là tout l'intérêt de confier ces tâches à un graphiste qui travaillera sous la direction du gérant du label.

5. Cédric Grouhan.

4.1. Les mentions légales et obligatoires

Il est important de faire figurer toutes les mentions légales sur la pochette, ainsi que sur le CD, en mentionnant notamment le fait que c'est un exemplaire promotionnel. On vérifiera la présence des mentions suivantes : le producteur, l'éditeur, la distribution, l'emplacement pour le code-barres, une référence, un code prix.

Le code-barres est obligatoire pour le référencement auprès du distributeur. Il peut être délivré par le presseur, le distributeur ou par une société habilitée à le faire.

Le ℗ et le © ?
Le ℗ permet de savoir qui a produit la bande. On le trouve sur la pochette, sur l'étiquette, suivi de l'année de première publication et du nom du producteur original.
Le ©, permet de savoir qui dispose des droits sur le concept de la pochette. On y met l'année de publication et le nom du propriétaire.

Il y a un certain nombre de mentions à faire figurer contractuellement sur le dos de l'album dont les logos des financeurs et des sociétés civiles qui ont participé.

De même pour la galette, il y a obligation légale d'y faire figurer un certain nombre de mentions :

- le titre des œuvres et les noms des auteurs, compositeurs, adaptateurs et éditeurs (rarement respecté) ;
- le logo Sacem/SDRM si les œuvres enregistrées appartiennent au répertoire géré par la Sacem ;
- la mention du *copyright* : « Tous droits du producteur phonographique et du propriétaire de l'œuvre enregistrée réservés. Sauf autorisation, la duplication, la location, le prêt, l'utilisation de ce disque pour exécution publique et radiodiffusion sont interdits. » ;
- le numéro de référence ou le numéro catalogue du disque ;
- le logo CD (obligatoire).

Il est toujours préférable de marquer le nom du groupe, le nom de l'album. Et s'il reste de la place : les titres.

« Le nom du groupe doit apparaître en haut du disque. Pensez aux clients qui vont fouiner dans les bacs à fouille des disquaires à la recherche de votre disque… »,
Cédric Grouhan.

4.2. La charte graphique

Chaque type de musique a une codification particulière en fonction de son esthétique musicale : c'est la raison pour laquelle, dans un même genre musical, beaucoup de disques d'artistes différents se ressemblent : calligraphie, codes couleurs, éléments de conception de la pochette permettant de classer immédiatement l'artiste dans tel ou tel genre. Attention aux fautes de goût entraînant une confusion sur le genre musical pour le public.

La stratégie se résume à éviter les écritures illisibles et à choisir une charte graphique qui se différenciera des autres disques et qui pourra se décliner en affiches pour les concerts. Il est important de travailler avec des graphistes souples, pour adapter l'image au format disque et au public.

Et de leur faire comprendre que le message doit correspondre à la cible. Car faire une pochette très artistique et conceptuelle, c'est très bien, mais pas vendeur : l'acheteur aura une sensation brouillée de la perception de l'album.

4.2.1. Les photos et les illustrations

Il arrive souvent que les artistes aient eux-mêmes des photos ou illustrations utilisables pour la création du visuel de la pochette. Sinon, il convient d'utiliser les services d'un photographe ou d'un illustrateur, faire deviser et penser aux droits d'utilisation de la photo (par exemple une photo dans un hôtel : le lieu se « paye ») et/ou de l'illustration ainsi qu'aux coûts de cession.

4.2.2. La jaquette

La jaquette se transformera en un film qui servira au presseur pour réaliser les différentes impressions, mais surtout elle permettra d'identifier le disque de l'artiste de loin.

Inutile de penser en 21 x 29,7 (format A4). La jaquette d'un disque se pense en 12 x 12 cm, avec des codes couleurs spécifiques et peu de détails. 12 x 12 centimètres dans lesquels il faut faire rentrer une image ou une photo, le nom du disque et du groupe. Plus, un *sticker* ou deux sur le cellophanage, issus des critiques et sans négliger le *sticker* du type « Prix vert ».

Un client *lambda* qui écoute un disque en Fnac ou ailleurs sur une borne d'écoute ne perd pas trop de temps, il zappe d'une piste à l'autre. Si le disque est bon et que la pochette est belle, il y aura plus de chances qu'il emmène le disque jusqu'à la caisse.

Enfin la pochette est l'occasion de faire de la promotion à peu de frais. « À la différence du livre, le disque se défend extrêmement mal. Sur le livre, on trouve un résumé, un avis, une petite biographie de l'auteur. Quand on achète un disque, on n'a droit qu'aux titres. Alors qu'un artiste a tout autre chose que ses titres à défendre sur sa jaquette ! J'invite tout le monde à utiliser les pochettes de disque pour donner des informations. Il faut y donner des infos : économiseurs d'écran, *stickers*[6]. »

4.2.3. Le livret

Si le livret contient les paroles et que les titres font partie du catalogue d'un éditeur graphique, il y a une autorisation à demander à l'éditeur pour pouvoir imprimer les paroles. Les livrets sont l'étape la plus longue dans la fabrication des CD. On comptera environ cinq jours de fabrication en tout, si le presseur dispose de livrets d'avance ; sinon rajouter deux jours de plus.

Attention de même à toujours savoir à qui appartiennent les visuels, les droits sur les photos ou logos, ainsi que leurs usages.

Certaines entreprises (comme Masterlab : www.masterlabsystems.com) assistent studios et producteurs dans la réalisation de ces étapes (jusqu'à l'impression).

6. Frédéric Venant.

4.2.4. Le contrat avec le graphiste-illustrateur

Philippe Lecante explique que son label travaille avec sa graphiste illustratrice qui fait la PAO sous sa direction; ainsi, le label est propriétaire des films. La graphiste prépare l'ensemble, mais a un rôle d'exécutant. C'est le producteur qui a le dernier mot et détient le *copyright* pour la prestation technique de mise en page. Pour les images, il achète un droit d'utilisation relatif à tout ce qui est autour du disque : affiches, livrets, pochettes, bons de précommande.

La cession des droits patrimoniaux (droit de représentation et droit de reproduction) peut se faire à titre onéreux ou gratuit. Dans les deux cas, cette cession est subordonnée au respect de règles précises définies par le Code de la propriété intellectuelle (CPI).

Ces règles mettent en lumière l'existence nécessaire d'un accord entre l'auteur et la personne physique ou morale à laquelle l'artiste cède ses droits et définissent les clauses qui doivent y figurer. Le CPI rappelle que cet accord est soumis aux dispositions prévues par les articles 1341 à 1348 du Code civil (c'est-à-dire qu'il insiste sur la nécessité de preuves établies de son existence pour en assurer la validité). En conséquence, l'existence d'un contrat écrit s'avère comme la plus sûre et la meilleure des solutions lors d'un achat ou d'une commande.

L'acte d'insérer une photographie ou une œuvre graphique ou plastique dans le contenu d'un site Internet nécessite la reproduction de l'œuvre et rentre donc dans le champ du droit de reproduction. Il est alors indispensable d'avoir prévu, ou de prévoir par un avenant ou un nouvel accord, la cession de ce type d'exploitation.

Le contrat doit décliner les domaines d'exploitation prévus dans la cession pour chacun des droits (droit de représentation et droit de reproduction), en définir l'étendue, la destination et la durée, et préciser les rémunérations attachées à chacun de ces domaines d'exploitation (art. L. 131-3). Enfin, le CPI précise que la cession onéreuse doit prévoir une « rémunération proportionnelle ou forfaitaire » (art. L. 131-4). Le manquement à ces obligations peut aussi entraîner la nullité de la cession.

4.3. Quel type de boîtier?

4.3.1. La pochette cartonnée

Idéale pour les exemplaires promotion (le carton est un support parfait pour les envois postaux à l'égard des prescripteurs que sont les médias ou les producteurs de spectacles), elle reprend toutes les indications du CD final ou au contraire seulement le nom de l'artiste, de la maison de disques, la date prévue de sortie, la liste des titres et... les coordonnées. La plupart des singles sont encore édités dans ce conditionnement qui a comme inconvénient d'être facilement corné.

Mettre au moins les coordonnées du service promotion ou de l'attaché(e) de presse sur la galette !

4.3.2. Le boîtier cristal

On ne change pas une équipe qui gagne ! On le trouve dans toutes les bonnes discothèques et il n'a que deux défauts : le plastique du couvercle qui se fend et se raye (vérifier les retours distributeurs) et les picots centraux qui supportent mal une utilisation prolongée.

On préférera ce mode de conditionnement pour la grande distribution. Il est plus adapté aux manipulations et aux dispositifs antivol.

4.3.3. Les autres conditionnements

Sur les sites des presseurs, on trouve des spécificités concernant certains modes de conditionnement des produits comme le digipack, le *digisleeve*, le fourreau ou le *slipcase*...

- Le digipack « format CD » est un boîtier carton (330 grammes) à deux volets (mais qui peut aller jusqu'à quatre), imprimé et verni. L'emplacement du disque (en général côté droit) est en plastique. Le côté gauche est fendu pour recevoir le livret. Ce format s'est répandu d'abord parce que c'est un beau support comparable au plaisir des pochettes de disques vinyles et beaucoup de producteurs aiment à croire qu'un beau support se fera moins pirater, mais plutôt acheter.

- Le *digisleeve* est une pochette cartonnée à deux volets vernis et imprimées. Un des deux côtés s'ouvre pour y glisser le disque. L'autre côté peut être soit fendu, soit avoir une encoche pour recevoir le livret.

- Le fourreau est un étui cartonné permettant d'habiller un boîtier. Il a une ouverture à gauche et à droite pour glisser ledit boîtier.

- Le *slipcase* est un étui carton qui va habiller un ou plusieurs disques, avec une ouverture sur un des côtés seulement. En général, cette présentation est utilisée pour des collections spécifiques, des opérations commerciales ou pour redonner une seconde chance de vente à des disques en stock. Idéal pour des ventes jumelées !

Tous ces boîtiers cartonnés sont néanmoins fragiles et certains sont endommagés par les diverses manipulations et lors des retours de vente.

De même certains prestataires proposent des coffrets métal ou des CD de formes diverses. Attention : ces choix sont coûteux, nécessitent plus de manipulation et apportent une plus-value seulement aux artistes déjà reconnus.

4.4. Quelques coûts annexes à prendre en compte

4.4.1. Le cellophanage

Ce film de protection entourant le boîtier dont le tarif est souvent inclus dans les frais de pressage. En cas de retour magasin, à l'issue d'une commercialisation, il faut faire décellophaner tous les exemplaires (pour ôter les étiquettes collées par les détaillants) et les recellophaner. Aux frais du label bien sûr.

4.4.2. Les *royalties*

Les *royalties* Philips/Sony sur CD-Rom (firmes qui ont développé le brevet Compact Disc) pour les pressages sont généralement incluses. Ce sont toutefois des usages qui ne doivent pas empêcher de demander les devis les plus détaillés possibles !

4.4.3. La livraison

Elle est généralement prévue dans les coûts du disque, sur toute la France, mais en un seul point de livraison. On peut aussi privilégier la livraison en deux points (distributeur et label) afin de pouvoir assurer la promotion du disque.

Chapitre V

Le stock

Le chef de produit va déterminer avec le commercial le nombre d'albums à presser. À partir de là, le travail en flux tendu permet un stock tampon en pensant à stocker, sans sur ou sous-stocker (au risque de subir des pénalités de la part du distributeur ou des ventes perdues), grâce à la surveillance quotidienne des ventes.

Un conseil de professionnel pour limiter cet effet : « Plus le prix est élevé, plus la part de risques est importante par rapport aux retours. Parce que la queue de stock avec laquelle on va se retrouver est également à intégrer dans ce tarif. Et donc à vendre dans le prix. Par rapport aux estimations de vente, on sait que l'on va récupérer à l'issue de la commercialisation, 100 à 500 disques. Ces disques doivent être vendus et donc inclus dans le prix[7]. »

Les disques sont stockés chez le distributeur et restent propriété du label, tant qu'il n'y a pas eu retrait du dépôt : la propriété étant alors transférée au distributeur.

Depuis peu, Amazon se met à stocker quelques disques pour assurer les commandes le plus rapidement possible et ne pas se retrouver en rupture de stock comme sur d'autres sites de vente par correspondance.

7. Jean-Claude Cointard.

Chapitre VI

Les droits

Tout droit du producteur phonographique et du propriétaire de l'œuvre enregistrée réservés. Sauf autorisation, la location, le prêt, l'utilisation de ce support pour exécution publique ou radiodiffusion sont interdits.

1. La SDRM

Avant de procéder à tout pressage, le presseur demandera l'autorisation de la SDRM que le producteur aura au préalable obtenue. Cette autorisation de reproduction est un formulaire à demander à la SDRM qui permet :

- d'enregistrer les œuvres inscrites aux répertoires administrés par la SDRM, c'est-à-dire ceux de la Sacem (Société des auteurs, compositeurs et éditeurs de musique), de la Scam (Société civile des auteurs multimédias) et de la SACD (Société des auteurs et compositeurs dramatiques);
- de faire tirer à partir du *master* un nombre d'exemplaires déclarés et de diffuser ces exemplaires sous sa marque à destination du public pour un usage privé.

Plusieurs types d'autorisation sont délivrés par la SDRM en fonction des cas :

1.1. Autorisation de reproduction œuvre par œuvre

Ce mécanisme concerne la plupart des producteurs. Ils doivent demander l'autorisation de reproduction au cas par cas. En cas de mévente et de destruction des exemplaires produits, la SDRM payée n'est pas récupérée.

1.2. Producteur dont le chiffre d'affaires est inférieur à 53 350 euros HT

La demande d'autorisation du producteur faite à la SDRM indique la liste des œuvres qu'il souhaite reproduire (et pour chacune des œuvres, il lui faudra indiquer les titres, noms et prénoms des auteurs, arrangeurs et adaptateurs, la durée). Le producteur indiquera aussi son nom et/ou sa raison sociale avec son adresse; les coordonnées du fabricant ou du donneur d'ordre (personne qui agit au nom du producteur pour passer la commande au fabricant); celles du distributeur s'il ne distribue pas le disque lui-même; le titre de l'album; un numéro de référence ou de catalogue; le type de support (CD, single); le nombre d'exemplaires à fabriquer (en distinguant la quantité destinée à la vente de celle destinée à une distribution gratuite); le prix de vente au détail TTC ou le prix de vente en gros HT publié aux détaillants (PPD).

Puis, la SDRM va étudier cette demande en vérifiant que les œuvres font partie du répertoire de la Sacem, de la SACD ou de la Scam; si tel n'est pas le cas (œuvre tombée dans le domaine public ou sans propriétaire connu), aucune redevance ne sera due.

Enfin, elle fera parvenir un « devis pour autorisation » mentionnant les droits à payer.

Les droits à payer sont calculés par la SDRM qui applique un pourcentage sur le prix de chaque exemplaire en tenant compte du prix de vente du disque, du nombre d'œuvres reproduites et de leur durée.

Ce pourcentage s'élève à 8 % sur le prix de vente au détail ou à 11 % sur le PPD. Ces prix s'entendent hors taxes si le fabricant a signé le contrat type pour la fabrication des phonogrammes avec la SDRM (cas le plus fréquent) ou TTC si tel n'est pas le cas.

Des abattements sont prévus dans le cas de pochettes individualisées (- 7,50 % sur le prix de détail ou - 10 % sur le PPD et - 9 % pour les ristournes et rabais), ce qui ramène le taux à 7,40 % sur le prix de vente hors taxes ou 9,009 % sur le PPD.

Si, après calcul, il s'avère que le montant à payer est inférieur à un certain seuil, la SDRM ne percevra qu'une redevance minimum (cf. le site de la SDRM[8]).

Attention : il faut rajouter le taux de 1 % au titre de la sécurité sociale des auteurs et le montant de la TVA ; ainsi pour connaître le montant TTC, on multiplie la redevance hors taxes par 1,065.

Dans le cas des disques distribués gratuitement, la redevance minimum sera perçue si tous les exemplaires sont distribués gratuitement ; sinon, elle sera des 2/3 de celle perçue pour les exemplaires à vendre (sans qu'elle ne soit inférieure à la redevance minimum), la mention « interdit à la vente » devra être apposée sur les exemplaires distribués gratuitement (pochette et disque).

Dans les cas particuliers des disques « premium » (distribués gratuitement en association avec un produit ou un service) ou pour les disques encartés dans un magazine, des modalités particulières et des redevances calculées spécifiquement par la SDRM sont prévues. On se rapportera au site de la Sacem.

Après paiement par le producteur, celui-ci reçoit (environ une dizaine de jours après) son « bon d'autorisation » avec le droit d'imprimer le logo de la SDRM sur le phonogramme qui indique que les démarches ont été faites. Enfin, le producteur reçoit une « note de débit acquittée », facture confirmant le paiement des droits.

Pour un réapprovisionnement, une demande devra aussi être faite à la SDRM en suivant une procédure simplifiée.

1.3. Le contrat type producteur indépendant

Ce contrat concerne les producteurs justifiant d'un chiffre d'affaires annuel au titre de la production de phonogrammes d'au moins 53 350 euros HT ou exerçant une activité de production depuis au moins deux ans, avec un catalogue comprenant un minimum de 15 références et la mise à disposition du public d'au moins cinq nouveautés par an.

Dans un tel cas, le producteur conclut un contrat-cadre avec la SDRM l'autorisant à procéder à l'enregistrement et au pressage de l'ensemble du répertoire de la SDRM. Il n'est donc pas nécessaire de faire signer aux auteurs des contrats de fixation (autorisant le producteur à procéder à

8. www.sdrm.fr.

l'enregistrement de l'œuvre), sous réserve d'avoir vérifié que tous les auteurs soient bien adhérents à la Sacem. Cependant, le producteur doit faire connaître à la SDRM la liste complète et détaillée des œuvres qu'il veut reproduire.

Ce contrat, conclu pour un an renouvelable, est basé sur le principe du paiement par le producteur à la SDRM d'une redevance mensuelle minimum payée à titre d'à-valoir et calculée sur la base de la moyenne des redevances payées les douze mois précédents. Le producteur remet également à la SDRM une garantie permanente. Le producteur paie ensuite les droits sur la base des sorties de stocks et non sur la base des phonogrammes pressés; ainsi, il adressera (quatre fois dans l'année) les chiffres et les quantités sorties des stocks et remettra ses listes de prix. Il versera en conséquence une redevance dont l'assiette est le prix de vente au détail ou à défaut le PGHT, les taux sont les mêmes que pour l'autorisation œuvre par œuvre (7,40 % du prix de vente au public HT ou 9,009 % du PGHT).

Le contrat prévoit les retours et les soldes ainsi que leur incidence sur le montant des redevances.

1.4. Les contrats Biem

Les *majors* du disque bénéficient quant à elles d'un autre type de contrat, le contrat Biem/Ifpi, négocié au niveau international entre le Bureau international de l'édition musicale (Biem), regroupant les principales sociétés d'auteur, et l'Ifpi qui regroupe les producteurs.

2. La BNF (Bibliothèque nationale de France) et les dépôts

Le dépôt légal permet la collecte et la constitution d'une mémoire, d'un patrimoine et la conservation de tout document publié, produit ou diffusé en France.

Les documents concernés sont les documents imprimés, graphiques, photographiques, sonores, audiovisuels, multimédias mis à la disposition du public.

La BNF[9] est dépositaire du dépôt légal des partitions musicales, chorégraphies, documents photographiques, des phonogrammes de toute nature, des vidéogrammes non fixés sur support photochimique (films cinématographiques) et des documents multimédias.

Ainsi, la BNF reçoit le dépôt légal de tout document sonore loué, vendu, distribué, importé... à un public (même si celui-ci est restreint et même gratuitement); ce dépôt est effectué par l'éditeur, le producteur, le commanditaire ou l'importateur.

Les diverses éditions et versions devront être déposées mais pas les réimpressions à l'identique.

L'État devient propriétaire du support mais pas des droits qui s'y rattachent (qui restent aux auteurs, aux producteurs et divers ayants droit).

Deux exemplaires devront être déposés pour chaque document, au plus tard le jour de la mise à disposition de l'œuvre au public, accompagnés du formulaire de déclaration de dépôt légal

9. www.bnf.fr.

(cf. annexe V[10]). Ces œuvres devront faire mention d'un titre, du nom des interprètes, du nom des titulaires des droits d'exploitation, du nom ou de la raison sociale et de l'adresse de l'éditeur ou du producteur, du titre de la collection, du mois et de l'année de publication ou de production de ce document.

En cas de litige sur la date de création d'une œuvre, la date du dépôt légal peut être prise en compte.

3. Les droits des producteurs et artistes

Producteurs et artistes disposent de droits similaires dans la conception et l'application : le droit exclusif, la redevance dite « rémunération équitable » et celle dite de « copie privée ».

Les articles concernant les droits des artistes-interprètes et des producteurs sont codifiés dans le CPI, Code de la propriété intellectuelle (loi du 3 juillet 1985), et dans les directives européennes.

Le droit de propriété intellectuelle, article L. 212-2 du CPI, reconnaît aux artistes un droit moral sur leur interprétation. « L'artiste-interprète a le droit au respect de son nom, de sa qualité et de son interprétation. Ce droit inaliénable et imprescriptible est attaché à sa personne. Il est transmissible à ses héritiers pour la protection de l'interprétation et de la mémoire du défunt. » Ce droit ne peut être cédé et se transmet aux héritiers de l'artiste-interprète sans limitation de durée.

Les droits exclusifs, à rémunération équitable et à copie privée, font partie des droits patrimoniaux des producteurs de phonogrammes (et de vidéogrammes). Leur durée est limitée à cinquante ans[11] (article L. 211-4 du CPI), à compter du 1er janvier de l'année civile suivant celle de la première communication au public du phonogramme ou du vidéogramme.

Contrairement aux acceptions du langage commun, il convient de bien comprendre les définitions des termes de phonogramme et de vidéogramme (source SPPF) :

- par phonogramme, on entend : « Toute fixation exclusivement sonore de sons provenant d'une exécution ou d'autres sons » ;
- par vidéogramme, on entend : « La fixation d'une séquence d'images sonorisées ou non ».

Ces définitions recouvrent exclusivement le résultat de l'activité d'enregistrement, que celui-ci constitue ou non une œuvre, au sens de la législation sur le droit d'auteur. En conséquence, ce sont bien les phonogrammes et les vidéogrammes qui génèrent par eux-mêmes des droits et non les supports sur lesquels ils sont reproduits.

Dans le contexte de la dématérialisation des supports physiques, ces définitions légales revêtent toute leur importance.

Ces notions sont très importantes à comprendre, car elles sont le fondement même des activités de producteur et de la reconnaissance du temps, du travail et de l'investissement financier et moral fournis pour mettre à la disposition du public les œuvres des artistes.

10. Ou www.bnf.fr/documents/declaration_dl_phonogrammes.pdf.
11. La commission pour la relance de la politique culturelle a proposé de faire passer à soixante-dix ans la durée de protection des droits des artistes-interprètes. Le sujet semble au point mort.

3.1. Le droit exclusif d'autoriser ou d'interdire

Du point de vue des artistes :
En vertu de l'article L. 212-3 du CPI et de la directive européenne 92/100, les artistes-interprètes peuvent contrôler les utilisations secondaires de leurs enregistrements et disposent d'un droit d'autoriser ou d'interdire la fixation, la reproduction et la communication au public de cette fixation, sa location et sa distribution.

Du point de vue des producteurs :
(articles L. 213-1 et L. 215-1 du Code de la propriété intellectuelle)

3.1.1. La reproduction totale ou partielle

Le producteur peut autoriser ou interdire la reproduction totale ou partielle de ses phonogrammes et/ou vidéogrammes, quelle que soit la destination de cette reproduction, à l'exception de la copie privée (voir ci-dessous) et des reproductions strictement réservées à l'usage privé ou utilisées dans le cadre d'analyses et de courtes citations, notamment (article L. 211-3 du Code la propriété intellectuelle).

3.1.2. La mise à disposition du public pour un usage privé

Par mise à disposition, on entend la vente, l'échange, et le louage (action de donner ou de prendre en location). Le producteur peut interdire certains modes d'exploitation de ses phonogrammes et/ou vidéogrammes.

3.1.3. La communication au public

Pour les phonogrammes : s'applique lorsqu'elle est dite « directe » dans un lieu public, uniquement lorsqu'il y a communication dans le cadre d'un spectacle (article L. 214-1-1° du Code de la propriété intellectuelle). Soit lorsqu'elle est dite « indirecte » (par fil, par câble, par satellite) ; et ce, qu'il s'agisse du phonogramme lui-même ou de sa reproduction licitement réalisée, « à l'exception de sa radiodiffusion et de la distribution par câble simultanée et intégrale de cette radiodiffusion (article L. 214-1-2° du CPI) ou de sa diffusion dans les cas prévus à l'article L. 211-33° du Code de la propriété intellectuelle[12]. »

Pour les vidéogrammes : le producteur peut interdire toute communication, directe ou indirecte, au public de ses vidéogrammes.

3.2. Le droit à rémunération équitable

La rémunération équitable (article L. 214-4 du CPI) est le montant calculé selon des assiettes ou des forfaits perçus auprès des radiodiffuseurs (sur les recettes liées aux radiodiffusions), des discothèques et activités similaires (sur les recettes brutes produites par les entrées, la vente des consommations ou la restauration), et des établissements et lieux sonorisés (montant calculé par rapport aux droits d'auteur perçus au titre de la sonorisation intéressée).

12. Source www.sppf.com/ : les droits des producteurs.

La Spré (Société civile pour la perception de la rémunération équitable) collecte les sommes issues de ces droits auprès des divers usagers et les reverse aux sociétés civiles de producteurs ou d'artistes qui les répartissent ensuite à leurs associés.

Du point de vue des artistes :
Dans le domaine de la radiodiffusion et de la communication publique de disques du commerce, le droit exclusif a été écarté au profit du droit à rémunération équitable : radios, télévisions, discothèques ou lieux sonorisés doivent en contrepartie verser aux artistes-interprètes une rémunération (art. L. 214-1 du CPI).

Du point de vue des producteurs :
Les articles L. 214-5 et L. 311-6 du Code de la propriété intellectuelle fixent la gestion de ces droits à des sociétés civiles de perception et de répartition.

« Ce droit équivalent à une licence obligatoire, s'applique à la communication directe des phonogrammes publiés à des fins de commerce dans un lieu public (pour une utilisation autre que lors d'un spectacle) ; ainsi qu'à la radiodiffusion des phonogrammes publiés à des fins de commerce ainsi que la distribution par câble simultanée et intégrale de cette radiodiffusion[13]. »

3.3. Le droit à copie privée

La copie privée est la rémunération (dite rémunération pour copie privée) perçue auprès des fabricants, importateurs ou des personnes qui réalisent des acquisitions intracommunautaires de supports d'enregistrements vierges (analogique : cassettes sonores et VHS ; numérique : minidisc, tous les supports CD et DVD enregistrables, mémoires amovibles et baladeurs MP3, disques durs amovibles ou intégrés), lors de leur mise en circulation sur le territoire français (article L. 311-1 du Code de la propriété intellectuelle). Cette rémunération sert à compenser le manque à gagner des producteurs et des artistes dû à la copie privée. Les sociétés Sorecop (pour les cassettes vierges sonores) et Copie France (pour les cassettes vierges audiovisuelles) perçoivent ces droits et les redistribuent.

Du point de vue des artistes :
Une redevance est perçue au bénéfice des artistes-interprètes, des auteurs, lorsqu'un support vierge (cassette, CD, disque dur, etc.), permettant la copie d'un enregistrement sonore ou audiovisuel, est fabriqué ou importé (articles L. 311-1 et suivants du CPI). Et ce afin de compenser la perte subie du fait de la copie privée effectuée par les particuliers dans le domaine de la production sonore ou audiovisuelle.

Du point de vue des producteurs :
Les articles L. 214-1 et L. 311-1 et suivants du Code de la propriété intellectuelle disposent que ces rémunérations sont versées pour certaines utilisations de phonogrammes et reproductions de phonogrammes et/ou de vidéogrammes pour un usage strictement privé quelle que soit l'origine de ceux-ci.

Les articles L. 214-2 et L. 311-2 du CPI indiquent expressément que : sous réserve des conventions internationales, lesdits droits à rémunération ne sont répartis qu'aux producteurs dont les phonogrammes et/ou vidéogrammes ont été fixés pour la première fois en France.

13. Idem.

3.4. Les modalités de répartition des droits à rémunération

Pour la rémunération équitable : 50 % pour les artistes et 50 % pour les producteurs.

Pour la copie privée des phonogrammes : 25 % pour les artistes, 25 % pour les producteurs et 50 % pour les auteurs.

Pour la copie privée des vidéogrammes : 33,33 % pour les artistes, 33,33 % pour les producteurs et 33,33 % pour les auteurs.

Le *copyright* : ce système plus libéral, vers lequel certains producteurs souhaiteraient tendre, s'applique dans le cadre du droit anglo-saxon et s'oppose complètement à la notion de droit d'auteur dans le droit français. Le *copyright* permet, dans une logique très économique, l'abandon des droits patrimoniaux au profit du producteur ou de l'éditeur. Cette aliénation entraîne la modification des relations établies de longue date : l'œuvre devenant un produit.

Chapitre VII

Les sociétés civiles de producteurs

Les sociétés civiles doivent utiliser à des actions d'aides à la création, à la diffusion du spectacle vivant et à des actions de formation d'artistes, 25 % des sommes encaissées au titre de la copie privée et 100 % des sommes non répartissables (sommes non payées en application de conventions internationales ou dont les destinataires n'ont pas pu être identifiés ou retrouvés), encaissées au titre de la rémunération équitable (article L. 321-9 du CPI). Toutefois, on ne peut réduire leur soutien à un apport financier aux projets.

1. La SCPP (Société civile pour l'exercice des droits des producteurs phonographiques)

Au service de ses membres depuis 1985 avec plus de 1 300 producteurs indépendants et grandes sociétés internationales comme EMI, Sony Music France, Universal et Warner, elle représente plus de 80 % des droits des producteurs français, producteurs de phonogrammes et de vidéos (répertoire de plus de 2 millions de titres enregistrés et plus de 25 000 vidéos). Elle gère certains des droits qui leur sont reconnus par le CPI, pour lesquels elle est dûment mandatée.

Elle répartit les rémunérations dues aux producteurs au titre de la rémunération équitable et de la copie privée, perçoit et répartit les droits résultant des utilisations de phonogrammes et de vidéomusiques pour lesquelles elle a mandat de gestion, intente des actions pour faire cesser toute infraction aux droits des producteurs, lutte contre la piraterie, attribue des aides à la création phonographique, à la formation d'artistes et à la diffusion du spectacle vivant, et administre le code ISRC.

Se reporter au site www.scpp.fr.

2. La SPPF (Société civile des producteurs de phonogrammes en France)

Créée en 1986 par des producteurs indépendants, pour répartir les droits des seuls producteurs indépendants quelle que soit leur nationalité, elle rassemble près de 1 000 membres (Atmosphériques, Discograph, Francis Dreyfus Music, Harmonia Mundi, Naïve, Pias, Pomme Music, Scorpio Music, Tôt Ou Tard, Wagram Music...).

Elle perçoit et répartit les droits des producteurs de phonogrammes et/ou de vidéogrammes, représente et défend leurs intérêts auprès des utilisateurs. Elle attribue des aides à la création de vidéomusiques, de disques, de DVD musicaux, à la réalisation de *tour supports* et à l'exportation.

Se reporter au site www.sppf.com.

« Le logiciel producteur » est un logiciel, propriété de la SPPF, mis gratuitement (selon certaines conditions) à disposition des producteurs associés de la SPPF. Ce programme permet de gérer une multitude de données détaillées ci-dessous :

– la gestion des produits et des phonogrammes ;
– les déclarations SPPF : saisie et transfert des phonogrammes, saisie des ventes semestrielles et des déclarations des ventes (cumul des ventes et états de statistiques, etc.), calcul et état des royautés, des contrats de tiers et des contrats produits, déclarations SDRM, déclaration des sorties trimestrielles ou semestrielles (Carp ou Biem) ;
– les commandes et la facturation des clients, des produits, de la distribution et de l'édition, la VPC, la saisie des règlements et la gestion du stock.

En outre, cet outil précieux donne le chiffre d'affaires mensuel.

Chapitre VIII

Des notions importantes pour les producteurs

Certaines informations concernent aussi bien les relations à long terme avec ses artistes que l'exploitation de leurs œuvres.

1. Le droit de suite

Aussi nommé *override*, c'est une clause évoquée par les producteurs : « On fait un contrat qui porte sur deux albums. Mais si on amène ces disques à un certain niveau, on a automatiquement le suivant, pour éviter que l'artiste s'en aille[14]. »

L'intérêt ? Valoriser le travail de développement réalisé par le producteur, bénéficier des fruits d'un travail de longue haleine, sachant qu'à raison d'un disque par an (au mieux), un artiste ne devient bien souvent rentable, en termes de nombre d'exemplaires vendus qu'au bout du troisième album.

2. Le *master use* et le droit de synchronisation

Ce droit s'applique dans le cadre de l'utilisation de phonogrammes par différents prestataires, comme les agences de publicité, les sociétés qui créent des jeux vidéo ou qui réalisent des films ; bref toutes celles qui souhaitent utiliser une musique préexistante (en partie ou en totalité) pour une exploitation commerciale.

Comme le rappelle Pierre-Marie Bouvery dans *Les Contrats de la musique*, la reproduction partielle d'une œuvre est de la fragmentation qui « s'applique à la reproduction d'un extrait d'une œuvre (d'un fragment) sur un support sonore ou audiovisuel ». Le droit de synchronisation n'existe pas dans le Code de la propriété intellectuelle (CPI), contrairement à d'autres pays. Toutefois gérer une synchro nécessite l'autorisation des ayants droit : le droit de reproduction de l'œuvre concernant les producteurs phonographiques, les artistes-interprètes et les auteurs compositeurs. Le droit moral (au titre du droit au respect de l'intégrité de l'œuvre) est également concerné puisque toute synchro est une altération de l'œuvre originelle. En échange de l'acceptation de laisser son œuvre en illustrer une autre, l'ayant droit (producteur, interprète, éditeur, auteur, compositeur) reçoit une somme calculée selon la notoriété de l'artiste, le titre, les exploitations commerciales, la durée utilisée... : on payera à l'éditeur un droit de synchronisation (*synchro use*) et un *master use* (pour la bande *master*) directement auprès de l'autre producteur. Tout producteur doit cependant avoir obtenu les autorisations de l'artiste pour exploiter son œuvre : des cas de jurisprudences sont consultables concernant l'utilisation contre l'avis de l'artiste d'extraits de chansons pour des sonneries de téléphone, ou de présence de titres sur des compilations.

14. Frédéric Venant.

3. La musique à l'image

« Faire écrire des chansons originales pour nos jeux, comme nous venons de le faire avec Korn, va devenir la règle », Didier Lord, responsable de la musique chez Ubisoft[15].

Jeux vidéo, films, pubs…, les ressources de la musique à l'image sont diverses et potentiellement rentables, mais là encore, les places sont enviées.

Dans *L'Édition musicale*, l'illustre Jean-François Bert écrivait que la réflexion sur la musique devait se faire très en amont car : « L'objectif recherché est double : transformer la musique de centre de coût en centre de profit et faire bénéficier leur production du succès rencontré par l'exploitation des œuvres (et réciproquement). »

Une préoccupation qui animait déjà l'industrie en 1929, puisque : « L'introduction de la chanson dans le film a d'abord été un nouveau moyen de publicité pour la chanson, mais c'est principalement le commerce des disques qui bénéfice de ce nouveau moyen de propagande musicale[16]. »

Le « responsable synchro » au sein du département édition du label oriente et conseille les réalisateurs et les producteurs du film ou l'agence pour la publicité. Son but est évidemment de placer des titres de son catalogue (que ce soit celui disponible en phonogramme, comme celui en édition). Il propose, en fonction des séquences du film, des titres qui doivent coller à l'image, et se réserve des possibilités de propositions alternatives en cas de problèmes. Une fois les budgets précisés quant à l'utilisation des musiques, il obtient les accords suivants :

- éditoriaux (pour utiliser l'œuvre : paroles et musique);
- phonographiques (pour pouvoir utiliser l'enregistrement). Obtenir ces accords le mène tout naturellement à négocier des budgets qui permettront de faire taire les légitimes récriminations des ayants droit pouvant pester de voir leur œuvre détournée de sa fonction première.

Cette autorisation d'utilisation fonctionne assez simplement, puisqu'elle est accompagnée du versement d'une rémunération librement négociable.

« "Placer de la musique sur les jeux est un nouveau moyen d'atteindre le public là où il est" déclare Steve Schnur chez Electronic Arts[17]. Moyen de promouvoir des nouveaux talents au même titre que la radio ou la télé, le jeu vidéo permet d'avoir un public captif sur un segment bien identifié qui va écouter, écouter, écouter le même titre ? Du rabâchage à l'état pur. Le rêve pour toute approche marketing de masse. Et pour les éditeurs et responsables de synchro, c'est un filon à exploiter, puisque ce sont les jeux qui créent le *buzz* autour de la musique, et non plus l'inverse[18]. »

15. Rapporté par Patrick HAOUR dans « Les jeux vidéo, planche de salut de l'industrie musicale ? », in *Musique info hebdo*, 28 mars 2008.
16. « Le cinéma sonore et la vente des disques », in *Machines parlantes et radio*, n° 120, Paris, 1929.
17. Rapporté par Patrick HAOUR dans « Les jeux vidéo, planche de salut de l'industrie musicale ? », in *Musique info hebdo*, 28 mars 2008.
18. Idem.

Troisième partie

LA COMMERCIALISATION

« Passer à l'étape supérieure demande une énergie incroyable, sans chercher à faire du formatage pour rentrer sur des réseaux énormes. Les artistes en sont conscients maintenant. Autrefois on pouvait maintenir les disques dans les bacs au moins un, deux ou trois ans. Maintenant on a un pic très rapidement sur trois semaines qui doit être le plus fort possible. Au risque de sortir de la visibilité. Il y a 10 ans, on ne se posait pas ces questions. Et il y avait encore 2 500 disquaires »,

Christian Bordarier.

Sortir commercialement un album dans de bonnes conditions, représente entre trois et cinq mois de travail minimum à partir du moment où le disque est finalisé et masterisé. Tout doit être en place au moment de la sortie commerciale. C'est ce qui est communément nommé la stratégie de sortie.

Chapitre Ier

Intégrer de nouvelles logiques

1. La règle du triptyque

Schéma traditionnel du développement de tout album, cette règle s'appuie sur le fait qu'un artiste dispose d'une bonne visibilité et donc de meilleures chances de commercialisation de ses œuvres, lorsque le triptyque « promotion – diffusion – distribution » fonctionne correctement. Ce mécanisme se met en place des mois avant l'arrivée dans la ville pour jouer et sa logistique, parfois lourde, est primordiale !

La mission du label consiste à veiller à ce que lors des différentes étapes ci-dessous, la promotion et la mise à disposition au public des phonogrammes se fassent de la meilleure façon possible.

Le groupe joue dans une salle (diffusion), il faut le faire savoir (promotion) pour que le public vienne, et que les disques, bien mis en avant, se trouvent chez tous les revendeurs de la ville (distribution) avant, pendant, et après le concert. Sinon ce sont autant de ventes perdues. Néanmoins, il y a des (rares) exceptions : des disques se vendent sans que l'artiste fasse de concert. Parfois, des groupes jouent beaucoup sans avoir pour autant des ventes faramineuses. Voire pire, malgré une bonne couverture médias, les ventes de disques ne décollent pas. Dans la partie commercialisation, figurent des éléments pour comprendre le marché du disque, des médias, savoir comment développer au mieux des campagnes de promotion et mettre en avant ses productions.

2. De nouvelles stratégies de commercialisation

Le raisonnement change de plus en plus pour exploiter ses productions : il devient de plus en plus fréquent de chercher à commercialiser une œuvre *via* du numérique uniquement et de presser quelques disques pour les vendre en fin de concert. Ces schémas de fonctionnement sont liés à plusieurs impératifs cités ci-dessous :

- la SDRM correspondant à des frais et de la trésorerie sans garantie de rentabiliser son investissement, de nombreux producteurs préfèrent miser sur de la promo numérique pour avoir une visibilité maximale ;
- la promotion et la distribution se confondent de plus en plus. On délaisse la promo sur papier pour favoriser le *direct-to-fans* (on se rapportera à l'ouvrage de Virginie Berger, *Musique et stratégies numériques*, pour obtenir plus d'informations), mais aussi on choisit des distributeurs numériques ;

- la multiplicité des sources de revenus nécessaires pour rentabiliser un projet croît. Un label va devoir miser autant sur de la vente de prestations, sur de la synchro, sur du spectacle... Sans que ce soit son cœur de métier ;
- la synchro devient part intégrante de la stratégie de commercialisation. En cas de passage télé ou cinéma, on exploite au maximum les retombées médiatiques ;
- le label réinvente des procédés pour être plus rentable, partage ses investissements en coproduction avec l'artiste ou devient prestataire de l'artiste.

Chapitre II

Comprendre le marché

Préalable à la compréhension du marché

Une hyperconcentration relevée par l'Upfi :
- une concentration de la distribution du disque par les *majors* ;
- une concentration des médias ;
- une concentration dans la distribution du disque au niveau des détaillants ;
- la concentration au niveau de la production ;
- la concentration au niveau de la distribution.

La musique connaît une perte de valeur depuis plusieurs années. Le propos ici n'est pas d'en donner les raisons mais la multiplication des sources de sorties d'argent pour le public (téléphonie mobile, DVD, abonnement Internet, etc.) entraîne une diminution des achats possibles de musique. Depuis 2003, le marché a perdu 2/3 de ses ventes en volume et en valeur.

1. Comprendre le marché français

1.1. Qui achète des disques ?

L'Ifop, en 1995, a donné un tableau des fréquences d'achat de disques selon différentes tranches d'âge. La moyenne d'achat de disque par an était de 2,5 disques par habitant en France et moins de 5 % d'acheteurs achetaient plus de 3 disques par mois…

Nombre de disques achetés par tranche d'âge

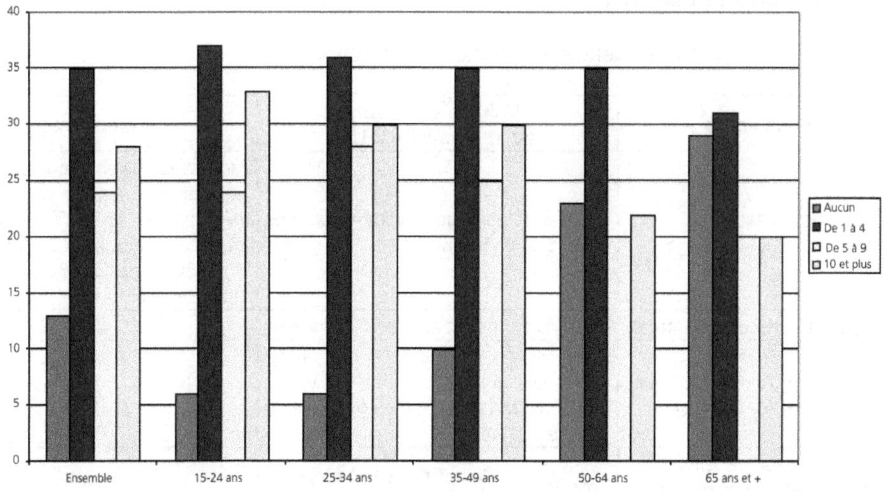

En janvier 2011, le même institut a réalisé pour le Snep un sondage qui a montré les faits suivants : 5 % des Français (dont 74 % des 15-24 ans) consomment de la musique en ligne (téléchargement/*streaming*), et 31 % de la consommation en ligne des 15-24 ans est réalisée à partir d'un mobile. Le *streaming* audio est le mode de consommation le plus plébiscité notamment chez les 15-24 ans (écoute en *streaming* : 61 % – dont 77 % pour les 15-24 ans –; téléchargement : 44 %; visionnage de vidéos musicales : 42 %).

1.2. La structure du marché

Selon le Snep, en 2010, le marché (ventes éditeurs de CD/DVD musicaux – nettes de remises – et revenus numériques) a représenté 554,4 millions d'euros pour 97,7 millions d'unités vendues. Le marché numérique (88,1 millions d'euros) a connu une hausse de 14,1 %, alors que le marché physique (466,3 millions d'euros) connaissait une baisse de 8,9 %. Alors que 4 millions d'albums ont été vendus en téléchargement à comparer aux 47 millions vendus dans les magasins.

En 2010, les ventes numériques ont représenté 16 % du chiffre d'affaires des éditeurs phonographiques (contre 13 % en 2009). Les ventes en téléchargement augmentent : 35 millions de titres téléchargés en 2010 (+25 % pour les titres, +35 % pour les albums).

Le marché des titres (singles) est devenu un marché numérique : 96 % des ventes sont liées au téléchargement. Les abonnements ont connu un boom (fin décembre 2010, plus de 600 000 personnes en France avaient souscrit à un abonnement à un service de musique en ligne).

Mais ces chiffres reflètent seulement une partie de la réalité. On ne peut préciser la part de marché exacte des indépendants en matière de production avec plus d'exactitude. En effet, le grand nombre de producteurs indépendants (notamment ceux déclarés à la SPPF) rend difficile l'établissement de statistiques. L'Observatoire de la musique donne les chiffres suivants sur la période du premier semestre 2010 : en parts de marché, les *majors* totalisent 72,9 % en volume pour 74,7 % du chiffre d'affaires et les indépendants réalisent 27,1 % des ventes unitaires pour 25,3 % du chiffre d'affaires.

1.3. Où se vend le disque ?

Près d'un disque sur deux est vendu en grande surface spécialisée [1].

Lieu de vente	Volume et valeur au 1er semestre 2010	Commentaires
GSS (grandes surfaces spécialisées)	55,6 % de parts de marché en volume et 56,3 % en valeur.	Part de marché en valeur est plus importante pour les musiques thématiques : 64,9 % pour la musique classique, 72,5 % pour le jazz/blues et 65,6 % pour les musiques du monde.
GSA (grandes surfaces alimentaires)	- 10,7 % en volume et - 12,4 % en valeur.	
Canal Internet (Abeille Musique, Fnac, Alapage, Amazon, etc.)	+ 5,1 % en volume et + 2,2 % en valeur, ce qui porte ce mode de VPC à 7,4 % de parts de marché en volume et à 7,6 % en valeur.	
Autres (VPC traditionnelle, disquaires, petites librairies, etc.)	- 15,7 % en volume et - 18,1 % en valeur.	

D'après l'Observatoire de la musique.

1. À l'époque bénie de la non-crise, le chiffre d'affaires du secteur disque représentait 1/3 de celui des Galeries Lafayette !

2. De la diversité des secteurs

Énoncés en pourcentage de part de marché, ils donnent une vision globale de la structure du marché en France. Cependant, il convient de s'interroger sur le fait que certains artistes emblématiques d'un genre musical précis (ex. : reggae, zouk, etc.) sont comptabilisés en variété francophone ou internationale :

Variété francophone : 27,4	Rap – hip-hop : 0,4
Variété francophone : 27,4	Rap – hip-hop : 0,4
Variété internationale : 24,6	World – reggae : 2,5
Compilations / Best of : 23,7	Soul – funk – R&B : 0,5
Classique : 5,7	BOF : 1,5
Jazz : 3,3	Autres : 7,8
Techno/jungle /house : 2,6	

Source : Snep.

2.1. Les musiques électroniques

Les musiques électroniques (comme le hip-hop) ont su profiter de l'autoproduction pour asseoir leur développement. Et encore aujourd'hui, elles ont l'apanage avec le hip-hop de la création de labels en masse. Elles sont aidées en cela par le matériel informatique et ses évolutions, par le *home studio* et ses miracles technologiques, par un réseau de disquaires très spécialisés en fonction des genres musicaux et par un esprit « tribu » qui a permis notamment le retour vigoureux du vinyle dans la plupart des bacs des disquaires. Ceci dit, ce n'est pas le vinyle qui va sauver l'industrie du disque (en dépit du fait que certains genres musicaux électroniques sont plutôt vinyle alors que d'autres uniquement CD et certains, les deux !)

L'autre spécificité des musiques électroniques, c'est leur dimension internationale incroyable, de par la facilité avec laquelle les adeptes du genre se sont emparés des moyens de communication.

Mais la niche a explosé pour devenir un département des *majors*, à l'instar d'autres esthétiques très porteuses auprès du grand public. Néanmoins, ce n'est pas parce que le produit devient grand public que les *aficionados* du genre abandonnent le navire pour cause de commercialisation dommageable à l'éthique. Au contraire, se côtoient dans les mêmes rayons aussi bien des produits très grand public (beaucoup de compilations, notamment), que des œuvres moins ouvertes à tous.

L'acheteur d'électro a ceci de commun avec tout grand consommateur musical : très informé sur les artistes qu'il souhaite écouter, il se complaît rarement dans l'écoute d'artistes trop médiatisés, et sait en fonction des disquaires chez qui il s'approvisionne, ce qu'il pourra trouver.

Autre spécificité des musiques électroniques par rapport à des produits plus grand public, leur éclectisme dans l'utilisation des sources musicales, et leur transversalité : tout peut devenir électro à condition d'avoir un bon DJ, qui crée le son. Pour Sylvain Gandilhon : « Un très bon DJ va pouvoir emmener le public dans une ambiance. Dans n'importe quel style de musique. De par la qualité d'approche du mix, les gens vont être hypnotisés par la qualité d'approche du DJ. »

De même, comme toute musique très spécialisée, le réseau est primordial dans son propre développement : certains artistes pressent en effet des vinyles (mais dans quelles conditions ?) qu'ils mettent en vente seulement dans ce réseau (très souvent *underground*) et ne bénéficient d'aucun support média et parviennent néanmoins à écouler leur production (500 exemplaires, rarement 1 000). Le milieu électro est avide de nouveautés et de sang frais.

On ne reviendra pas sur les emprunts et citations de courte durée utilisés par tous les adeptes du *sample*, et qui font frémir les sociétés d'ayants droit, mais font le bonheur des boîtes de clearance des droits. On ne s'attardera pas non plus sur les procès retentissants ou les intimidations de producteurs phonographiques à l'attention des utilisateurs de son déjà existant sans autorisation.

La distribution en électro s'appuie surtout sur un réseau de disquaires spécialisés. Ceux-ci sont les « proies » des DJ qui viennent faire leur shopping pour diffuser les titres. À ce titre, le disquaire est alors un média privilégié parce que prescripteur. Ainsi que le webzine et sa liste de diffusion ; et ce principalement parce que les meilleurs albums ne sont pas les plus médiatisés.

2.2. Les musiques du monde

« Les musiques du monde peuvent être tour à tour : des pièces de tradition orale attachées à un terroir particulier, certaines relevant du collectage d'ethnomusicologues ; des œuvres provenant des grands répertoires de musiques savantes non occidentales (indienne, persane, ottomane, arabe, andalouse, etc.) ; des productions contemporaines de musiques populaires plébiscitées dans leurs pays ou régions d'origine (Caraïbes, Afrique, Brésil, etc.) ; des musiques actuelles résultats de mélanges et de métissages[2]. »

On distingue plusieurs types de producteurs de musiques du monde :

- les producteurs de musiques traditionnelles ayant un cahier des charges strict dont le but est de garantir une réelle « authenticité » des disques produits. La diffusion est restreinte et s'adresse presque uniquement à des amateurs éclairés et des lieux de conservation et de diffusion de la culture (médiathèques…). La promotion se fait en association avec des salles, des festivals et des revues spécialisées dans ces musiques ;
- les producteurs de musiques world ou métissée, qui ont un petit nombre d'artistes au catalogue et dont les attentes sont plus proches de celles des *majors* que des producteurs précédents.

On peut encore affiner cette segmentation en distinguant :

- les producteurs institutionnels : label Inédit de la Maison des cultures du monde… ;
- les producteurs industriels type *majors*, axés entièrement sur une économie de marché ;
- les producteurs artisanaux, au statut précaire, dans lesquels on retrouve la plupart des producteurs indépendants et qui ont développé la multi-activité depuis toujours.

Philippe Conrath rappelle une des particularités des musiques du monde : « Aujourd'hui, une mise en place de disques de musiques du monde peut être de 500 exemplaires sur toute la France ! » et rappelle aussi qu'il n'y a pas « d'exposition radio ou télé sur certains artistes. [En 2003] un titre zouk a fait 800 000 rotations radio, et a représenté à lui seul plus d'un tiers des ventes de 18 000 albums de musiques du monde ! Sur lesquels 70 % des ventes ont été réalisées par trois titres ». Et l'on évoquera la faible médiatisation de ces musiques qui connaissent cependant des succès médiatiques retentissants (Staff Benda Bilili, Mulatu Astatke…).

2. François Bensignor, responsable du CIMT (Centre d'information des musiques traditionnelles et du monde).

2.3. Le jazz

De moribond à euphorique, il semble que le jazz connaisse une crise récurrente malgré ses innombrables réexploitations de fonds de catalogue. Au grand dam des artistes qui rongent leur anche d'impatience pour être signés, les producteurs signent moins de contrats et s'engagent sur des durées plus courtes et contraignent les artistes de jazz à s'autoproduire. Sachant aussi que le jazz se mélange de mieux en mieux aux musiques électroniques et aux musiques du monde, la transversalité existe de manière artistique. On la retrouve désormais dans les départements jazz/électro/world des *majors* ou jazz et musique classique.

Les questions à se poser sont : Quels sont les territoires du jazz désormais ? Où peut-on entendre du jazz ? Sur quels médias ?

Quelques radios (merci TSF et Fip) en diffusent largement; quelques chaînes passent des concerts plutôt tard le soir, mais le jazz n'est vraiment glamour qu'en concert apparemment. Et là, le spectacle vivant y est florissant. À voir le nombre de festivals qui programment du jazz. On se référera à *Jazz de France*, le guide-annuaire du jazz en France publié par l'Irma.

Pourtant le marché croule sous une avalanche de « nouveautés ». Mais à quel prix ?

Pour Pascal Anquetil, responsable du Cij (Centre d'information du jazz) : « Sans les divas du jazz, [...] le marché phonographique du jazz serait aujourd'hui catastrophique ». Ce qui est inquiétant aussi pour les artistes en développement, car le jazz ne se complaît pas que dans les rééditions. La création y est vivante et nombreuse, mais pour les labels indépendants, la lutte se fait directement contre les *majors* qui réalisent 75 % du CA du jazz. Une bonne mise en place en jazz est de 3000 albums. Malgré un redoutable effet de mode des chanteuses mignonnes et à longues jambes développées comme des produits *majors* (et qui permettent de conserver des linéaires de jazz), les autres créateurs vendent moins.

Est-ce la faute à une production parfois de moindre qualité ? À une politique de réédition constante qui limite les achats de nouveautés pour les reporter sur les inédits (l'aspect collectionneur du public jazz est une constante) ? D'un vieillissement de la population qui prend le temps de découvrir cette musique ? D'une mauvaise communication du jazz qui reste « la plus savante des musiques populaires et la plus populaire des musiques savantes[3] » ?

La crise se fait sentir au niveau de deux des goulets d'étranglement : les médias et la distribution. Les musiciens de jazz sont obligés aujourd'hui de passer par l'autoproduction, afin d'espérer trouver un label d'accueil et une distribution.

La difficulté se trouve plutôt dans le fait de réussir à disposer d'une distribution efficace et d'une bonne mise en avant dans les magasins, souvent squattée par les rééditions en *packaging* inédit avec la fameuse prise jamais éditée.

Tout cela laisse un goût peut-être un peu trop dévalorisant pour l'ensemble de la filière jazz, et de nouveaux modes de communication du jazz sont à revoir.

3. Pascal Anquetil est responsable du Cij (Centre d'information du jazz).

2.4. Le hip-hop

« Il vaut mieux apprendre tout en le faisant... »,
Arnaud Houndjo.

Le hip-hop est un genre musical où il y a énormément de travail en termes de *home studio* et préproduction. Avec le système D pour débrouille comme credo, et très souvent une partie de l'avance en matériel. Il existe des milliers d'indépendants avec des productions très souvent vendues sous forme de CD et de vinyles dans des réseaux bien déterminés de disquaires indépendants qui prennent 50 % sur le prix de vente.

En outre, tous les disquaires ne prennent pas du CD, mais plutôt des maxi 45 tours, des *mixtapes* ou des compilations.

Pour revenir sur les *mixtapes*, celles-ci sont le moyen le plus employé pour faire découvrir des artistes en hip-hop.

Au niveau diffusion média, le démarchage s'apparente à celui de toutes les musiques actuelles : les radios et les fanzines, avec, pour les médias les plus importants, l'obligation d'acheter de l'espace lors du lancement d'un produit.

La promotion du hip-hop, bien que très spécialisée sur le *street marketing*, passe aussi par les radios locales et régionales, ainsi que par les soirées. Les gros médias nationaux, très difficiles d'accès, sont réservés à une minorité de la production, « hypermarketée » ; mises à part quelques rares productions diffusées sur des émissions spécifiques si le producteur connaît le DJ.

Le public du hip-hop est relativement jeune, sensible à l'aspect qui régit les règles de communication, et rarement dupe. En outre, c'est bien souvent un public de connaisseurs qui utilise tous les canaux de communication spécifique au genre musical.

Et par beaucoup de côtés, en termes de pratiques, le milieu du hip-hop s'apparente à celui de l'électro. D'où l'intérêt de ces entreprises de *clearance* qui négocient l'utilisation des échantillons (qui peuvent aller jusqu'à plusieurs milliers d'euros).

Tiré de l'étude Yacast[4] :

« Les jeunes âgés de 15/24 ans sont pour leur part principalement exposés à des titres de groove/R&B, un segment musical qui représente un peu plus du quart de l'audience musicale cumulée par cette cible. En ce qui concerne la découverte de nouveautés en radio, la variété, le pop/rock et le groove/R&B se répartissent équitablement les trois quarts de l'offre musicale écoutée par les 13 ans et plus. Sur les auditeurs les plus jeunes (13/24 ans), le R&B est de très loin le type de nouveauté le plus écouté par cette cible avec un tiers d'audience cumulée. Si on y ajoute le rap, on note qu'une nouveauté sur deux écoutées par les moins de 25 ans est un titre de *black music* ! Sur les 25/34 ans, l'écoute de R&B reste soutenue, une cible qui écoute également une part prépondérante de pop/rock. »

4. Étude Yacast, *Répartition de l'offre musicale en radio par profil d'auditeurs*, 1er trim. 2007. Disponible en ligne sur le site de Yacast.

2.5. Le rock, la chanson et la variété

Épineux problème que la chanson, le rock et la variété en France...

Ces esthétiques musicales sont les plus représentées en termes de pratiques et elles ont su le mieux profiter de la loi des quotas pour bénéficier de la meilleure exposition pour les jeunes talents francophones.

C'est probablement dans ces esthétiques que se ressent le paradoxe de la musique en France de la façon la plus sensible pour les producteurs. La difficulté de visibilité, donc d'accès aux scènes et aux médias, combinée avec les sommes colossales à mettre en œuvre pour pouvoir faire une promotion digne de ce nom, donne une équation dont la seule solution est bien souvent le système D des producteurs. En outre, c'est dans ces genres musicaux que se retrouvent toutes les catégories socioprofessionnelles, et également tous les types de producteurs.

On reprendra la classification des producteurs en musiques du monde pour retrouver la même organisation du milieu. Milieu où l'on navigue entre produits uniformisés et niches, créations et épigones.

La chanson bénéficie de dispositifs d'accompagnement et de promotion, de festivals, de lieux de rencontres.

La variété correspond en général à des produits très « marketés », disposant d'importants budgets promotionnels; à déconseiller aux producteurs ayant peu de moyens.

2.6. La musique de publicité

Il y a peu ou pas de label de musique de pub : soit on exploite une musique existante (voir la partie sur la synchro et ses débouchés ou la musique d'illustration), soit on fait composer une musique originale pour illustrer le propos (plus fréquent en films). Cependant, il y a des spécificités de fonctionnement : certains labels et les éditeurs en général sont habitués à travailler avec des régies publicitaires spécifiques. Les régies confient donc ces réalisations à ces maisons de production pour permettre de donner à l'annonceur un avant-goût de la publicité finale.

Dans l'éventualité d'une composition originale, des directives sont données à un compositeur. Certains labels ont plusieurs compositeurs en exclusivité, selon l'ambiance à créer. La polyvalence de ces labels est primordiale pour pouvoir proposer tous les genres de musique. De manière générale, ils suivent plus les tendances de la mode, et utilisent les dernières innovations en matière d'instruments et surtout d'effets, tels que réverbération, chorus, etc.

La base de travail pour la musique d'un *spot* de publicité est de trente secondes, mais le plus souvent de huit à quinze secondes; avec des délais de réalisation souvent inférieurs à vingt-quatre heures, voire huit heures.

2.7. La musique d'illustration

Juliette Metz, d'Encore Merci éditions, membre de l'Union des librairies musicales parle de la musique d'illustration en ces termes : « Spécialement conçue pour sonoriser publicités, documentaires, émissions de télévision, sites Internet, elle est conçue pour fournir des solutions en matière de musique aux professionnels de l'audiovisuel et des médias en proposant un service totalement adapté à leurs besoins : rapidité de négociation (en quelques heures), interlocuteur unique (nous sommes producteurs et éditeurs de nos catalogues), choix très vaste (plus de 200 catalogues français et étrangers représentés sur notre territoire avec plus de 500 000 œuvres disponibles), un répertoire varié (tous les styles de musiques) et de qualité, prix très accessible et qui ne dépend pas de l'œuvre choisie. Notre métier dispose d'un réseau mondial de représentants (sous-éditeurs) qui exploitent, tout comme nous le faisons en France avec des catalogues étrangers, nos librairies musicales dans leur territoire. Un compositeur qui a un morceau sur l'un de nos CD pourra avoir sa musique utilisée dans une publicité au Japon, pour un film d'entreprise en Italie, dans un documentaire polonais ou diffusé comme jingle sur une radio suédoise… ».

2.8. La musique de film

Certaines maisons de production pensent amortir rapidement leurs frais d'enregistrement parce que la musique de film bénéficie de la promotion du film. Le disque est alors un plus. Cependant 3 000 ventes représentent une bonne moyenne pour des disques qui disposent rarement d'énormes mises en place, et qui sont souvent des grosses productions (orchestre symphonique).

Tous les styles de musique sont utilisés, les compositeurs sont toujours à la recherche de nouvelles technologies et de nouveaux instruments (partition symphonique, musique électronique, musique contemporaine, mélange d'instruments classiques et traditionnels, etc.), et fort heureusement, les budgets des musiques de films sont assez souvent conséquents.

La tendance est actuellement de déléguer, *via* des licences, la réalisation de la musique à des producteurs et des éditeurs. On retrouve alors les mêmes difficultés d'accès que celles qui sont évoquées dans le paragraphe sur la synchronisation.

Pour reprendre la définition de Cécile-Fleur Brunod, sur la musique de film, c'est « une valeur ajoutée, mais aussi une valeur détachée ! Car la musique enrichit le film et assure sa promotion lors de la sortie du disque. Et valeur détachée, car la musique de film existe en tant que telle et c'est là où elle prend toute sa valeur et son ampleur. On peut dire que c'est de la musique en 3D : elle existe en tant que musique, elle se rapporte à la réalité du film et au propre imaginaire de l'auditeur. La musique de film est reconnue en tant que telle mais les gens ne réalisent pas son importance, parce que cela passe par une émotion, qu'il y a un réel travail artistique. La musique n'est pas entendue réellement, alors qu'il faut l'écouter ». Et celle-ci de rajouter que l'acheteur de BOF (bande originale de film) « est monomaniaque et compulsif, en bref un collectionneur invétéré ».

2.9. La musique jeune public

Comme le dit Philippe Lecante, c'est un « secteur vivant. Mais où il faut maîtriser la prise de risques. C'est un milieu qui fonctionne avec beaucoup de fibre, et très sévère, car beaucoup moins malléable, car moins sensible aux arguments marketing ».

Ce milieu présente l'avantage d'avoir un public qui se renouvelle en permanence et où l'imaginaire collectif a une part très importante. Le graphisme des pochettes est primordial pour transmettre le message. Attention pour le jeune public : pas de boîtiers cartonnés.

3. Perspectives européennes

La contribution de la culture au PNB communautaire en Europe est supérieure à celle de l'industrie des produits chimiques, du caoutchouc et du plastique ou à celle de l'alimentaire manufacturier, des boissons et tabacs.

Lors du colloque *Musique et diversité* du 4 septembre 2007[5], Patrick Zelnik, président de Naïve et d'Impala souhaitait « placer la culture au-dessus de l'économie », grâce à diverses actions de régulation de la concentration qui, selon lui, tue la diversité, et équilibrer le marché entre *majors* et indépendants comme garantie de la diversité des répertoires et de l'accès au marché. « Il n'y a pas de diversité sans pluralisme. Le pluralisme implique la multitude des acteurs, au niveau de la production, de la diffusion et de la distribution. Nous avons demandé à la Commission européenne et au gouvernement de créer un environnement favorable aux entreprises culturelles, au niveau des relations avec les banques, du droit du travail, etc. On aide toujours les leaders mais rien n'empêche d'encourager un tissu de petites entreprises. L'artisanat culturel est une solution à la crise et apporte la diversité, il faut mettre en œuvre de petits projets. »

On se connectera au site d'Impala (www.impalasite.org) pour obtenir plus informations.

4. Perspectives mondiales

La France est le troisième marché mondial du cinéma et le cinquième pour la musique. Comment positionner la musique produite en France à l'échelle mondiale ? Les producteurs de musique doivent désormais réfléchir en termes de langue sur des territoires (est-ce la raison pour laquelle les productions françaises sont de plus en plus souvent en anglais ?) qui puissent les accueillir en tournée et en distribution.

L'édito de Frances Moore, Chief executive de l'Ifpi, est axé sur le fait que « 2011 serait l'année où les gouvernements peuvent inverser le courant ». Les 400 services de distribution de musique numérique (distributeurs en ligne, webradios, services de *streaming*...) et les initiatives professionnelles dans le cadre de la création forgent de nouveaux modèles pour les industries créatives.

Selon Frances Moore, la part mondiale de la musique consommée *via* des services de téléchargement est de 29 % (à mettre en comparaison avec les 1 et 2 % de part pour le livre et le cinéma). Dans le rapport 2011 de l'Ifpi, on peut trouver les éléments suivants :

- 13 millions de titres licenciés par des maisons de disques à des services en ligne ;
- plus de 400 services de téléchargement légal dans le monde ;
- 4,6 milliards de dollars en valeur marchande du marché numérique de musique dans le monde entier ;
- une croissance globale de 6 % des revenus liés au marché numérique en 2010 ;
- 29 % : la proportion du revenu total des maisons de disques provenant de canaux numériques ;
- 1 000 % et + : la croissance de la valeur du marché de la musique numérique entre 2004 et 2010 ;

5. Disponible sur le site du Bureau export.

– - 31 % : le déclin de la valeur globale de l'industrie de la musique enregistrée entre 2004 et 2010 ;
– 16,5 %, c'est la proportion des utilisateurs d'Internet achetant de la musique en ligne aux EUA ;
– 5 milliards de dollars : c'est le montant estimé de l'investissement des maisons de disques sur les artistes ;
– 30 % : c'est le pourcentage de leurs revenus que les maisons de disques investissent dans l'artistique et le marketing ;
– 77 % : chute estimée des ventes unitaires de premier album des 50 meilleurs albums entre 2003 et 2010 ;
– 12 % : c'est la chute des revenus des 50 meilleures tournées en 2010 ;
– 17 % : baisse du nombre de personnes employées comme musiciens aux EUA entre 1999 et 2009 ;
– - 1,2 million : projection du nombre d'emplois perdus dans les industries créatives européennes à cause de la piraterie aux environs de 2015 ;
– - 240 milliards : valeur estimée des pertes cumulées en vente au détail dans les industries créatives européennes à cause de la piraterie entre 2008 et 2015.

Chapitre III

La stratégie

« Un jour, dit-on, qu'en traversant les Alpes, il passait près d'une bourgade barbare, qui avait très peu d'habitants et un aspect misérable, il entendit ses compagnons dire en riant et plaisantant : "Peut-être y a-t-il ici aussi des brigues pour les charges, des rivalités pour le premier rang et des jalousies entre les notables ?" – Pour ma part, déclara César sur un ton très sérieux, j'aimerais mieux être le premier ici que le second à Rome »,

Plutarque, Vie de César, chapitre XI.

Malin le Jules : pourquoi est-ce mieux d'être le premier ici que le second à Rome ? Parce qu'en termes de marché, il vaut mieux être le meilleur sur un petit marché où l'on sera en position dominante.

En outre, sur le plus gros marché, les moyens à mettre en œuvre pour rester concurrentiel sont souvent de l'ordre du marketing pur; et alors là, adieu le goût pour l'artistique : la réduction des équipes artistiques dans les *majors* au profit des équipes marketing et promotion en est un exemple, surtout dans une situation où les *majors* se disputent âprement les parts de marché. Sans compter les sommes à investir pour pouvoir passer au rang supérieur. Car au moment d'atteindre cet objectif, le capital de l'entreprise sera vraisemblablement partagé avec des actionnaires qui n'auront pas obligatoirement la même vision de l'entreprise.

« Comme tout label indépendant, on court devant nos dettes : on investit aujourd'hui pour récupérer les sous demain pour payer les factures qui correspondent à après-demain[6]. » Ainsi la réussite d'un album permet de bénéficier de trésorerie pour prendre des risques sur d'autres albums et faire exister la création des artistes. Pour Philippe Conrath : « Un petit succès (mais gros pour nous) nous permet de travailler à un rythme qui va entre trois et neuf sorties par an. Parce qu'on n'a pas les moyens d'en sortir plus et aussi parce qu'économiquement, c'est un problème de savoir quand on doit sortir un disque[7]. »

1. La stratégie de production

1.1. Quel est le bon moment de sortie d'un album ?

« Pas de disques sortis le 1er septembre (rentrée des classes, impôts...) »,
Laurent Milcent.

En termes de stratégie, il y a des évidences pour la mise en place de tout le « plan d'attaque », dont le but avoué est d'augmenter la visibilité de l'artiste, écouler les stocks, dépasser les prévisions, obtenir des passages radio et télé.

6. Marsu.
7. Maintenant, il est certain que neuf sorties de disques par an restent exceptionnelles pour beaucoup de labels.

La problématique est l'appui sur la tournée : pas de sortie d'album au mois de juillet. Il y a des périodes de sortie pour les « fusées à trois étages » : par exemple, si on prend le cas d'une sortie d'album fin septembre, début octobre, il faut une première série de 25, 30 dates, puis une deuxième à partir de février. Quelques dates à l'international permettent de retomber ensuite sur les festivals et les tournées d'été... et d'avoir eu de la promotion pendant un an.

C'est aussi de la stratégie, car le marketing de terrain y est très important. Le lancement de la tournée se fait immédiatement à la sortie de l'album ; il ne doit pas y avoir de temps mort, ce qui est alors du temps perdu. D'où la synchronisation avec trois à six mois de travail en amont. Le délai de sortie d'un album entre la signature en licence et la sortie dans les bacs dépend de l'artiste, et de la stratégie.

Il existe aussi une saison pour bien vendre des disques. Traditionnellement, parce que le disque est un achat « cadeau », la période précédant Noël est un moment faste. De septembre à décembre, les ventes sont multipliées par 1,3. Beaucoup de maisons de disques sortent de beaux produits spécialement à cet effet. Néanmoins, selon les moyens de promotion dont l'on dispose, il se peut que Noël ne soit pas la période idoine. Se retrouver noyé dans la masse, sans visibilité pour un nouveau produit est un très bon moyen de tuer un disque prometteur dès sa sortie. En outre, les conditions de mise en place ne seront pas forcément les plus intéressantes, tant la concurrence est rude à ce moment-là pour obtenir une PLV (publicité sur le lieu de vente).

Alors l'innovation dans les moyens de promotion peut être un véritable « plus » vendeur.

Il convient d'être réactif, inventif, attentif, pour pouvoir se développer sans pour autant perdre ses acquis.

On peut aussi en tant que producteur phonographique se poser la question du développement de l'artiste : est-ce un « coup », ou s'agit-il de développer l'artiste sur le long terme, avec tout ce que cela nécessite en investissement (temps, moyens, argent) ?

1.2. Les « coups »

En terme de déontologie, les producteurs parlent de coups, les artistes parlent de hold-up quand ils ont pris de l'argent à l'éditeur, à la maison de disques. Maintenant que voilà dédramatisé le terme « coup », il faut se pencher sur ses diverses utilités.

Toute signature maintenant est liée à un plan d'exploitation : on y intègre les coûts de production, de marketing, avec un point mort, qui fait que l'on va décider ou pas de faire le projet. Mais au-delà de cette considération économique, une production, comprend des éléments marketing forts à mettre en avant par rapport à ses concurrents : le fameux « coup » en est un exemple, une idée incroyable que personne n'a eu auparavant et qui va marcher[8].

C'est aussi la mission du producteur de rechercher des idées ou de se laisser séduire par des projets incroyables. Chaque nouveau produit est un succès potentiel. On n'est jamais à l'abri de réussir un tube mais cela nécessitera alors des investissements promotionnels supplémentaires pour toucher le plus de médias possibles sur une durée très courte lors de la sortie du disque.

8. « Coup de boule, coup de boule »...

1.3. La direction de production

À l'heure actuelle dans la plupart des grandes maisons de disques, il n'y a plus de DA et plus de temps (car plus assez d'employés) pour travailler les projets signés. Ce qui revient pour le directeur de production que le responsable du label peut être, à s'occuper d'artistes, les faire signer en maisons de disques, et ensuite se faire rémunérer par cette dernière pour produire l'album. Le directeur de production étant appelé afin de gérer l'album pour la maison de disques.

La mission de direction de production ne s'arrête donc pas à l'unique action de produire. Il y a toujours tout le suivi à faire pour que l'œuvre puisse rencontrer son public et devenir un succès. Même quand l'équipe promo et marketing prend le relais, le travail continue ! Mais le coup n'est pas une fin en soi pour beaucoup de producteurs « sinon on en fait un et c'est tout. Un jour, on a un coup qui porte et le lendemain que fait-on ? On retombe sur la même problématique : la lisibilité du label au sens large[9] ».

2. La stratégie de l'entreprise

Produire un disque, c'est bien mais il est nécessaire de réfléchir sur la logique de production pour toute l'entreprise et toutes les productions, ce qui revient à créer un catalogue d'œuvres et donc faire effectivement un label. Mais comment, en ces moments difficiles, réussir à envisager le travail de gérant de label ? La stratégie actuelle de la plupart des labels consiste à utiliser la distribution numérique comme un outil de promotion, mais aussi de visibilité médiatique pour vendre plus de musique. Incontournable dans le cas de distribution où l'on n'est pas certain des débouchés, et complémentaire pour faire exister le produit.

D'un point de vue purement entrepreneurial, Emmanuel Legrand[10], dans un dossier publié sur le site du Midem et consultable également sur le site d'Impala donne quelques pistes pour gérer un label, « Les 10 commandements pour diriger un label avec succès[11] » :

1. Faites-le !
2. Soyez passionné.
3. Un peu d'argent aide mais ne comptez pas trop dessus.
4. Tout tourne autour de la direction artistique.
5. Mais c'est aussi un business, alors contrôlez vos coûts.
6. Soyez différent.
7. Choisissez avec qui travailler.
8. Faites la promotion de votre musique et de vos artistes sur toutes les plateformes.
9. Ce n'est pas simplement autour des enregistrements.
10. Restez concentrés et acceptez les accidents de parcours.

10 BIS. Bonne chance et amusez-vous.

9. Jean-Claude Cointard.
10. Journaliste indépendant et consultant média consultant (R.-U./France).
11. « The 10 commandments to successfully run a label ».

Et il réitère avec « Les dix choses auxquelles les labels devraient faire attention[12] » :

1. Les fans ont le contrôle. Alors vous feriez mieux de leur donner ce qu'ils veulent.
2. Utilisez tous les outils disponibles mais avec discernement.
3. L'action est dans le *cloud*.
4. Mais l'argent vrai est toujours quelque part ailleurs.
5. Les partenariats sont essentiels.
6. Choisissez avec sagesse votre réseau de distribution et vos partenaires.
7. Votre distributeur/licencieur est votre banquier.
8. Mais les vrais banquiers peuvent être utiles aussi (ainsi que les incitations financières).
9. Il y aura toujours un business de la musique (et les indés en feront partie).
10. C'est un business mais ne perdez pas de vue que c'est aussi au sujet de la musique.

12. « Ten things indie labels should pay attention to ».

Chapitre IV

Le marketing du disque

> « Le talent n'est que très difficilement (re)connu sans un effort marketing, mais le marketing n'est pas longtemps efficace sans le talent »,
>
> *Cédric Mérino.*

C'est l'ensemble des moyens mis en œuvre par l'entreprise pour satisfaire des besoins de façon rentable et durable et anticiper les modifications et évolutions du marché.

Car le marketing doit tenir compte de la perception des consommateurs : le client et l'entreprise ne changent pas, le premier réagit et la seconde s'adapte et doit le faire de plus en plus vite.

Qu'il soit de stimulation, de développement, d'entretien, le marketing influe sur les désirs de chaque consommateur en suscitant et en entretenant une demande (parfois artificiellement) créée.

Dans le domaine du disque, les sondages et les études ont énormément d'influence : « Aujourd'hui, on travaille avec des outils statistiques pour comprendre comment marchent les consommateurs : des magazines, des réunions professionnelles, où l'on soumet ces chiffres. Il y a des manières de comprendre un public même si ce n'est pas aussi mécanique que ce que croient les gens qui ne sont pas dans le milieu[13]. »

10 % minimum du budget d'un disque est alloué au marketing; or seulement 5 % des artistes vendent 95 % des disques.

C'est un marché d'offre, pas de demande, où l'on n'a jamais autant parlé de diversité musicale même si on a assisté à une certaine standardisation : l'industrialisation du disque a entraîné sa banalisation. Il faut y diversifier les produits au maximum, jusqu'à arriver, ô bonheur, à un marketing de frustration. Le consommateur est la victime frustrée qui ne possède pas le dernier modèle ou n'a pas accès à un service. Et le fondement même de ce type de marketing est de créer des manques et de ne pas les éliminer. Tout en reproduisant en permanence ces schémas sur d'autres produits artistiques.

Appliqué à la grande distribution, ce principe s'inscrit comme un théorème : il faut être certain qu'un disque rentre en bac quand on a réussi à créer de la demande.

Ainsi, pour « tuer » un artiste en développement, il faut prendre son disque et le mettre sur le plus gros marché. Comme le disque ne se vend pas, il y a retour et l'ordinateur du détaillant inscrit : « ne vend pas » sur tel artiste. Difficile de négocier les retours distributeurs, dommage pour le deuxième album qui promettait tellement et qui aurait pu trouver une entrée en GSS (grandes surfaces spécialisées) et un public.

Beaucoup de disques de qualité ne verront pas le jour parce qu'il y a peu ou pas de public (ou alors dans des conditions qui dépendent plus de l'autoproduction ou du soutien massif des pouvoirs publics, des collectivités locales ou des sociétés civiles). L'offre culturelle s'est tellement développée qu'il devient très difficile de défendre correctement un artiste ou un projet artistique. La profusion est telle que le public ne sait plus que choisir ou voir.

13. Vincent Carpentier.

La multiplicité de l'offre rencontre en outre l'obstacle de la parcellisation des genres et de la concentration des médias.

Globalement, la tendance est de considérer le marketing comme un budget variable selon les ventes de disques : plus de ventes = plus de marketing. Avec comme critique formulée ostensiblement, la vision à court terme du marketing qui conçoit très difficilement le développement d'artiste à long terme : « Quand une fusée décolle, c'est dans les premières secondes qu'elle utilise le plus d'énergie. Le plus d'argent au moment du lancement de l'artiste. L'exploitation d'un disque réclame un savoir-faire que les artistes n'ont pas. On va choisir le mieux du mieux. Il y a une chaîne qui se complexifie de plus en plus[14]. »

Notamment lorsque, parmi les nouveautés sorties chaque mois par les *majors*, seuls quatre ou cinq disques sortiront du lot. Les envois promotionnels permettant seulement de tester les médias pour savoir quels sont ceux qui porteront le projet en le diffusant. Cela autorise alors des modifications de format musical pour adapter le titre aux désirs des médias.

Créativité ? en marketing, toujours, mais à quel coût, sachant que dans les grosses maisons de disques, un budget marketing de 30 000 euros est un gros budget. Alors que pour un indépendant... Comme le rappelle Patrick Zelnik : « En termes de budget marketing, quand vous dépensez 100 000 euros pour faire un album, il faut 1 million d'euros pour être visible sur le marché. Le disque est un métier d'artisan et l'on ne peut pas parler d'artisanat quand il faut vendre 100 000 albums pour amortir son investissement de départ. »

Pour des labels n'ayant pas beaucoup d'argent à placer dans le marketing, on privilégiera le web et ses outils pour augmenter la visibilité. On cherchera à développer des partenariats avec d'autres entreprises et à utiliser des spécialistes de la promo web pour créer des retombées...

Dans la course effrénée que se sont livrées de nombreuses maisons de disques durant ces vingt dernières années, c'est évidemment l'artistique qui a le plus souffert. Mais pour autant, il ne faut pas cracher sur le marketing. Il est utile de connaître quelques règles qui permettront de survivre dans un milieu fortement concurrentiel.

1. Les mots-clés du marketing

- Le besoin : c'est le sentiment de manque. Le marketing peut également créer de nouveaux besoins et donc de nouveaux consommateurs ;
- le désir : c'est la volonté d'acquérir un bien pour compenser un manque ;
- la demande : c'est le désir d'acheter certains biens grâce à son pouvoir d'achat. Le consommateur, face à des choix, optimise son achat en donnant une valeur à chaque produit pour obtenir satisfaction. Cette demande s'exprime de plusieurs façons pour le disque. C'est soit l'absence de demande (aucun intérêt particulier pour tel disque, il faut alors prouver que ce disque est nécessaire en stimulant l'acheteur), soit le déclin de la demande (comment faire pour redynamiser les ventes de son artiste ?). On constate aussi l'irrégularité de la demande (les fêtes de fin d'année sont les plus grosses ventes de disques en France). Comment étaler les ventes sur toute l'année ? en gardant ses parts de marché avec un marketing d'entretien ;

14. Frédéric Venant.

- le produit : tout ce qui servira à satisfaire l'objet du désir ;
- la valeur : fixée par le consommateur en combinant le désir et la rareté ;
- le prix : relié à la valeur de ce que le consommateur est prêt à débourser ;
- l'échange : c'est l'obtention d'un bien (produit ou service) en contrepartie d'autre chose ;
- le marché : c'est l'ensemble des vendeurs et acheteurs concernés par l'échange d'un bien.

1.1. Le macroenvironnement

On y intègre l'environnement démographique, économique et social, technologique, culturel, institutionnel et juridique. Ces éléments permettent de mieux appréhender le marché en termes de revenus, de pouvoir d'achat des consommateurs, mais aussi d'économie en termes de développement (innovations technologiques ou obsolescence de certains produits), voire de nouvelles tendances (ex : santé, écologie, terroir, ethnisme, famille, culture, éducation, antimode, humanitaire).

1.2. Les études de marché

Elles permettent de découvrir de manière qualitative et quantitative les attentes du marché et de pouvoir chiffrer la production de disques en prévision. Questionnaires et panels sont de bons moyens d'appréhender un marché.

1.3. Le consommateur

Connaître le consommateur suppose d'avoir réussi à déterminer tous les facteurs qui vont l'influencer dans sa façon de consommer : sa culture, sa classe sociale, ses référents (famille, amis, etc.), son statut (chômeur, étudiant, etc.), son âge, sa profession, ses moyens financiers, son style de vie, etc.

Dans le disque, la plupart du temps, on parle d'achat impulsif car non raisonné. De même, certains consommateurs comme les jeunes sont extrêmement difficiles à fidéliser en tant que clientèle.

1.4. La concurrence

La mission principale va consister à la recherche de l'information pour identifier la concurrence, ses segments d'acheteurs, sa spécificité. C'est relativement facile, mais passablement long. Des lettres professionnelles comme *Musique info, GL Connection* permettent de se tenir à jour en permanence au niveau de la veille concurrentielle.

1.5. Les objectifs

Une méthode pratique consiste à mettre par écrit les objectifs du plan marketing : objectifs sur trois ans, sur cinq ans, pour l'entreprise et les artistes développés. Quelle part de marché est visée ? Quels sont les segments visés ? Quels sont les moyens de distribution, de promotion, de marketing direct (envoi d'informations directement au client), de calcul du prix et de *packaging* du produit ?

1.6. Les capacités : forces et faiblesses

Il est primordial d'analyser ses capacités au regard de celles des concurrents. Notamment *via* des critères tels que la notoriété, la qualité des disques, leur disponibilité et la force de vente disponible.

Le marketing du disque a atteint une phase de maturité depuis de nombreuses années.

La baisse des ventes de disques, les nouveaux comportements des consommateurs ont néanmoins une incidence non négligeable sur le développement de nouvelles approches du marketing et du consommateur, notamment *via* Internet.

On passe de plus en plus d'un marketing de ventes de disques en masse, le fameux *marketing-mix* vers un *marketing one to one*, initiatives que seules peuvent se permettre les petites structures indépendantes.

Cependant, le marketing oublie souvent que l'artiste n'est pas qu'un produit et le disque bien plus qu'un support. Pour preuve, on peut aussi acheter de la musique pour son statut social. Écouter un certain style de musique est un moyen d'affirmer une identité auprès des autres. Notamment en France où la consommation de musique constitue à la fois le moyen de prendre plaisir lors de l'écoute et de justifier une identité sociale auprès des autres. À 15 ans, on cherche à se démarquer de ses parents et à se trouver une identité et des modèles : punk, rap, etc., selon les modes. Alors que plus tard, les phénomènes de mode affecteront beaucoup moins le public qui recherchera vraisemblablement autre chose : avoir 60 ans et faire partie du corps médical signifie souvent (mais pas obligatoirement) écouter du jazz New-Orleans.

2. Le développement de la stratégie marketing

« Posséder peu d'information renforce l'impact de la publicité »,
Bastien Sachet.

Et voilà l'explication du fameux *marketing-mix*, largement utilisé dans d'autres domaines que le disque; et dont la formule à retenir est le système des 4 P : *Product* (produit), *Price* (prix), *Place* (distribution), Promotion. En prenant en compte des notions telles que les objectifs de vente, la cible (acheteurs et médias, qui entraîneront des ventes de manière indirecte) et sa segmentation, la concurrence.

Le *marketing-mix* comprend les différentes questions et réponses à se poser pour donner le plus de chances à son projet.

2.1. **Product** *(quel produit ?)*

Un disque n'est fondamentalement qu'une galette de plastique ou de vinyle. Comment faire pour que le produit disque colle le plus possible au monde de l'artiste et au climat que l'œuvre ne manquera pas d'évoquer ?

C'est l'objectif de ce premier questionnement sur les moyens d'améliorer le produit par rapport aux consommateurs, aux prescripteurs et surtout à l'artiste (qui est un des meilleurs soutiens de la vie du disque).

La réponse peut être un *packaging* ou une série limitée qui décidera l'acheteur, un site web et une liste de diffusion. Ou un *featuring*[15], qui se fait beaucoup en rap et en variété. Ce peut être aussi le choix d'un réalisateur artistique de renom dans un certain milieu et qui va faire sonner le disque d'une certaine façon.

Tout dépend de l'artiste et des moyens dont on dispose. Il semble quelque peu inutile de faire une liste des possibilités. Puisque c'est également au label, en tant que créateur d'entreprise, de connaître ce qui se fait déjà, de tester les recettes existantes et d'inventer les siennes.

« Sortir un disque, est-ce avoir l'opportunité qu'un disque rencontre son public ? Non, la chance porte plutôt sur le nombre d'exemplaires vendus qui vont dépasser les estimations préalables. Il faudra profiter alors de l'opportunité de faire "gonfler la boule". Dépasser ce seuil minimum qu'on connaît plus ou moins dépendra de la chance[16]. »

2.2. Price *(à quel prix ?)*

Quel sera le prix le plus valable pour le produit selon les critères suivants : quel(s) type(s) de public et ses moyens financiers ? les coûts de fabrication ? la situation concurrentielle pour des produits et des supports similaires ?

Anecdote à prendre en compte : « Le *dumping*[17] ne sert à rien. Si, perdu dans le bac, il y a un disque à 10 euros et d'autres à 20 euros, le disque à 10 euros va être soupçonné de ne pas être au format[18]. » Dans la plupart des cas, les prix sont fixés par les *majors* et les indépendants se voient contraints de suivre.

2.3. Place *(avec quels moyens de distribution ?)*

On entend par ce terme, le type de distribution qui semble pertinent par rapport à l'estimation du nombre de disques à vendre.

On se posera la question de savoir si une distribution nationale est envisageable, sur quels réseaux, dans quels bacs, avec quel type de mise en avant (voir la partie distribution et promotion pour avoir des renseignements pratiques sur chaque mode de distribution en France et à l'étranger).

Aujourd'hui, l'enjeu se déroule dans les magasins : le magasin devient un média aussi puissant que la radio pour faire vendre. Bastien Sachet avait mené une enquête de terrain sur les motivations d'achat des clients dans les grandes surfaces spécialisées[19]. Sur un échantillon interrogé de 153 personnes, 74 personnes n'avaient pas planifié leur achat ; 71,8 % de ces personnes ont été sensibles à la présence de mises en avant magasin, chiffre considérable qui, s'il ne permet pas de démontrer l'importance de la PLV, la souligne.

15. Sur un album, un artiste renommé vient poser sa voix sur un titre.
16. Jean-Claude Cointard.
17. Pratique prohibée qui consiste à vendre en dessous du prix de revient réel pour s'accaparer un marché.
18. Frédéric Venant.
19. Bastien SACHET, *Sources d'information utilisées dans l'achat de disques : outil de segmentation ?*, DEA Marketing, Paris 2002.

2.4. Promotion (et quelle promotion ?)

« L'idée est de montrer aux médias et aux journalistes qu'ils sont en train de passer à côté de quelque chose »,
Marc Paresys.

Maintenant que ces trois questions préalables ont trouvé réponse, la stratégie de communication globale par rapport au phonogramme à vendre devrait sembler plus facile à concevoir.

Dans la partie promotion, on s'attardera à déterminer quels seront les médias les plus adéquats pour parler de l'œuvre. Quels seront les échanges à mettre en place et à quels coûts ! Ainsi que les outils de contrôle à développer pour pouvoir réajuster toute campagne promotionnelle.

> Le milieu du disque est fortement concurrentiel et soumis à des contraintes de rentabilité. Le disque n'est pas un produit uniformisé, mais une industrie de prototype, et où chaque disque est en concurrence avec un autre pour rentrer dans les magasins.

2.5. Le marketing communautaire

Le marketing communautaire se développe de plus en plus dans tous les pays où les réseaux sociaux remplacent ou complètent le marketing et la promotion traditionnels avec des outils tournés vers l'utilisateur et des acronymes barbares :

- CRM pour Customer Relationship Management (gestion de relation client) ;
- ROI pour Return On Investments (retour sur investissement) ;
- SMM pour Social Media Marketing (marketing communautaire) ;
- SEO pour Search Engine Optimization (optimisation pour les moteurs de recherche).

Le *community management* (gestion de communauté) est un nouvel axe du marketing au sein des entreprises. On y distingue deux aspects très différents selon que l'on est aux EUA ou en France. Aux EUA, le *community manager* est un relais pour les autres équipes liées au marketing et ses objectifs sont en lien avec ceux des projets à mener, mais ce relais est tout à fait capable de prendre des décisions pour aider à remplir ces objectifs. En France, il a en charge l'animation d'une communauté sans avoir forcément les mêmes enjeux (d'où la confusion avec l'animateur de réseau social).

3. La segmentation

Première règle du marketing, elle consiste par rapport à une population donnée à déterminer à qui le disque est destiné, le cœur de cible en quelque sorte. Une étude de marché déterminera la composition du marché à toucher.

La segmentation consiste à analyser l'environnement de l'entreprise pour détailler les pratiques de consommation et les expliquer ; permettant ainsi de disposer de segments de « clients » potentiels, caractérisés par le fait qu'ils ont globalement et de façon homogène les mêmes attentes.

Mais l'idée reste néanmoins de travailler au-delà de ces communautés spécifiques à chaque genre musical, hormis si l'on souhaite toucher un public de connaisseurs, dans une niche bien précise.

On distingue les principales bases de segmentation suivantes :

- les acheteurs et non-acheteurs (non-acheteurs relatifs et absolus);
- le volume d'achat (nombre de disques) et la fréquence (à quelle fréquence);
- la fidélité (assez difficile à évaluer dans le disque sachant que l'acheteur peut ne pas reporter son acte d'achat d'un album à l'autre);
- le taux de satisfaction exprimé par le consommateur (les produits dérivés en sont une bonne preuve, les mails reçus, tous les éléments de retour d'informations, etc.).

Chaque segment ainsi détaillé doit ensuite être mis en corrélation avec des descripteurs tels que vus précédemment :

- les variables sociodémographiques (âge, sexe, niveau de revenu et d'instruction);
- les variables sociologiques (groupes d'appartenance, styles de vie);
- les variables liées aux pratiques culturelles (fréquence des pratiques, fidélité à une entreprise culturelle).

La combinaison de plusieurs de ces descripteurs est obligatoire, car elle permet d'obtenir une segmentation assez fiable.

On se posera alors également les questions sur la rentabilité de ce segment, notamment en termes de stabilité dans le temps : sachant qu'une politique marketing prend du temps à se mettre en place, et que les modifications sont alors souvent coûteuses, il serait dommage de revoir toute sa stratégie en raison du changement de public.

En confrontant ensuite ces données à celles de la concurrence, on a un constat sur le choix de la cible et le positionnement à adopter.

4. Le processus d'adoption du disque

Cédric Mérino en parle[20] en fonction du type de comportements face à l'afflux d'information : « L'information pourra alors être modifiée en fonction du type de consommateurs, et les sources d'information ne seront pas les mêmes pour atteindre les différents consommateurs. »

Il distingue plusieurs catégories :

- les innovateurs connaissent le marché de façon précise et consomment un produit dès son apparition. Ils jouent souvent le rôle de prescripteurs. On y trouve les critiques médias qui vont parler du disque et inciter à l'achat par les chroniques réalisées;
- les adoptants précoces entraînent la majorité précoce et la majorité tardive;
- les retardataires sont les derniers à s'emparer du produit mais également les derniers à le « délaisser ».

20. Cédric MÉRINO, *Les moyens d'actions marketing appliqués à l'industrie du disque*, mémoire de DU Gestion et économie de projets musicaux, Nanterre, 2002.

Il est intéressant de constater que ce processus est exactement le même que pour la mode vestimentaire, et que l'évolution des ventes de disques dans le temps est calquée sur ce processus d'adoption qui va déterminer le cycle de vie du produit. En règle générale, plus le cycle d'adoption est rapide, plus la maturité du cycle de vie est atteinte rapidement, et donc plus la fin du cycle est attestée rapidement...

Le graphique ci-dessous, issu de l'opus de Cédric Mérino, est explicite :

Sur l'axe X le temps mis à adopter un produit et sur l'axe Y, le nombre de consommateurs exprimés en pourcentage.

Pour aller plus loin dans cette réflexion, le disque d'un artiste connu aura le plus souvent un processus d'adoption très rapide, alors que celui d'un artiste peu connu suivra plutôt cette courbe :

Le processus d'adoption du disque

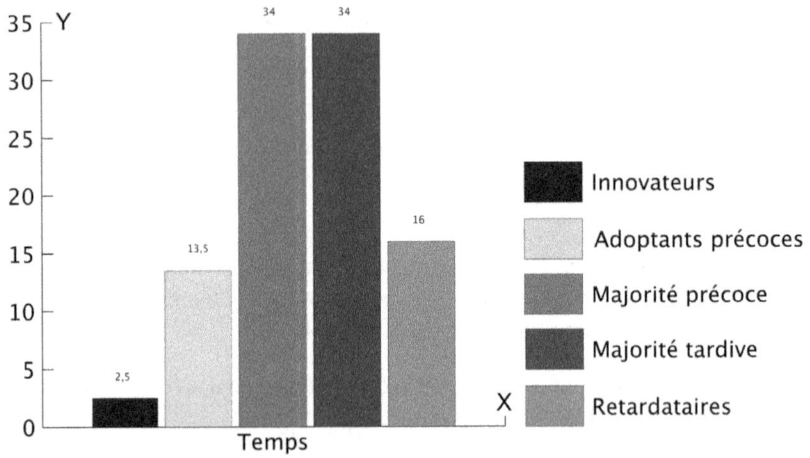

L'évolution du cycle de vie des produits s'applique très bien à ce schéma où les innovateurs représentent le démarrage, les adoptants précoces, la croissance, la majorité précoce et tardive, la maturité et les retardataires : le déclin du produit. De là se fera le calcul nécessaire des coûts sur cette estimation du nombre de ventes. Sachant que le disque reste néanmoins un produit qui peut avoir une durée de vie relativement longue après son exploitation visible (*facing*), dans les bacs à fouille des disquaires ou *via* le *back catalogue*[21].

Mais la plupart du temps, malheureusement, sa durée de vie dans les réseaux de promotion et de distribution habituels est de plus en plus courte. Particulièrement parce qu'une grande majorité de disques n'est pas présente dans les bacs ou la plupart du temps, moins de deux mois en magasin.

5. Pour une segmentation plus précise

Cet ouvrage prend le parti d'affiner encore ces critères déterminant les segments d'acheteurs en utilisant les travaux de Bastien Sachet sur la segmentation dans le disque[22].

21. Le problème se posant toujours en termes de distribution, de « chance » laissée au produit et de visibilité médiatique.
22. Bastien SACHET, *Sources d'information utilisées dans l'achat de disques : outil de segmentation ?*, DEA Marketing, Paris 2002.

Il distingue dans un premier temps les sources commerciales (dont l'existence est issue d'une volonté commerciale directe, c'est-à-dire affichée par celui qui en est l'émetteur) et celles non commerciales :

Commerciales	**Non commerciales**
Mise en avant	Écoute borne libre
Pub TV/radio	*Sticker* critique
Publicité presse	*Airplay*/clip
Écoute magasin	Concert/promotion de l'artiste
Contact vendeur	Écoute Internet
Prix/*sticker* promo	Critiques presse/critiques Internet
	Bouche à oreille/ami

Puis en regroupant les sources impliquant l'individu en particulier dans le cadre d'une relation personnelle et non personnelle avec le produit (ou une partie) :

Personnelles	**Non personnelles**
Écoute point de vente	Mise en avant
Internet	Pub TV/pub presse
Contact vendeur	Promotion de l'artiste
Concert	*Airplay*/clip
Bouche à oreille	*Sticker*/critiques

Dans cette analyse, on s'aperçoit que, hormis le prix, la plupart des sources personnelles correspondent pour l'acheteur à un temps plus important passé à s'intéresser au produit par rapport aux sources non personnelles. Sachant qu'un consommateur n'ayant pas passé du temps à s'intéresser au produit est plus vulnérable à une manipulation de l'attention par les médias. Que ce soit parce que l'on n'a pas écouté la totalité du disque (ce qui est généralement le cas) ou que l'on recherche une reconnaissance sociale, posséder peu d'information renforce l'impact de la publicité.

Aussi pour réduire le risque à l'achat, on va multiplier les sources d'information sur le produit avant l'achat.

Pour affiner encore cette grille d'analyse, il distingue les sources d'information acquises sur le point de vente et hors du point de vente.

Source point de vente	**Source hors point de vente**
Écoute borne musique	Publicité TV/radio
Contact vendeur	Promotion artiste
Prix/*sticker* promo	Publicité presse
Mise en avant	*Airplay*
Sticker critique	Concert/écoute Internet
Écoute borne libre	Critiques Internet/bouche à oreille/ami

Et arrive au final à déterminer d'autres critères de segmentation :

- les acheteurs qui utilisent les *mass media* : diffusion radio (*airplay*), diffusion télévisée (clips) et publicité télévisée ;
- les acheteurs sensibles à la nouveauté mise en avant de façon expérientielle (qui renvoie à leur propre production d'expériences) dans le magasin ;

– les acheteurs qui utilisent les mises en avant des façades et ceux qui recherchent leurs disques dans les bacs ;
– les acheteurs qui achètent beaucoup de disques par an et ceux qui en achètent peu ;
– ceux qui savent ce qu'ils vont acheter avant d'entrer dans le magasin et ceux qui ne le savent pas (d'où l'importance du prix et de la mise en place) ;
– les acheteurs qui se différencient principalement par le style de musique écoutée.

5.1. Les types de consommateurs de disques

L'étude menée par Bastien Sachet dégage cinq types de consommateurs de disques et leurs modes de consommation de la musique :

Type	**Amateurs**	**Connaisseurs**	**Consommateurs**	**Novateurs**	**Traditionnels**
Description de l'achat	Disques achetés sont écoutés à la radio et leurs clips vus à la télévision. Le disque est en promotion et en *facing* (aide au déclenchement de l'acte d'achat).	Disques achetés par un public relativement âgé, qui s'intéresse par le biais de la presse/presse spécialisée.	Pub télé, diffusion radio et TV, le disque a été rencontré partout. Nouveauté, mise en avant dans les magasins, signalée par des *stickers* du type « ffff », dont la promotion a été faite parallèlement.	Disques nouveaux, mis en avant sur le point de vente et découverts par des individus non déterminés avant d'entrer dans le point de vente, qui achètent beaucoup de disques ; le prix importe peu.	Le disque n'est pas nouveau, mais il est mis en avant. À un prix assez élevé, il est acheté par des personnes assez âgées.
Profil de l'acheteur	Personnes qui s'intéressent peu à la musique, mais qui achètent volontiers un disque de la musique du moment si elles aiment le(s) morceau(x) diffusé(s) par les médias.	Personnes qui s'intéressent fortement au jazz, qui en font une grosse consommation et qui se fient à la presse. Des hommes relativement âgés en majorité.	Individus appartenant à la classe moyenne, qui achètent une musique très marketée de style plutôt français (comédies musicales, nouveaux artistes).	Jeunes novateurs qui se baladent sur le point de vente et qui testent le produit ; quel que soit le prix, ils repartiront avec une musique à découvrir plus en profondeur.	On pense à des personnes qui achètent régulièrement le dernier album de leur chanteur favori quel que soit le prix. Ils sont au courant par le bouche à oreille et n'achètent pas forcément l'album à sa sortie.

Il émet des hypothèses vérifiées par la corrélation des enquêtes et des segments étudiés :

– les utilisateurs de sources commerciales dans l'achat de disques se servent d'un nombre plus important de sources d'information que ceux qui utilisent principalement des sources non commerciales. Les premiers sont en moyenne plus jeunes que les utilisateurs de sources non commerciales ;
– les individus qui basent principalement leur recherche sur les sources expérientielles indirectes (= individus qui recherchent de la nouveauté) achètent en moyenne un nombre plus élevé de disques par an que les autres acheteurs de disques ;

– les individus à la recherche de nouveauté utilisent un plus grand nombre de sources écrites que les autres acheteurs de disques;
– les acheteurs qui utilisent principalement des sources d'information issues du point de vente n'ont pas planifié leur achat, à l'inverse de ceux qui utilisent plutôt des sources extérieures au point de vente.

Ces éléments pourront servir à mieux comprendre le mode de fonctionnement des acheteurs de disques et de visualiser l'importance que revêtent la promotion, les mises en avant, le graphisme.

Néanmoins, il convient d'avertir le producteur de disques également des difficultés inhérentes au fonctionnement de la chaîne phonographique et évidemment de celles rencontrées par les indépendants. Les fameux goulets d'étranglement n'ont pas changé depuis les années 1990, mais seulement évolué : il n'y a jamais eu autant de bonnes musiques qu'actuellement, mais aussi une musique qui a très peu de visibilité et qu'on n'entend pas.

5.2. Pour une classification du public d'amateurs de musique

Denis Cogneau dans le *Yaourt* n° 7 [23] proposait une classification du public d'amateurs de musique de moins de 40 ans :

– le branché cultivé : il mélange les classiques et les « musts », titres anciens et nouveautés. Il évite « les hits sans avenir ». Public très parisien, très fan de concerts. Il se recrute parmi les « détenteurs d'un fort capital culturel »;
– le classique : débranché de l'actualité musicale, mais la légitimité d'une forme musicale l'incite à l'inclure dans ses préférences musicales;
– le spécialiste : très contre-culture, il colle à une actualité de « musts ». Il va aussi à beaucoup de concerts. C'est l'intermédiaire entre le fan de hits et le classique. Leur nombre diminue, particulièrement chez les classes d'âges les plus âgées;
– le consommateur : il a le goût des nouveautés de masse diffusées à la radio et à la télévision. Souvent des adolescents suivant le Top ou des accros de la FM. Ils assistent en général aux gros concerts, les moins réservés aux « avertis ».

6. Les niches

« Trop d'électro tue l'électro ! On est passé de la niche électro au chenil ! »,
Christian Dulong de Rosnay.

Cette boutade résume bien la problématique des niches. Car, comme le dit Richard Branson (fondateur de Virgin) : « Pour qu'un individu ait envie d'acheter vos produits, il faut que vous créiez de la valeur ou une communauté. » Et c'est ce qui semble se profiler, puisque le disque a beaucoup perdu de sa valeur en tant qu'objet; on assiste à un développement de communautés d'écoute selon les affinités musicales. Jusqu'à ce que la communauté devienne un marché de grande ampleur comme a pu le connaître l'électro. Ou d'autres genres musicaux !

23. Denis COGNEAU, « Le rock existe : les sociologues l'ont étudié, a'queu c'en est ! », in *Yaourt,* n° 7, janvier 1991, p. 32-34.

Une niche en France représente un public d'environ 10 000 acheteurs potentiels, qui représente une segmentation « naturelle » du marché. C'est à cette part de marché que l'on s'adresse et qui détermine naturellement le nombre d'exemplaires à faire presser, en prenant en compte que tous ces consommateurs n'achèteront pas les disques du label mais auront connaissance de sa sortie.

Beaucoup de disques de qualité ne sortiront jamais sur une distribution nationale, car le public qui peut acheter ce produit n'existe pas… ou peu !

Des niches qui étaient spécifiquement développées par des indépendants sont devenues des marchés nationaux et développées par des *majors* : « À partir du moment où l'on a un marché de niche, comme c'est là où se situer en tant qu'indépendant, il y a des gros qui squattent le marché et il n'y a plus d'ascenseur qui fasse monter les petits. Parce que les médias sont sclérosés, parce que les structures de diffusion, magasins, etc., ne jouent plus leur rôle, et que le public est déjà gavé d'informations. Donc ce n'est pas ainsi que l'on crée une scène et que l'on génère le catalogue de demain[24]. »

La plupart des gens qui ont réussi à établir un segment de marché ou une image de marque très définie en tant que produit, sont souvent des gens qui sont venus par les indépendants ou qui se sont faits par eux-mêmes. Même dans la niche, le combat est rude.

24. Marsu.

Chapitre V

Les goulets d'étranglement

« Ce que craignent certains, c'est une situation où 50000 groupes de rock seraient produits par une trentaine de producteurs face à 20 disquaires actifs alors que la France compte 60 millions d'habitants et que chacun d'eux consomme 2,5 CD/an, tout ce petit monde à la recherche de diffusions radio[25]... »,

Éric Baptiste.

C'est malheureusement presque ce qui est arrivé, avec un fait supplémentaire : les consommateurs français achètent 1,5 disque[26] par an désormais (tout confondu : numérique et physique).

Ces goulets d'étranglement se situent à trois endroits, toujours les mêmes depuis des années, mais qui trouvent toujours des réponses...

D'ailleurs, le métier de producteur consiste aussi à trouver des solutions à tous ces freins qui empêchent de vendre ses productions.

La consommation de disques est un paradoxe : de plus en plus, certains producteurs la comparent à des mouchoirs en papiers que l'on prend, utilise et jette, au détriment d'un travail d'artisanat qui doit être mieux mis en avant. Et alors qu'il y a plus d'offre et de productions musicales, celle-ci est plus difficile à trouver : les ratios de vente entraînant une disparition de références des catalogues des disquaires.

1. La signature

Il fut une époque où des chiffres circulaient soit environ une signature pour 1 000 groupes. Mais ces chiffres semblent difficiles à prouver. On peut légitimement se dire que les groupes envoient leurs disques à plusieurs producteurs.

La difficulté d'obtenir une signature a eu pour conséquence le développement de l'autoproduction et la modification du rôle de l'artiste qui d'interprète endosse des fonctions pour lesquelles il est très rarement prêt.

De même, la facilité des moyens d'enregistrement a eu pour conséquence, parfois bonne, parfois mauvaise, de multiplier les producteurs et de faciliter la circulation de la création artistique. À quel prix ? On ne s'improvise pas producteur, on le devient.

Néanmoins, de nombreux producteurs suivent les projets d'artistes, et se tiennent au courant de ce qui se passe. Sans fermer les portes. Et favorisant les signatures en licence.

25. Éric BAPTISTE, *Rapport sur les relations entre les radios et la filière musicale* (www.culture.gouv.fr/culture/actualites/rapports/baptiste/rapport.rtf).
26. 97,7 millions d'unités vendues (source : Snep) et 65 millions d'habitants = 1,5 par an et habitant.

2. La diffusion médiatique

« Parmi 70 000 titres différents joués sur l'ensemble des médias radio et TV, 3 % concentrent 70 % des diffusions »,
Jean-Michel Grapin, directeur général de Yacast[27].

Sans une distribution nationale, pas de diffusion sur les radios nationales. Et pour certaines, sans investissement financier en termes d'achat publicitaire, il y a peu de chances d'arriver à placer un titre en *playlist*, particulièrement sur les grands réseaux privés, tributaires de ces investissements publicitaires.

Comment faire connaître un artiste sans passage radio ? Surtout quand certaines ont pour phrase : quel est votre budget de pub sur notre radio ?

Un budget publicitaire se négocie plus facilement à l'année. Il existe un véritable mur infranchissable sans diffusion radio à partir de 10 000 exemplaires. Ce qui signifie devoir trouver un partenariat radio « fort ».

Dans le livre blanc de l'Upfi, en 2002, on pouvait lire : « Seule une programmation radiophonique nationale permet à un disque de toucher un très large public et de générer de fortes ventes. Une nouveauté qui n'est pas diffusée à la radio et qui ne fait pas l'objet d'une campagne publicitaire agressive, n'a pratiquement aucune chance d'être référencée dans la grande distribution qui assure, aujourd'hui, 56 % des ventes de disques. »

On pondérera le propos concernant la grande distribution, en précisant que vendre en grande distribution est une des étapes de développement d'un artiste qui signifie pour le label être présent chez tous les disquaires de France, avoir des investissements promotionnels importants et disposer d'un fonds de roulement suffisant pour assurer ces prestations.

Néanmoins il est évident qu'à ce jour, la radio est le média porteur au rapport qualité/prix le plus intéressant. Et pourtant, la plupart des *playlists* ne contiennent qu'entre 50 et 75 titres en rotation. Certaines vont plus loin dans la paupérisation avec pas plus de 30 titres, d'autres, heureusement, avec plus de 100 titres, jouent la découverte éclectique.

Attention de ne pas connaître les mauvais partenariats que dénonçait Philippe Desindes : « Parfois pour être programmé, il faut carrément payer ! Nous sommes très fermés à ces pratiques. Face à cela, nous préférons proposer la chose suivante : si la radio joue le titre, on fait une campagne publicitaire[28]. » Même si fondamentalement, cela revient au même, mais dans ce cas, le label est décideur...

2.1. Quelles solutions ?

Solutions trouvées pour lutter contre cette peau de chagrin médiatique ? Le marketing direct, facilité par Internet et les listes de diffusion : les prospects laissent leur adresse mail et reçoivent des informations sur le label, sur les dernières nouveautés... Action médiatique idéale pour favoriser l'esprit de tribu propre à certains courants musicaux, ou plus globalement donner des infos sur des sorties, des concours.

Le marketing viral ou *buzz* tentera d'utiliser tous les moyens « indirects » de communication pour toucher un public de plus en plus sollicité.

27. « La filière musicale au service de la diversité culturelle », in *Musique et diversité*, compte rendu disponible sur le site de EMO.
28. Corinne MATHERON, « Avec ou sans cible », in *Yaourt*, n° 5, août 1990, p. 31-33.

En somme, le label remplace le média et devient prescripteur *via* ces publicités quasiment « info-merciales ». C'est d'ailleurs le mode de fonctionnement de la superdistribution en P2P. On se référera au modèle économique de Warp pour en savoir plus.

2.2. Les investissements publicitaires en radio et télévision

L'Observatoire de la musique, dans une étude sur les investissements publicitaires établie sur la base des diffusions de *spots* publicitaires[29] recensées par la société Yacast, rapporte : « Les investissements publicitaires tous secteurs confondus, s'élèvent au 1er semestre 2010 à 4940,92 M € (dont 1607,74 M € en radio et 3333,18 M € en TV), en augmentation de + 12,1 % *vs.* S1 2009[30]. Ceux du secteur des éditions musicales, à hauteur de 71,63 M €, enregistrent une légère baisse de - 1,1 % sur un an.

Les investissements du secteur des éditions musicales en radio et en TV ne représentent que 1,4 % (- 0,2 pt *vs.* S1 2009) de l'ensemble des investissements publicitaires, tous secteurs confondus.

398 *spots* publicitaires (82 de moins qu'en S1 2009) sont recensés sur le 1er semestre 2010, pour 20738 diffusions (2117 de moins qu'en S1 2009).

Les investissements publicitaires du secteur des éditions musicales en TV et en radio sont concentrés sur la promotion des albums, à hauteur de 73,2 % (+ 1,2 pt *vs.* S1 2009). Les parts consacrées aux compilations, singles et DVD s'élèvent respectivement à 19,6 % (- 4,4 pts), 3,6 % (+ 0,9 pt) et 3,7 % (+ 2,3 pts *vs.* S1 2009).

La répartition des investissements publicitaires du secteur des éditions musicales dans les médias (radio + TV) par annonceur s'établit comme suit :

Universal Music : 37,1 % (+ 5,2 pts *vs.* S1 2009) – Warner Music : 20,4 % (- 6,7 pts *vs.* S1 2009) – Sony Music : 17,1 % (- 2 pts *vs.* S1 2009) – Indépendants : 15,4 % (+ 2,9 pts *vs.* S1 2009) – EMI : 10 % (+ 0,5 pt *vs.* S1 2009). »

On appelle part de voix, le pourcentage des investissements publicitaires des maisons de disques par rapport au pourcentage total des investissements publicitaires sur les chaînes.

3. La distribution

Déjà Yves Riesel dans l'éditorial de son site[31] écrivait : « Une solution intelligente aurait consisté à offrir, en prévision de la réduction des linéaires classiques, un service clients impeccable à travers la commande spéciale, appuyée par une logistique de l'acheminement déjà maîtrisée pour Internet et une base de données qualifiée. On n'a pas pensé utile ou on n'a pas su le faire, et les échos nous reviennent de partout selon lesquels les commandes spéciales des clients sont découragées. Les disques ne sont donc plus présentés, ou présentés selon des logiques aberrantes, hasardeuses ou assorties de participations publicitaires. Mais encore, ils ne sont même plus disponibles sur commande spéciale, sinon au prix d'un véritable parcours du combattant, avec un délai de trois semaines ou même jamais d'ailleurs (alors que nous livrons en trois jours clients directs ou magasins). Où est l'erreur ? »

29. Annonce publicitaire ou promotionnelle de courte durée diffusée sur un support audiovisuel : http://observatoire.cite-musique.fr/observatoire/document/BIP_S1_2010.pdf.
30. Premier semestre 2009.
31. Source : www.abeillemusique.com au mois de janvier 2004.

3.1 La mise en bac

Le constat est amer chez tous les producteurs de disques de voir que la logique de marché s'oppose à leur logique économique et artistique de l'œuvre. Sur le ton de la fausse plaisanterie, Philippe Conrath dit : « À quand une distribution des disques par mail auprès des grandes surfaces spécialisées ? Moins de références, plus de *turn-over*, tout rationaliser... et c'est ce qui tue la musique : on n'a plus aucun moyen de la faire découvrir aujourd'hui. La problématique des indépendants : comment faire découvrir leurs nouveautés ! Il y a tellement de références que les acheteurs sont perdus. »

C'est bien connu, on ne parle que de ce que l'on vend, et donc de ce qui se voit le mieux lors de la mise en bacs.

C'est probablement l'aspect le plus redoutable pour les labels et leurs distributeurs. La difficulté d'exposition médiatique peut encore se combattre. Mais la disparition des points de vente (pas seulement des disquaires, mais également la diminution des espaces dédiés au disque, au profit du DVD ou des loisirs créatifs) représente un réel danger pour la survie des labels.

« Ce qui va compter bientôt, c'est la taille des rayons de disques. Il nous est nécessaire qu'il y ait des produits qui fassent venir les gens vers les rayons disques et qui créent des habitudes d'achat. À 10 ans, tu achètes la Star'Ac, à 20 ans, tu achètes autre chose et à 30 ans, tu n'as pas perdu l'habitude d'achat de disques. Donc nous avons besoin de produits populaires. Pour l'instant, la Star Academy maintient des mètres linéaires de rayons de CD. Car, quand ils auront disparu, ce sera mort ! Il faut que la musique soit populaire, il faut résister pour qu'elle soit présente dans les magasins, à la télé...[32] »

Paradoxalement, dans chaque magasin, il y a un espace par genre musical, où le vendeur ne pourra caser qu'un certain nombre de références. Lors de grosses sorties, les *majors* vont envoyer de grosses quantités de disques pour prendre de l'espace dans les rayons spécialisés en termes de mise en avant, aux dépens des autres. Ces quantités de disques ne peuvent pas faire de retour comme avec les indépendants, car les grandes surfaces spécialisées ont des accords commerciaux spécifiques avec les *majors*. Et une difficulté de plus.

3.2 La fin des distributeurs physiques ?

Quand on sait que l'avenir de la musique est pour de nombreux experts dans le volume de téléchargement légal, on peut s'inquiéter du futur de ce secteur d'activité. Aussi, certains labels utilisent une solution qui se développe dans la droite lignée du marketing direct évoqué précédemment : la vente directe au consommateur, sans passer par un distributeur, que bon nombre de labels considèrent comme « l'étrangleur ». Comment ? En cherchant à travailler avec un cyberdisquaire en lien direct sur le site du label, des paiements sécurisés et, tout compte fait, une marge supérieure à celle de la grande distribution traditionnelle.

32. Frédéric Venant.

Chapitre VI

Le prix

« Sans marge de manœuvre, on ne peut pas monter d'opérations. Il est impossible de monter une opération avec 20 % de remise sur un prix à 12,50 euros HT, car avec un disque à 10 euros, on est trop près du prix de revient. Donc on brasse de l'air et du retour après »,
Jean-Claude Cointard.

S'il y a un sujet délicat, c'est vraiment le prix, puisqu'aucun producteur ou distributeur ne souhaite vraiment en parler.

1. Du point de vue du label

La fixation du prix correspond à des obligations de rentabilité et à des seuils psychologiques : à savoir le prix que le consommateur consent à payer. Très souvent, des enquêtes auprès de panels de clients ont déterminé ce seuil : « combien suis-je prêt à mettre pour acheter un disque ? » (comme le fameux prix psychologique à XX,99 euros ou le petit prix que l'on va trouver pour beaucoup de disques de petits labels ou des opérations spéciales). Les prix *full price* (entre 12 et 13 euros) et *middle price* correspondent à des prix de vente, sachant que généralement, le *middle price* est égal à environ la moitié du prix du disque à plein tarif. Sans oublier le *low full*. Plutôt difficile de s'y retrouver.

Bien souvent, c'est la distribution qui va proposer des grilles de tarifs déjà établis et au label de décider dans quelle grille tarifaire se positionner. Parce que le milieu du disque est très, très concurrentiel, ce n'est sûrement pas le producteur indépendant qui va pouvoir fixer le prix.

Mais choisir un prix revient néanmoins à se poser les questions des compromis à réaliser, et ce en estimant le nombre de disques que le label va vendre et à quel tarif la concurrence vend les disques d'artistes similaires.

En moyenne, toute entreprise rajoute 30 % à son coût de revient pour dégager une marge qui va lui permettre de vivre. Et ainsi satisfaire également certaines obligations telles que dégager des bénéfices et développer l'activité, l'augmentation des parts de marché (manœuvre ardue, s'il en est).

On parlait de la maturité du marketing du disque précédemment, celle-ci se traduit notamment par des tendances oligopolistiques en vue de maintenir un équilibre en termes de prix de vente, de concurrence, etc.

Le prix est également un bon indicateur du positionnement du disque sur le marché et de la valeur que l'on souhaite voir accorder à l'œuvre fixée sur le support. Plus le prix est élevé, plus la promotion devra être importante et le produit à la hauteur des espérances du client qui souhaitera acquérir le disque. On parle de stratégie haut de gamme qui s'oppose à la stratégie bas de gamme (pas de promotion, prix bas). C'est en général le disque que l'on va trouver dans les bacs à fouille des supermarchés.

Mais il convient de penser à l'acheteur qui va se retrouver avec son disque entre les mains en regardant le prix. Le label calcule HT, l'acheteur compte TTC.

> Une méthode de calcul rapide du prix de revient TTC est de multiplier le prix HT par 1,7 : TTC = (HT + % de distribution + TVA). Ce qui donnera une estimation du prix du CD en bac.

La composition moyenne du prix d'un disque[33] donnée pour des albums de *major* correspond à peu près à ceci.

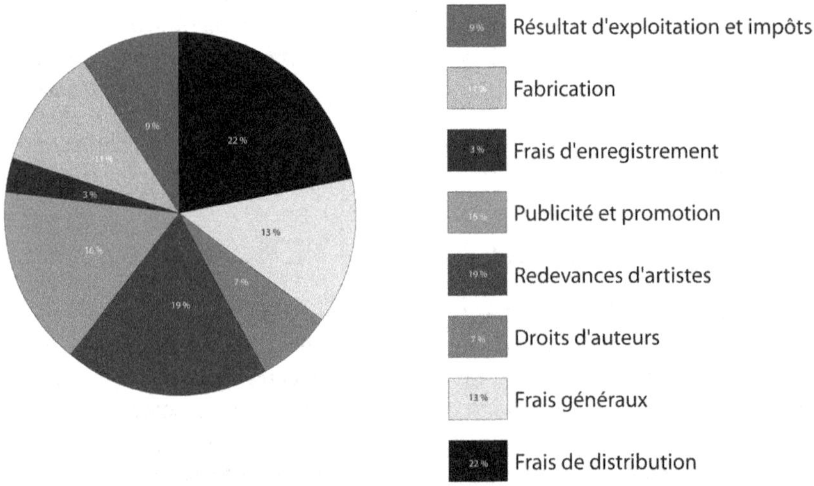

Ce camembert est une moyenne qui ne correspond qu'à une certaine réalité musicale. Selon le genre et les moyens de chaque producteur, le budget n'est pas le même, notamment en termes de marketing.

2. Du point de vue du distributeur

Bien que rares soient les labels qui cumulent également les activités de distribution, il est important d'éclairer le point de vue du distributeur pour comprendre tous les enjeux du disque.

« Le PGHT (prix de gros hors taxes) catalogue est le prix hors TVA figurant au catalogue du producteur (ou du licencié ou du distributeur) et auquel le disque est vendu aux détaillants[34]. »

La détermination du PGHT se conçoit également par la détermination du prix public auquel on souhaite que le disque arrive dans les bacs : c'est le prix fort.

Le PPD (*Published price to dealers*) est le prix de gros publié par le label à l'intention des grossistes. Ces prix sont soumis à de multiples variations selon des critères comme la nouveauté, le territoire, le type de support, etc. La Fnac ou n'importe quel détaillant applique un coefficient qui amène sur le prix de gros.

33. Si l'on se base sur le prix de revient d'un disque tel que celui proposé par le Snep et *Musique info hebdo* dans le guide *L'Actualité du disque 2002*.
34. Pierre-Marie Bouvery, *Les Contrats de la musique*, éditions Irma, Paris, 2008.

Sur ce prix de gros, la GSS (grande surface spécialisée) applique des « remises arrière » : remises sur facture, ristournes, participations publicitaires, remises exceptionnelles, remises de fin d'année, qui sont prises sur le prix de gros. Il y a également des remises de base en magasin, car le fait de rentrer dans une grande surface spécialisée veut dire le prix de gros moins X %.

En cas de mise en avant, le distributeur va devoir faire une surremise spécifique, parfois sous forme d'argent (participation publicitaire pour des catalogues).

Lors de mises en place massives, celles-ci s'accompagnent de remises à la centrale : remise prestation de services, référencement, mise en avant.

Et sur l'ensemble du CA du distributeur, il y a une remise forfaitaire annuelle, basée sur le CA réalisé : plus je fais du chiffre, plus je paye.

Un disque à 15 euros dans les bacs arrive environ à 9,22 euros PGHT, auquel on enlève 20 à 25 %, jusqu'à un prix de 7,30 euros.

C'est une notion importante à connaître pour tout label, puisque l'on est obligé, pour calculer le seuil de rentabilité, de se baser sur ce prix final. Et le distributeur aura tendance à répercuter ces efforts financiers également sur le label.

Le distribué aura une proportion de ce PGHT, duquel il doit déduire les *royalties* artistes, ses droits de reproduction, ses coûts de fonctionnement, de production, de fabrication, etc.

Visiblement, les GSS (grandes surfaces spécialisées) gagnent plus d'argent que le producteur de disques aujourd'hui, sans avoir misé d'argent, sans avoir pris de risques et avec un droit de retour intégral : ce qui ne se vend pas ne reste pas dans les bacs. Pourtant elles font presque toutes le choix de réduire leurs linéaires et prônent le déréférencement.

3. Le calcul du point mort

L'intérêt du calcul du point mort, c'est de permettre de déterminer les quantités de ventes minimales susceptibles de couvrir les frais de son disque. Mais le point mort prend de nombreuses autres données en compte.

L'activité d'un label, c'est la production d'un certain nombre d'albums et de singles par an. On parle de rentabilité, en essayant de comprendre comment on va gagner de l'argent pour couvrir les frais généraux. Et on arrive à un seuil de rentabilité : combien vendre de disques pour payer son loyer ? Le calcul de rentabilité permet de savoir si un projet est valable. Ensuite on parle de prévisions de trésorerie, car on peut être très rentable et avoir des problèmes de trésorerie[35], tout en raisonnant selon le marché car on n'impose rien à l'économie du disque. Mieux vaut abandonner le projet si l'on ne sait pas comment vendre le nombre de disques nécessaires pour rentabiliser…

Il ne faut pas non plus travailler « à l'envers ». Dès que l'on sait où se situe le point mort d'un disque, on expliquera aux gens avec qui l'on souhaite travailler combien le label peut investir, sans que cela mette en danger les uns les autres.

35. Il faut bien séparer les deux notions : faire une facture et l'encaisser sont deux choses différentes, sachant que l'on paye des impôts sur des factures pas encore encaissées.

Pour calculer le point mort, il faut d'abord calculer la marge (différence entre le niveau des ventes et les charges variables issues du chiffre d'affaires). Le point mort est le moment où l'on peut, grâce à la marge, payer toutes les charges fixes de l'exercice réalisé.

Ce seuil de rentabilité s'obtient en mettant d'un côté le montant de toutes les charges fixes (les dépenses que l'on a quel que soit le volume de vente), et de l'autre le montant des charges variables (qui évoluent donc selon le nombre de ventes).

Charges fixes	**Charges variables**
Loyer Assurances Charges sociales et salaires Comptabilité...	Redevances (*royalties*, SDRM...) Coûts de pressage Transports...
Total : X	**Total : Y**

La marge sur coûts variables se calcule comme suit :

Prévisionnel des ventes (montant) - montant des charges variables (Y)

On calcule ensuite le pourcentage de chiffres d'affaires en divisant la marge sur coûts variables par le chiffre d'affaires. Le résultat est multiplié par 100 et donne le taux de marge variable.

On prend en suite le montant des charges fixes (X) qu'on divise par ce taux de marge variable.

Ce qui donne le seuil de rentabilité : dès que les ventes dépasseront le point mort, le label commencera à faire des bénéfices.

L'intérêt de calculer très rapidement ce point mort est de savoir si un projet en adéquation avec les attentes des artistes est viable.

Bien évidemment, on prendra à cœur de bien calculer l'ensemble des charges fixes générées par l'exploitation de son label, en pensant à mettre par écrit dans ses estimations tous les coûts que le projet ne manquera pas d'entraîner.

Quelle marge rajouter? 30 % est le pourcentage habituel de marge pour les sociétés. Dans le cadre de négociations avec les artistes, au lieu de 30 % de marge, on peut envisager 25 % comme un geste commercial.

N'importe quel tableur conviendra parfaitement pour réaliser son propre tableau de calcul. La chambre de commerce et d'industrie peut également fournir des renseignements sur ces calculs.

André Lange [36] propose un autre mode de calcul pour déterminer la rentabilité d'un enregistrement :

Ff + Fv x q = q x pm

Ff : représente les frais fixes : rémunération au cachet des interprètes (musiciens d'orchestre, accompagnateurs, etc.), frais d'enregistrement, *mastering*, frais divers (maquette, pochette, etc.), frais d'amortissement et d'administration.

36. André LANGE, *Stratégies de la musique*, Bruxelles, Éditions Pierre Mardaga, 1986, p. 106-107.

Fv : représente les frais variables par disque : frais de pressage, droits d'auteur, *royalties* (interprètes, réalisateur artistique).

q : est la quantité de disques correspondant à la couverture des frais.

pm : est le prix moyen de vente du producteur sur le marché considéré.

RI : *royalties* d'interprète.

DA : droits d'auteur.

RDA : *royalties* de directeur artistique (ou de réalisateur artistique).

De cette formule de combinaison des frais fixes et variables on peut déduire soit le prix de revient moyen d'un disque pour une production donnée :

$$pm = \frac{Ff + Fv}{q}$$

soit le nombre de disques qu'il faut produire et vendre pour couvrir les frais, c'est-à-dire atteindre le seuil de rentabilisation :

$$q = \frac{Ff}{pm - Fv}$$

Quatrième partie

LA DISTRIBUTION

Chapitre Ier

Comprendre la distribution en France

Les classifications de lieux (selon l'Observatoire de la musique) :

– grandes surfaces spécialisées (GSS) : spécialistes culture, grands multispécialiste, grands magasins, librairies de niveau 1 ;

– grandes surfaces alimentaires (GSA) : hypermarchés, supermarchés de plus de 1 200 m^2 ;

– autres spécialistes : VPC traditionnelle, e-commerce, disquaires, petites librairies... (les ventes de support physique par Internet sont isolées depuis 2005).

Le tableau ci-dessous permet de voir où se font les ventes de disques :

	2005	2006	2007	2008	2009	2010	Évolution 2010-2009	Part de marché
Chiffre d'affaires magasins	1 459	1 287	1 127	940,6	833,3	727,2	- 12,7 %	100 %
Dont GSA	677	567	465	320,1	284	254,7	- 10,3 %	35 %
Dont GSS	782	720	662	620,5	549,3	472,5	- 14 %	65 %

Source : Snep.

Et le tableau suivant sur la répartition des ventes de CD albums par distributeur 2009 :

	Parts de marché (base : Top 100 CD albums)	**2009**
Volume	Universal Music France	43,7 %
	Warner Music France	22,7 %
	Sony Music Entertainment	20 %
	Emi	9,2 %
	Wagram	3,2 %
	Pias France	1,1 %
	Top 100 albums	**100 %**

Source : Observatoire du disque et de l'industrie musicale.

Pour la distribution numérique, c'est beaucoup plus simple : 75 % de la distribution (téléchargement) passe par iTunes, et les autres distributeurs se partagent à hauteur de quelques pour cent les 25 % restants; pour le *streaming*, les incontournables sont Deezer et YouTube (pour l'instant).

En 2006, l'Observatoire de la musique écrivait à propos des lieux de distribution[1] : « Certains magasins ne seront plus que des "vitrines" d'un type nouveau où le consommateur ne trouvera sur les linéaires qu'un échantillon toujours moins représentatif de l'offre globale. Il devra consulter, acte isolé sans intermédiation, les sites Internet (Amazon, Fnac, Virgin, Leclerc, Cora, etc.) ou résolument entrer dans les nombreux sites musicaux, boutiques virtuelles de téléchargement légal payant, pour trouver une plus large profondeur de l'offre musicale, c'est-à-dire l'essentiel de cette diversité musicale. »

Qu'elle soit physique ou numérique, la distribution est le nerf de la guerre car c'est l'endroit où l'on vend du phonogramme et où le public achète une œuvre et de plus en plus d'autres services.

1. Observatoire de la musique, *État des lieux de l'offre de support musical*, décembre 2006.

Le travail en distribution physique implique encore d'effectuer un travail de fourmi, d'aller dans les magasins, vérifier les mises en place, les *facings*, connaître tous les vendeurs et les appeler pour avoir un état des précommandes. En termes de distribution, « il vaut mieux être gros chez un petit que petit chez un gros[2] ».

Petit chez un gros, le label ne sera pas une priorité, surtout si l'interlocuteur est remercié au bout de six mois. Chez un gros distributeur, il faut vraiment être un label important.

Mais la difficulté réside de plus en plus dans l'impossibilité financière pour des labels d'arriver à exister chez les distributeurs physiques (et à l'obligation d'avoir une distribution nationale pour pouvoir justifier des aides et subventions professionnelles). Il n'est pas rare pour devoir amortir des coûts de production, de fabrication et de distribution, de devoir produire 5 000 disques pour exister physiquement sur un marché. Certains font plutôt un calcul différent : plutôt que de viser la mise en magasin, ils cherchent à exister en VPC et pressent 500 disques maximum (que ce soient des vinyles ou pas) sans avoir à débourser les 40 % de la distribution sur le PGHT. Moins de SDRM, moins de frais liés aux retours, un marketing plus ciblé sur les acheteurs « sensibles »

Au niveau de la distribution, le gros souci porte sur le fait que les *majors* et les plus gros distributeurs effectuent des mises en place partout ; dans tous les magasins, quels qu'ils soient : un disque d'un artiste en phase de développement n'a dans un supermarché aucun intérêt à part pouvoir dire que l'on a eu une mise en place de 5 000 disques partout ! Mise en place qui reviendra en retour quatre mois après. Alors qu'avec un distributeur indépendant, cela n'arrivera pas : il vendra ses disques uniquement là où il sait qu'il y a un potentiel grâce à son réseau de commerciaux.

La fixation d'un prix trop élevé peut entraîner un refus de distribution de la part du distributeur qui considérera le produit comme invendable. Sauf cas exceptionnels, bien sûr, où les disques pourront être mis en bacs et réaliser de bonnes ventes sans tentative de mise en visibilité.

Un concert est un moyen de vente directe pour les groupes et les labels. Contractuellement, il est prévu que le groupe puisse racheter des disques à un tarif avantageux pour les vendre lors des concerts. Cependant, il y a une règle de courtoisie à respecter : pas de vente lors du concert lorsqu'un ou plusieurs disquaires proposent les disques du groupe dans la ville même. La situation est suffisamment critique pour les disquaires pour ne pas leur compliquer la tâche !

Pour la distribution numérique, il sera vraisemblablement plus pertinent de passer par des entreprises comme Believe, Idol... Ces entreprises que l'on appelait il y a peu encore des agrégateurs numériques sont devenues de véritables distributeurs numériques.

Si l'on parle stratégie de distribution dans un environnement de la musique purement numérique, il peut être intéressant de réfléchir en fonction de son genre musical... une sortie de single se fera obligatoirement en numérique avec, pourquoi pas, un clip et une promotion adaptée. Pour un album, le numérique peut se concevoir aussi en complément de la fabrication de disques qui seront vendus à la fin des concerts, en ligne ou auprès de réseaux spécialisés.

La distribution physique n'est pas encore « finie », mais il est vrai que l'on ressent une très nette tendance à la disparition du support. Certains parlent d'un changement de courbe de ventes entre physique et numérique à compter de 2015.

2. Daniel Dauxerre.

Chapitre II

Le contrat de distribution

1. Le contrat de distribution

De plus en plus de labels se réservent la distribution en ligne de leurs œuvres. Certains abandonnent également les principes de distribution exclusive de leur catalogue pour envisager au cas par cas un distributeur spécialisé dans tel ou tel domaine musical, parce que les savoir-faire et les compétences en distribution se déclinent aussi en fonction de marchés.

Pour saisir tous les us des contrats de distribution, la seule référence est l'ouvrage de Pierre-Marie Bouvery, *Les Contrats de la musique*.

Voici les grandes lignes du contrat de distribution :

L'objet de ce contrat, d'une durée de trois ans le plus souvent, est la concession à un commissionnaire (le distributeur) du droit de commercialiser au nom et au compte de l'éditeur phonographique ses produits manufacturés.

On conseille généralement de procéder à la fabrication des disques après avoir trouvé un distributeur.

Le distributeur se rémunère en prenant une marge sur le prix de gros.

Dans certains cas, le distributeur peut fournir une avance au producteur en fabriquant les phonogrammes, et en récupérant ces sommes sur les ventes.

En cas de retours sur les ventes (invendus), l'éditeur phonographique a deux possibilités : reprendre les disques ou les faire pilonner. S'il les reprend, à charge pour lui de les décellophaner afin d'ôter les étiquettes de prix. S'il décide de faire détruire les exemplaires restants, il récupère alors la SDRM.

La « base » distribution est de 40 %, plus une garantie de 15 % ou plus : pendant six mois, le distributeur garde 15 % du chiffre d'affaires mensuel du label qu'il rendra six mois après pour se prémunir sur les retours magasins. Donc, il faut comptabiliser 55 % de CA avec une immobilisation financière pendant six mois.

Ce procédé permet de se prémunir également en termes de solvabilité du distribué : si le taux de retour est par exemple de 50 %, le distributeur n'aura en retour que 50 % - 15 % = 35 % car si celui-ci ne peut pas « repasser » la marchandise sur les comptes du distribué (parce que le distribué ne fait qu'un disque par an et/ou qu'il n'est pas solvable pour absorber les retours), c'est le distributeur qui absorbe tout cela. C'est la clause de garantie de retour. Il vaut mieux penser en termes de trésorerie 40 % + 15 % sur les six derniers mois.

2. Le contrat de distribution numérique

Il est signé en général avec un agrégateur (distributeur de musique numérique) qui propose ce service de distribution de catalogues de labels ou de producteurs à des magasins de musique en ligne. Les morceaux sont en général vendus sous forme de fichiers MP3 par album ou par titres avec des paiements à l'achat ou sous la forme d'un abonnement mensuel.

Le problème dans le monde numérique et dématérialisé est d'ordre multiple mais s'apparente à peu de chose près à la distribution numérique.

CD Baby attire l'attention sur la non-exclusivité[3] : « Le fait de signer deux contrats de distribution numérique avec deux sociétés qui vont toutes les deux envoyer le même album à iTunes, Rhapsody, Yahoo, Napster, etc., risque de vous être préjudiciable, car en général le revendeur retire complètement l'album de la vente tant que vous n'avez pas choisi le distributeur qui va avoir le droit exclusif de vendre cet album par son intermédiaire. »

En fait, la quasi-totalité des distributeurs numériques attire l'attention sur la non-exclusivité en rappelant qu'ils assurent « toutes les prestations liées au référencement, à la mise en place et aux opérations de promotion en partenariat avec les équipes marketing des sites de vente en ligne[4] ».

Dans les contrats non exclusifs, le distributeur ne s'occupe pas de la promotion de la musique du label. Et le problème de visibilité se posera de toute façon : comment être présent et vu sur une boutique en ligne, perdu au milieu de milliers d'autres références ? Hormis en cherchant à développer des partenariats spécifiques où l'on proposera une distribution numérique exclusive.

Et l'on comprend alors tout l'enjeu de la distribution numérique en général : exister quelque part pour qu'éventuellement l'on achète les œuvres, mais sans garantie de résultats, sauf si l'on s'associe à un partenaire plus puissant ou bien que l'on paye pour sa promotion. C'est amusant : cela devrait évoquer à certains la distribution physique classique.

D'où la nécessité de chercher un partenaire en distribution numérique qui ne fera pas que mettre en distribution les œuvres mais effectuera un vrai travail de prescription sur Internet.

Frédéric Neff (Viva Musica) évoque les différentes offres de musique en téléchargement : l'achat de musique (iTunes, AmazonMP3, Fnac music, Virginmega.fr, Musicme, Starzik, Qobuz...), la location (Beezik), l'abonnement (Emusic, Musicme), le *streaming* gratuit ou sur abonnement (Deezer, Spotify, Musicme, YouTube...) et sur la téléphonie mobile, les offres mises en place par des opérateurs (Orange) ou des entreprises en marque blanche...

3. Source : www.cdbaby.com.
4. Source : site de Wild Palms.

Chapitre III

Grilles de prix

Ces grilles de prix sont données à titre indicatif.

La cote est normalement un numéro directement attribué par le distributeur. Ainsi, s'il change sa grille de code prix, le prix change automatiquement.

A : achat HT est le prix auquel le disque est acheté au label.

V : vente magasin HT, représente le prix auquel le distributeur vend le disque au magasin.

PP : prix public TTC est le prix dans les bacs (marge du détaillant et TVA incluses).

Du distributeur au disquaire

Cote	...	**G**	**H**	**I**	**J**	**K**	**L**	**M**	**N**	**O**	**P**	**Q**	**R**	...
A	...	3,74	4,17	4,48	4,8	5,23	5,55	5,87	6,29	6,62	6,94	7,15	7,47	...
V	...	5,34	5,95	6,4	6,86	7,47	7,93	8,38	8,99	9,45	9,91	10,21	10,67	...
PP	...	8 à 9,75	8,75 à 10,75	9,5 à 11,75	10,25 à 12,5	11 à 13,5	11,7 à 14,5	12,5 à 15,25	13,25 à 16,25	14 à 17,25	14,75 à 18	15,25 à 18,5	16 à 19,25	...

Du distributeur à la grande surface spécialisée (GSS)

Cote	...	**G**	**H**	**I**	**J**	**K**	**L**	**M**	**N**	**O**	**P**	**Q**	**R**	...
A	...	4,27	4,8	5,33	5,87	6,41	6,94	7,47	8	8,54	9,07	9,6	10,14	...
V	...	6,1	6,86	7,62	8,38	9,15	9,91	10,67	11,43	12,20	12,96	13,72	14,48	...
PP	...	9,3	10,52	11,59	12,81	13,87	15,09	16,16	17,38	18,45	19,67	20,73	21,95	...

Bien évidemment, l'intérêt du distributeur n'est pas de perdre des références à son catalogue, au risque de perdre de la trésorerie.

Le choix du distributeur doit se faire également en prenant en compte le fait, par exemple, que celui-ci ait un réseau national et exclusif.

Et pour le numérique ?

L'Observatoire de la musique donnait des chiffres en 2008 sur le prix moyen d'un titre téléchargé sur PC et mobile (données *full track download*, hors *streaming* et sonneries musicales) : sur terminal PC, le prix moyen d'un titre téléchargé est de 1,03 € TTC, celui d'un album téléchargé de 8,24 € TTC. Sur terminal mobile, le prix moyen d'un titre téléchargé sur mobile atteint 1,38 € TTC et celui d'un album téléchargé sur mobile s'établit pour la période à 7,92 € TTC.

Quant à la répartition des prix sur du téléchargement (certains titres seraient vendus à perte par les plateformes) :

Répartition sur un titre (%)		**Répartition sur un album (%)**
Brut ayants droit (éditeur phonographique, droits d'auteur)	70,4	58,4
Frais de commercialisation (plateforme technique et/ou distributeur, commission bancaire)	10	22
TVA [5]	19,6	19,6

5. 19,6 % en France ; 3 % au Luxembourg, siège de iTunes Apple Store.

Chapitre IV

Les réseaux de distribution

Épineux problème que la distribution, puisqu'elle comprend un grand nombre de maillons. Selon son genre musical, certains seront des interlocuteurs plus privilégiés. Sous le terme générique de distribution, on englobe différents acteurs et modes de distribution.

1. Les commerciaux

> « Je connais chaque commercial de mon distributeur, je leur envoie un CD pour eux et les rappelle régulièrement pour savoir quels sont les magasins qui ont commandé, en quelles quantités, ce qu'en pensent les vendeurs... »,
> *Sylvain Gandilhon.*

Ils sont en prise directe avec les vendeurs de chaque magasin et permettent un *reporting* très efficace des ventes, des tendances et également de la concurrence.

Leur fonction est primordiale, car certains acheteurs vont faire une totale confiance aux commerciaux et prendre de grandes quantités. D'autres vont prendre des petites quantités en fonction de plusieurs critères : le nombre de sorties, la connaissance du genre musical. D'autres prendront une quantité moyenne avec un réassort immédiat dès la moitié de la mise en place vendue.

Tous les schémas sont possibles. Notamment lorsque le vendeur n'est pas dans son « rayon », ce qui arrive assez fréquemment, en raison du *turn-over* dans les GSS (grandes surfaces spécialisées).

Les commerciaux ne font que les gros magasins, bien qu'ils soient au courant de tout ce qui se passe dans leur région, on n'hésitera pas à tenir informé le distributeur et ses commerciaux : « On fait attention à fournir en permanence de l'actualité au distributeur, quitte à garder des informations quand il y en a beaucoup, pour montrer qu'il y a une continuité et une progression. Il faut montrer au distributeur les nouvelles dates pour que les magasins de disques soient informés des concerts, voire des radios qui diffusent le titre[6]. »

Certains disques n'auront jamais de papiers dans la presse, donc l'intérêt du label est de travailler directement avec le vendeur, dernier maillon de la chaîne.

2. Les spécialistes (disquaires indépendants)

Dans l'objectif de distribution d'un créateur de label, le disquaire a une place prépondérante, encore faut-il que sur le territoire de commercialisation des disques, les disquaires existent encore. La disparition des disquaires, imputable en grande partie à l'arrivée des publicités pour le disque à la télévision, a entraîné une raréfaction des références proposées sur le marché et une concentration sur certains artistes ou genres musicaux. Heureusement, des dispositifs alternatifs régionaux se mettent en place.

6. Marc Paresys.

Selon les esthétiques, le disquaire a toujours un rôle de promotion d'artistes et de vente d'un catalogue qu'il a choisi.

La base de données de l'Irma en référence 218 pour un poids effectif dans les ventes de disques d'environ 2 %.

Attention néanmoins à ne pas confondre disquaire et dépôt de disques.

3. Les chaînes spécialisées

Au total, les grandes surfaces spécialisées représentent 65 % du volume des ventes de disques en France en 2010.

Chapitre.com, Cultura, Disc King, Espace culturel Leclerc, Fnac, Furet du Nord musique, Gibert Joseph musique, Harmonia Mundi, Media Saturn France, O'CD, Virgin Megastore, sont des structures incontournables à connaître pour la vente de phonogrammes, même si la Fnac est le poids lourd de ces multispécialistes.

Une très bonne mise en place en Fnac ? Une Fnac Paris : 100 exemplaires. Une grosse Fnac : 25 à 30 pièces et les petites Fnac de province, une dizaine.

Malgré un travail de promotion important, (*showcases* dans ses magasins), de défense des intérêts culturels (feu le manifeste pour la diversité culturelle), la Fnac est vivement critiquée par les indépendants et les distributeurs… Yves Riesel parle sur son site Abeillemusique.com de la nouvelle politique de stock sous le terme de « La poétique du "3A 3S" » comme des « chimères de référencement standard et minimum » pour tous les magasins, il cite :

« La direction du disque en 2004 s'est donnée comme priorité la mise en œuvre du projet 3A (outils d'aide à l'assortiment) / 3S (suppression des surstocks) à l'ensemble des magasins. Tout est dans la nuance. Qu'est-ce qu'un stock, et qu'est-ce qu'un surstock ? Dans le classique ? Dans la variété ? […] Je ne dis pas qu'il n'y a plus de compétences chez les vendeurs à la Fnac, je dis qu'il y en a beaucoup moins, qu'ils manquent de temps, nous coûtent cher à force de visites inutiles et de rendez-vous ratés qui retardent la mise en vente de nos disques, et que les méthodes coercitives de centralisation ne retiendront pas ceux qui restent, et ne créeront pas de vocations nouvelles. Et bien sûr ne font pas revenir les clients déçus. On nous propose à présent sous le poétique vocable de "3A 3S" des listes improbables de disques qui constitueraient un achalandage minimum. »

La puissance de négociation de ces grands groupes fait qu'ils sont prescripteurs sur le marché du disque en termes de ventes, mais également de remises et autres ristournes obligatoires auprès des distributeurs.

4. Les grands magasins

Monoprix, BHV, Galeries Lafayette, etc., disposent d'un rayon disque qui représente bien souvent moins d'1 % de leur CA. Le disque y est, à l'instar des GMS, un produit d'appel qui répond à une demande des clients. Mais les références y sont extrêmement limitées et on les trouve dans des « îlots » au sein des magasins en compagnie de produits plus « luxueux » ou high-tech.

5. Les grandes et moyennes surfaces (GMS)

Moins de la moitié des disques sont vendus dans les GMS (et les GSS). Pas de stock, une gestion rigoureuse des références qu'on y trouve les caractérisent, ainsi qu'une guerre des prix impitoyable à l'égard de tous leurs concurrents (grandes surfaces spécialisées et GMS) pour un chiffre d'affaires qui dépasse rarement les 1 %.

À moins de bénéficier de moyens promotionnels démesurés, les petits producteurs de disques n'ont pas leur place au sein de ces linéaires où la rotation rapide est de mise. Le disque y est traité de la même manière que tous les produits qui sont référencés dans ces magasins.

Hormis les « espaces culturels Leclerc », qui apportent une véritable visibilité au support phonographique, l'approvisionnement des linéaires est en étroite corrélation avec les campagnes médias. Pas de forte visibilité média et de grosses ventes : pas de présence dans les rayons...

La grande distribution ne prend pas tous les disques d'un label ou d'une *major*. Un ordinateur calcule à la minute avec des ratios de rotation de stocks encore plus importants. Donc si le disque rentre dans la GMS, c'est parce qu'il va y avoir une grosse demande de produits qui vont pouvoir être vendus en grande quantité. Inversement, si l'ordinateur a calculé que telle référence n'avait pas un taux de rotation assez rapide, elle n'atteindra plus les bacs des disquaires GMS.

Attention, que ce soit pour la GMS ou la GSS, aux groupes qui souhaitent absolument voir leur disque distribué chez tous les détaillants sous prétexte qu'il y a une tournée prévue. C'est le meilleur moyen pour « griller » le groupe une fois de trop parce que la tournée ne sera pas assez importante et n'aura pas généré un *buzz* suffisant.

Toutefois, les rayons des supermarchés ne sont pas fermés aux produits qui émergent. Les GMS ne sont pas fermées à la distribution des indépendants. Elles ne font qu'appliquer au disque leur mode de fonctionnement.

Jean-Claude Cointard modère les avantages de se retrouver en produit hypermarché : « Prix divisé par deux, nécessité de faire la même chose pour les Fnac : cela donne une mauvaise image du produit et du label... Attention au "moins je vends cher et plus je vends" car chaque réseau est spécifique. Il ne faut pas se brader soi-même. On ne vend pas de la parfumerie de luxe en hypermarché... car il y a aussi l'effet "ça coûte cher, donc c'est bien !", le produit valorise l'acheteur ! ».

Les plateformes de distribution correspondent à un mode de fonctionnement lié aux GMS. Pas de meilleure définition de la plateforme que celle donnée par Frédéric Venant avec les différentes implications économiques et relationnelles de ce mode de fonctionnement : « Une plateforme est un endroit où une enseigne a décidé de regrouper ses livraisons pour les répartir vers ses points de vente. L'enseigne la plus performante dans ce domaine est Carrefour qui enlève chez la plupart des fournisseurs agréés vers un centre de redistribution. Cette enseigne a parfaitement réussi à intégrer le disque là-dedans. Il faut comprendre l'avance en termes de plateforme de logistique qu'a la GMS sur la GSS. La Fnac semble avoir des problèmes d'acceptation de ce principe par les magasins. Chaque fois qu'une pièce référencée est vendue, la plateforme en renvoie une. Ce qui fait que le vendeur perd du pouvoir de décision en termes de référencement. Alors que cela lui laisse l'opportunité de travailler d'autres produits. »

6. Les librairies

Bien qu'anecdotiques, les ventes dans les librairies sont plutôt l'apanage des *majors* qui, sous forme d'offres spéciales (emballage spécifique, campagne de promotion ciblée, etc.) proposent en général des œuvres tirées de leur *back catalogue* et des compilations. On entre dans le domaine du *special marketing* tentant de toucher un nouveau réseau de distribution : la presse. Effet compréhensible lorsque l'on sait qu'il y a des vendeurs de journaux dans toutes les villes (30 000 points de vente en France) mais pas toujours des disquaires. D'où la profusion de ces produits spécifiques développés pour les libraires. On voit de plus en plus d'ouvrages intégrant un CD se vendre dans des collections très variées. Le livret devenant aussi important que le disque lui-même.

7. La VPC

Elle se développe de plus en plus, à l'initiative des labels eux-mêmes qui voient là une opportunité de court-circuiter la distribution normale et de faire plus de marge sur leurs ventes, tout en proposant une alternative au niveau de l'offre alors que les magasins proposent moins de références.

Actuellement la VPC représente une part de marché de 5,9 % en volume et est très adaptée aux diverses esthétiques musicales un peu pointues. La pratique la plus courante est le coupon à découper dans les magazines (spécialisés ou non) et à renvoyer par courrier.

Charly Daubenton était responsable marketing et commercial de feu le label Overcome Distribution à Rennes qui distribuait du hardcore au sens large et des musiques extrêmes :

« On n'est pas sélectifs au niveau des disques, le hardcore fait beaucoup de "Do It Yourself". Faire sortir des disques *underground* à des prix les moins chers possibles est un de nos objectifs. L'activité de VPCiste permet également de développer des contacts avec des labels à l'étranger et de pénétrer des marchés. »

Via notamment la production et l'autodistribution.

Les télévendeurs : ils s'occupent surtout des petits magasins, des disquaires, avec une écoute du disque par téléphone, et des envois de disques promotionnels. Leur mission est de gérer et fidéliser les clients professionnels, d'assumer une part de prospection, de ventes et de prises de commandes.

Les vendeurs comme Dial ou France Loisirs proposent des offres restreintes. Les distributeurs sont tout à fait conscients de ces marchés et leur proposent régulièrement des offres.

La vente de disques sur Internet n'est nullement un nouveau marché, seulement l'évolution d'un segment de marché existant. De nombreux internautes achetant aux EUA, ou dans d'autres pays, pour des raisons de TVA moindre. En outre, la VAD (vente à distance) devrait subir une baisse importante du fait du développement de la distribution en ligne. Elle a pourtant encore de beaux jours devant elle, surtout pour les labels. Et ce, aussi parce qu'il est presque impossible d'être présent en magasin, particulièrement pour de petites structures qui vont devoir chercher à exister ailleurs pour vendre. La Fnac a d'ailleurs lancé Marketplace, une plateforme sur laquelle chacun (vendeurs professionnels et particuliers) peut vendre un article et où la Fnac fait office de tiers de confiance pour des produits neufs ou d'occasion. Le label qui souhaite maîtriser sa VPC devra être présent sur toutes les plateformes potentielles de vente, que ce soit Ebay, Price Minister, Amazon… D'ailleurs Amazon, à la différence d'autres sites de vente par correspondance, constitue un petit stock qui permet de vendre très rapidement une référence sans devoir attendre plusieurs mois. Ce qui évite de perdre des ventes.

8. La distribution en ligne

On parle de distribution en ligne, mais celle-ci devient de plus en plus protéiforme… et surtout il devient de plus en plus évident que la promotion n'est que la porte d'entrée de la distribution.

100 services de musique en ligne ont été étudiés dans l'*État des lieux de l'offre de musique numérique au premier semestre 2010* de l'Observatoire de la musique, que ce soient les boutiques en ligne généralistes ou spécialisées, les portails opérateurs et médias, les sites de radios et de *streaming*, les sites communautaires…

Dans le monde, pas moins de 500 sites de téléchargement existent et proposent des offres ultra-diversifiées. Cependant, le marché de la distribution numérique démontre que celle-ci s'adapte plutôt à des usages d'écoute et de mobilité. L'enjeu devient de plus en plus le flux de données et sa monétisation même si la possession du fichier reste une des problématiques… où le flux doit être continu pour une radio à la demande, mais où l'achat est privilégié pour conserver le titre et en disposer à volonté. Quelle monétisation est alors possible pour les titres et avec quels retours sur investissement ?

iTunes (monde) : plus de 10 milliards de titres téléchargées depuis 2003.
Spotify (Europe) : 650 000 abonnés payants, dont 90 % abonnés à la formule Premium.
Rhapsody (États-Unis) : 650 000 abonnés payants.
Slacker (États-Unis et Canada) : plus de 200 000 abonnés payants.
eMusic (monde) : 400 000 abonnés payants.
Napster (monde) : 760 000 abonnés payants (données 2008).
Nokia's Comes With Music (monde) : 107 000 abonnés payants.
Pandora (États-Unis) : 65 millions d'utilisateurs enregistrés, dont 25 millions d'usagers actifs. Durée moyenne d'utilisation par usager : 11 heures par mois.

Source : Digital Music News.

« Le développement du marché numérique installe, *de facto*, un marché commercial et un marché composite non commercial qui résultent de pratiques instaurées par de nombreuses communautés d'internautes ou des particuliers ce qui, *in fine*, assure un développement de valeurs (l'audience, la prescription…)[7]. »

Le constat de plus en plus visible est que les goulets que représentaient traditionnellement la promotion et la distribution sont en train de fusionner : la promotion en ligne se trouve à un clic de l'acte d'achat. C'est un élément à prendre en compte pour la stratégie à mettre en œuvre dans un environnement numérique.

7. Observatoire de la musique, *État des lieux de l'offre de musique numérique au 2e semestre 2007.*

Les cyberdisquaires maîtrisent la chaîne de distribution beaucoup mieux que tout label, ce qui ne veut pas dire qu'il faut se fermer toutes possibilités de distribuer ses œuvres soi-même. Cela sous-entend plus de frais en termes de mise en place de mode de paiement sécurisé, de réactivité du site et de campagne !

La vente à distance de phonogrammes, comme celle dématérialisée selon divers formats, est un enjeu non négligeable, surtout à l'heure où de nouveaux modes de consommation se sont mis en place ; même si le travail d'un disque consiste en un visuel, une pochette et une fabrication.

Comprenons le contexte : sans vente, il est impossible de faire tenir une référence dans les bacs : ce qui signifie vendre au minimum 200 à 250 CD par an. Pourtant, certains acheteurs peuvent rechercher cette référence d'où l'importance du net et des systèmes payants.

Voilà de quoi faire réfléchir toute la profession sur les enjeux à venir, sachant que le marché de la musique en ligne rapporte peu (pour l'instant). Qu'adviendra-t-il alors du CD, que beaucoup d'observateurs considèrent comme un support périmé ? Surtout lorsque iTunes d'Apple s'est imposé comme le modèle économique de toute une filière ?

Le vinyle est un épiphénomène qui ne sauvera pas la filière... C'est un objet qui fait plaisir aux journalistes (et permet de la promotion) et aux collectionneurs, un objet que les magasins peuvent utiliser en PLV, mais certainement pas le renouveau de la vente de disques physiques. Le CD continuera à exister en complément du fichier. Mais la vraie solution repose probablement en termes de distribution dans le fait de proposer des offres différenciées, de proposer du physique et du numérique...

Une réponse possible vient peut-être de l'éditorial d'Yves Riesel sur son site Abeille Musique[8] : « Téléchargement et néant créatif. Il faut le dire : il n'y a pour l'heure AUCUNE logique économique à la consommation de musique enregistrée par téléchargement et autres. RIEN qui puisse financer de nouvelles productions. Si le support physique venait à disparaître aujourd'hui, il n'y aurait, pour l'heure, AUCUN moyen pour les éditeurs indépendants de récupérer la mise sur de nouveaux enregistrements, et donc de continuer à produire. Les labels indépendants spécialisés disposent parfois de fonds de catalogue à exploiter. Mais ces fonds sont sans aucune mesure comparables aux planches à billets que représentent les fonds des *majors*, et ne sauraient ni dans l'immédiat ni à moyen terme, dans la perspective d'une musique totalement dématérialisée, financer les nouvelles productions. À l'évidence, le support doit perdurer [...] pour les répertoires spécialisés et parmi eux les répertoires de création. Faut-il absolument que la plupart des acteurs actuels fassent les frais du tournant ? Est-ce inévitable ? Les musiques culturelles devraient pourtant être les moins touchées par les changements profonds en cours, qui touchent à la manière d'utiliser et d'échanger la musique enregistrée. Elles sont moins sensibles dans l'immédiat aux histoires de téléchargement et de piratage, pour des raisons pratiques en premier lieu, et, pour employer les mots de l'ennemi, parce que ce sont des musiques "d'adultes" ».

Pourtant, « qui va chercher sur Internet le petit label inconnu ? Les *majors* perdent de l'argent, pas des parts de marché, mais les artistes sont-ils toujours aussi connus ? Les petits n'avancent pas au détriment des gros. On télécharge toujours les mêmes titres[9] ».

8. www.abeillemusique.com/journal/edito.php.
9. Daniel Dauxerre.

Et Marsu de porter la dernière estocade : « Les magasins virtuels remplaceront les magasins de disques. La recherche sur Internet fait tomber les sites indexés par de grosses boîtes. Il y aura donc plus de visiteurs à qui l'on proposera des services au lieu de produits. Ce n'est que la transposition au domaine numérique de la distribution terrestre, où il faudra passer sous les fourches caudines pour pouvoir être distribué. »

Des contrats de distribution de musique en ligne sont disponibles auprès des sociétés civiles de producteurs pour leurs membres.

Pour plus d'informations sur les différentes plateformes de téléchargement dans le monde, consulter le *Guide export en ligne* du Bureau export à ce sujet (guide interactif sur le marché numérique de la musique dans le monde, avec informations et contacts détaillés pays par pays).

8.1. Les agrégateurs de contenus et les distributeurs numériques

« L'agrégateur de contenu met en place une plateforme de distribution de contenus, c'est-à-dire qu'il archive la production des grands médias, afin de la revendre à tous les sites web qui ont besoin de contenu, mais qui n'ont pas de rédaction. Ainsi, il établit des relations de partenariat avec des groupes de presse internationaux et recède le contenu éditorial, sur mesure, aux sites web ou aux entreprises pour leurs intranets[10]. » Le terme s'applique ainsi aux prestataires de distribution de musique qui permettent à de petits labels ou à des artistes autoproduits d'être distribués sur de grandes plateformes.

On citera Believe, Mondomix, Yozik ou Idol (entre autres) qui effectuent ce travail.

La plupart proposent des réseaux de distribution numérique *via* des plateformes de distribution numérique à destination des labels qui souhaitent négocier des accords de licence avec toutes les plateformes majeures de téléchargement en France, en Europe et dans le monde. Et ce sur un large pan de sources de revenus possibles : téléchargements, écoutes en *streaming*, abonnements illimités, radios personnalisées, sonneries, téléchargements sur mobile, etc. En fonction des contrats et des moyens, le panel de prestations n'est pas le même.

En France, Believe a lancé Zimbalam, un service ouvert aux artistes qui, contre 19,99 euros pour un single ou 29,99 euros pour un album, peuvent être distribués sur les principales plateformes de ventes en ligne (iTunes, SFR, Virgin Mega, Fnacmusic, Orange...) tout en restant indépendants, sans aucun engagement de durée ni exclusivité. Adapté principalement au marché français, il se différencie de Tunecore une initiative américaine assez similaire. Reste que ce genre d'initiatives a valeur de boîte à outils numériques. Ces opérateurs proposent des services pour les maisons de disques et les artistes, mais ne poussent pas autant les titres que dans le cas d'une distribution numérique qui sera intéressée aux ventes des titres.

10. Source : www.oqlf.gouv.qc.ca.

8.2 Des initiatives locales de distribution

Une initiative intitulée CD1D fait son chemin en termes de distribution indépendante malgré les difficultés du secteur. Créé en 2004 par sept labels : Aïllissam, Crash Disques, Facto Records, Foutadawa, Irfan [le label], Jarring Effects et Vicious Circle, cet outil de mutualisation permet l'envoi de phonogrammes, une systématisation de la gestion des *royalties* ainsi qu'un archivage de fichiers et d'informations professionnelles commun. Depuis sa création le projet a évolué en une fédération de producteurs indépendants qui propose un service de distribution en ligne en marque blanche adaptable en région : 1D-Aquitaine.com, 1D-Paca.com et 1D-Rhonealpes.com.

D'autres initiatives sont en maturation ailleurs : l'Électrophone en région Centre (Mars/Chatodo/Fracama), Trempolino en Pays de la Loire, et, en Haute-Normandie, la Sonothèque se penchent sur des problématiques patrimoniales.

9. Le bon de précommande

Si le contenu du disque sert à assurer la pérennité du catalogue; si la pochette est utile pour persuader l'acheteur indécis, alors le bon de précommande est le moyen de communication à l'égard du vendeur de magasin pour le décider à prendre le disque dans son rayon.

Chaque semaine, celui-ci va rencontrer des dizaines de commerciaux qui vont lui proposer un ensemble de bons de précommande où la production du label devra ressortir du lot, pour avoir le plus de chances d'être mise en avant pendant les trois à quatre premières semaines de la sortie de l'album, avant d'être reléguée dans les bacs à fouilles.

C'est un outil de communication indispensable, un document en couleur avec le code prix PGHT spécifié et sur lequel le label doit avoir son mot à dire, car cet outil doit servir à défendre son artiste et le label à mettre en avant...

Dans un bon de précommande, qui se fait environ cinq à six semaines avant la sortie du disque, on fait apparaître les résultats promotionnels, l'actualité de l'artiste, le marketing et la promotion proposés, la PLV, les dates de concerts avec les villes. En bref, on fait en sorte que le vendeur ait envie de commander les disques.

En haut à gauche, le numéro de précommande, avec le début et la fin de celle-ci (les dates de précommande et de libération du produit), et la date de mise en vente. On spécifiera dans quel bac se faire référencer (pour faciliter le travail du disquaire). On y mettra également le visuel du disque, le nom du label.

Nous insistons sur l'obligation incontournable pour le label de réaliser ce document. Sinon, le distributeur le fera à son image. En outre, il déduira des redevances dues au label la fabrication de ces outils. On compte en moyenne 150 euros HT par quantité de 500 exemplaires.

Il faut motiver le vendeur afin qu'il place le disque en avant. C'est un document en couleur valorisant pour le vendeur et le disquaire. On se posera toujours la question de base : quelle est ma cible ? On s'y adresse à un responsable technique qui n'entendra pas les mêmes argumentaires que ceux utilisés pour convaincre un journaliste. Sans oublier que de plus en plus de vendeurs ne sont plus des spécialistes de leur rayon.

Il faut absolument mettre en place la promotion média pour signifier à quel public se destine le disque, et motiver le vendeur en le tenant au courant des événements qui entourent la sortie du disque. Il faut mâcher le travail, parce qu'il y a un *turn-over* important, et que les prises de décisions sont rapides, très voire trop rapides. Et la concurrence féroce pour s'arroger une borne et un *facing*. Le disquaire peut très bien prendre seulement cinq exemplaires des disques et le travail du commercial sera d'arriver à placer dix disques minimum, condition sine qua non pour pouvoir bénéficier d'une borne d'écoute, et d'une bonne mise en avant.

Du côté de la distribution numérique, le bon de précommande est un outil utile pour de grosses plateformes comme iTunes. Leur mode de fonctionnement est efficace pour ce genre de support, mais l'est bien moins pour les petites plateformes qui ne disposent pas des infrastructures de référencement. Ce sera donc bien souvent au cas par cas.

En annexe VI un exemple de bon de précommande.

Chapitre V

Les genres musicaux

Voici un panorama des genres musicaux. Les bacs des disquaires sont rarement référencés de façon précise, sauf exception. Leurs classements sont plutôt larges et s'inscrivent souvent comme ci-dessous (la totalité de ces grandes classifications propose des mises en places spécifiques, comme les meilleures ventes variétés françaises dans le rayon variétés françaises, ou variétés internationales, dans le rayon éponyme).

On n'oubliera pas de décliner également sur des rayons spécifiques les promotions, les nouveautés, les offres spéciales, les coffrets et les compilations (surtout en musique électronique et en rap), voire les collections (particulièrement en jazz et musiques du monde). Et sans oublier pour les chanceux et les malins, les bornes d'écoute.

Variétés françaises	Variété, cabaret, chanson, rétro, humour.
Variétés internationales	On y met à peu près tout.
Rap	Rap, rap français, R&B, slam, compilations.
Soul/funk	Funk, soul, R&B, new jack, acid-jazz, groove.
Musique électronique	New-age, ambient, techno, trance, goa, hard techno, acid core, hardcore, indus, gabber, minimaliste, tribal, house, acid house, garage, deep house, latin house, afro house, hard house, électro, big beat, dub, dub digital, jungle, break beat, drum'n bass, two step, trip-hop, down tempo, dance music, lounge, dance.
Rock indépendant	Rock français, postrock, garage, emocore, hardcore, rock'n'roll, rockabilly, psychobilly, rock progressif, noise, folk rock, gothic, punk rock, rock alternatif, fusion, indus, pop, new wave, indie pop, easy listening, noisy pop, batcave, cold wave.
Metal	Metal hardcore, new wave, hard-rock, black metal, death metal, trash, speed metal, grindcore, doom, atmosphérique, metal progressif.
Bandes originales de films (BOF)	
Musiques du monde	Afrique, Afrique du Nord, Amérique latine, Brésil, Asie, Antilles, afro-cubaine, Europe, musiques celtiques, flamenco, régions de France, Océanie/océan Indien, Orient/Maghreb, Inde, Israël, reggae roots, ska, dancehall, ragga, rocksteady, dub roots, country.
Jazz/blues	Jazz traditionnel, jazz classique/swing, musiques improvisées, be-bop, jazz fusion, latin jazz, jazz manouche, jazz contemporain, rythm'n blues, Chicago blues, blues acoustique, blues rock, gospel, negro-spiritual.
Classique	Musique classique, musique ancienne, opéra, récitals lyriques.
Jeune public	Musique et contes pour enfants…
DVD musicaux	– DVD jazz/classique ; – DVD variété française ; – DVD rap/soul.

Cinquième partie

LA PROMOTION

Caius Saugrenus : « Justement ! il faut préparer une campagne, mettre au point une stratégie, choisir une cible ! »
Jules César : « Campagne ? stratégie ? cible ? voilà un langage qui me plaît ! je vais donner l'ordre à mes légions d'être prêtes à combattre ! »
Caius Saugrenus : « Non, non, non ! je vais vous expliquer...[1] »

1. R. Goscinny et A. Uderzo, *Obélix et compagnie*, Paris, Dargaud, 1976, p. 35.

Chapitre Ier

Définition

La promotion représente l'ensemble des actions menées pour influencer les comportements des clients potentiels et déclencher un achat *via* une incitation matérielle immédiate comme une réduction de prix, des bonus, des cadeaux.

La difficulté réside dans la différenciation à faire entre le marketing et la promotion qui rentrent respectivement dans le plan marketing et le plan promo et forment le plan média.

Le marketing est au service de l'artistique (et pas l'inverse !), et la promotion sert à faire parler de l'artiste (*showcases*, jeux concours, etc.).

Attention, la promotion d'un single n'est pas la même que celle d'un album. Les objectifs ne sont pas les mêmes. Soit on travaille sur un single, un titre fort, c'est ce que font les grosses sociétés, en « poussant » tel titre de tel artiste sur tel album sur les radios ; car mettre un titre en *playlist* entraîne des ventes tout de suite. Soit on travaille un album, et on commence un bon mois et demi avant, voire deux.

Dans la promotion au sens large, on distingue :

- la publicité (télé, presse, radio), qui a pour but d'attirer le consommateur vers le produit, on le tire (*pull*) ;
- la promotion (PLV, *facing*, têtes de gondoles, présentoirs), qui a pour fonction de pousser le produit vers le consommateur au moment de l'acte d'achat, c'est le *push*, stratégie « poussée ».

La promotion du disque s'apparente énormément à la promotion de tous les biens du marché :

- la promotion distribution dirigée vers les commerciaux et les distributeurs ;
- la promotion consommateur destinée à gagner de nouveaux consommateurs et à pousser les acheteurs existants à acheter encore plus.

Comme les cibles sont différentes, les objectifs diffèrent aussi.

« Donnez envie à l'auditeur quel qu'il soit. Donnez de l'importance à la personne qui va recevoir le disque car son avis compte. Le but est d'amener le produit dans les meilleures conditions possibles[2]. »

2. Laurent Milcent.

Cibles	**Objectifs**	**Méthodes**
Consommateurs	Développer la connaissance du produit. Augmenter ses parts de marché. Fidéliser la clientèle…	Offres spéciales, prix verts, chansons insérées sur des compilations, synchronisation de titres sur des publicités…
Distribution	Faciliter le référencement. Augmenter les ventes. Aider à la vente…	Remises. Produits en plus. Ristournes. PLV (publicité sur le lieu de vente). Bons de précommande…
Vendeurs (si label distributeur)	Améliorer la prospection. Améliorer l'efficacité du commercial…	Information sur le marché. État de la concurrence…
Prescripteurs (médias)	Faire connaître le produit. Faire connaître le label. Privilégier le relationnel…	Informations sur le label, les futures sorties, « extraits » d'albums à écouter…

Chapitre II

La communication des promotions

> « La communication, c'est l'air qu'on respire. »

La promotion d'un disque est à envisager en termes de campagne, où l'on distingue :

- les médias de masse : affichage, radio, presse;
- la publicité sur le lieu de vente (PLV) : des présentoirs, des affiches, des bannières, qui ont pour but de provoquer un acte d'achat impulsif en informant le consommateur. La PLV est prise en charge par l'éditeur phonographique, la mise en place étant assurée par les commerciaux du distributeur;
- l'utilisation de tous les outils viraux et réseaux sociaux;
- les autres moyens : la présentation des produits, les *stickers*, les tracts, les soirées.

1. La détermination des objectifs de l'entreprise

En amont de toute création d'une campagne de promotion, il y a la détermination des objectifs de promotion de l'entreprise; ceux-ci peuvent être de s'implanter dans un secteur déterminé, d'accroître le pourcentage de la part de marché d'un produit ou devenir leader sur le marché. Tous ces buts commerciaux, aussi variés soient-ils, vont influer directement sur le type de plan média.

1.1. La sélection des objectifs de communication

Ensuite vient la sélection des objectifs de communication qui peuvent être également très divers, comme améliorer l'image d'un artiste ou la créer lors d'un lancement, augmenter les achats à certains moments de l'année, accroître la notoriété du label, de l'artiste ou d'un produit (compilations, etc.), voire éliminer un frein à l'achat.

1.2. Le choix des cibles

La synthèse de ces deux éléments entraîne le choix des cibles : est-ce qu'il s'agit de viser des clients habitués au produit ou d'intéresser des personnes ne l'ayant jamais acheté ?

Cette étape importante permet de déterminer quelle frange de la population est susceptible d'acheter tel ou tel produit, évitant ainsi à l'annonceur des frais supplémentaires et inutiles.

On passe alors à la sélection d'un axe publicitaire, c'est-à-dire aux thèmes qui devront être abordés pour séduire les acheteurs potentiels.

On sait que la publicité : « [...] est le médiateur entre le producteur et le consommateur. Suite à une campagne publicitaire, l'évolution du marché peut alors être considérée comme un retour de performance de la publicité[3] ».

Aussi, c'est là qu'en cas d'échec, c'est-à-dire au cas où les ventes n'atteindraient pas les résultats escomptés, que se fera la modification des axes publicitaires. Car c'est le seul moyen valable d'évaluer la réussite d'une publicité ou d'une campagne : l'augmentation ou la diminution des ventes. Tous les éléments sont pris en compte et chaque changement de conception dans la publicité est alors d'une importance primordiale.

En cas de récidive malheureuse, toute la procédure sera reprise du début au niveau de la sélection des choix de vente et des cibles.

Mais ce qui est valable pour de grands groupes dont les financements promotionnels sont massifs s'applique très difficilement au quotidien des labels qui ne peuvent supporter les échecs répétés en termes de ventes.

3. F. ROUSSEAU, P. LOSLEVER, J.-C. ANGUÉ, « L'analyse scientifique d'images publicitaires », in *Communication et langages*, n° 94, p. 81.

Chapitre III

Le plan média

L'étape suivante est la réalisation d'un plan média, ou plan de communication, prenant en compte le budget prévu pour la réalisation de la campagne publicitaire et promotionnelle.

C'est à ce moment que l'on décide quels moyens financiers seront mis à la disposition des différents médias sélectionnés en fonction de leur impact sur le public.

On va alors concevoir les messages qui devront jouer sur deux plans : un plan informatif et un plan suggestif correspondant chacun aux deux façons de réagir à une publicité : une analyse rationnelle du produit (qu'est-ce que c'est ? à quoi cela va-t-il me servir ? en ai-je besoin ?) et une suggestive, bien plus importante, qui correspond à la valeur symbolique que nous rattachons à chaque objet.

Le plan média se fait en prenant en compte le plan promotion et le plan marketing.

1. L'élaboration du plan média

C'est la combinaison des médias utilisés pour toucher le public visé, *via* les différents supports (presse, télé, etc.), en gardant à l'esprit de rationaliser les coûts.

L'intérêt du plan média :
- montrer à son employeur quelle va être la stratégie de communication. Le plan de communication n'est pas le même selon l'artiste et son avancement, sa notoriété... ;
- mettre en confiance toute l'équipe qui travaille à tous les niveaux : éditeur, artiste, producteur... Cela sert à motiver les troupes.

« Cela équivaut à un planning et sert à créer une stratégie de communication élaborée, sans travailler de manière anarchique »,

Laurent Milcent.

Ci-dessous un exemple de plan média sous forme de tableau et retraçant de manière chronologique les différentes étapes. Ce n'est bien évidemment qu'un exemple à adapter aux projets et objectifs.

	Plan promo	Plan marketing	Mise en place	Intervenants
J - 75	*Teasing* : contact avec radios et journalistes : CD promo. Premières réactions de la part des programmateurs.		Bons de précommande, négociation d'opérations spéciales.	Dir. promo, dir. marketing, attaché(e)s de presse, tourneur.
J - 60	Échanges presse et médias.	Fans mis au courant. *Stickers*, newsletters et forums, insertion presse.	Bons de précommande, négociation d'opérations spéciales.	Attaché(e)s de presse, dir. commercial, représentants.

	Plan promo	Plan marketing	Mise en place	Intervenants
J - 45	Envoi album. Chroniques dans les journaux. Présentation du clip.	idem	Négociation d'opérations spéciales.	Service promotion, dir. commercial et marketing.
J - 30	Titre en rotation, clip diffusé.	idem		Service promo, dir. commercial et marketing.
J - 0 et +	Concert promo, *showcases*, *samplers*, *stickers*, affiches pour les concerts, diffusion du clip.		Mise en place, opérations spéciales.	Commercial, dir. commercial, dir. marketing.
J + 15/30	Affichage, *showcases*, chroniques dans la presse, jeux concours.	Pub tournée.	Relayer le concert dans les bacs.	Service promo, dir. commercial et marketing.

2. Le plan de promotion ou plan promo

2.1. Le constat de base

Tout d'abord, on posera par écrit une sorte de constat sur le groupe à promouvoir : quelle est sa notoriété ? Est-ce que le groupe a un ou plusieurs membres connus ou d'une certaine renommée (locale, nationale) ? Combien de disques ont été faits par le groupe ? Est-ce réellement un groupe émergent ou un groupe bien établi dans le tissu musical ?

On n'hésitera pas à faire le basique tableau des points plus et moins du groupe pour déterminer à quel niveau de développement de carrière se situe le groupe.

2.2. Quelle stratégie globale ?

On y intègre trois notions : les objectifs, les moyens et la cible.

2.2.1. Les objectifs

Vendre des disques, certes. Mais encore ? À partir du constat, on détermine si l'artiste se situe plutôt dans l'émergence ou dans l'assise. L'émergence nécessite de travailler d'abord à un niveau local, en utilisant les médias locaux, les radios qui peuvent augmenter la visibilité. L'assise consiste à travailler plutôt sur l'élargissement du public et sur la notoriété pour franchir les fameux caps des 5 000, 10 000 puis 30 000 ventes par exemple. Ces caps correspondent bien plus à des seuils où les besoins de marketing, de promotion, en bref d'investissement, vont devenir de plus en plus importants. Et entraîner pour le label de réels dilemmes pour savoir si l'on peut ou non risquer l'investissement supplémentaire.

2.2.2. Les moyens

Si l'on est dans l'émergence : comment travailler avec un tourneur pour trouver des concerts ? Comment fidéliser un public ? Comment attirer des journalistes qui chroniqueront un concert ou l'album ?

Si l'on est dans l'assise : comment développer la relation avec les fidèles du groupe (qui restent un des meilleurs vecteurs de promotion) ? Comment intéresser des télévisions ou des radios pour faire passer les titres ou interviewer le groupe ?

Arrivé à ce stade, tous les éléments de l'équation de la stratégie à mettre en place existent et sont réfléchis. Il ne reste plus qu'à raisonner selon deux logiques : comment ne pas perdre ce qui a déjà été acquis en termes de renommée ? Et comment développer la présence du groupe au niveau des médias et des (nouveaux) publics ?

2.2.3. La cible

On raisonne toujours d'une cible plus large (15-30 ans, 25-40 ans, etc.) vers le « cœur de cible » (15-20 ans, 20-30 ans, etc.), une notion plus segmentée et correspondant à l'analyse des attentes, des moyens, des modes de consommation de ces catégories de population.

Sont-ce des lycéens ou des étudiants, des cadres, tout le monde ? Plus la cible est large, plus il va falloir mettre de moyens en œuvre pour ne pas rater une vente. De là, par exemple, les coûts faramineux de promotion pour les artistes de variété française qui touchent, forcément, une plus grande part de la population française.

2.3. Exemple de plan promo

Une fois posées les questions du groupe et de son public vient la question des partenaires. Est-ce qu'un média s'associe à la campagne de promotion ? Dans la partie suivante sur les réseaux de promotion, on retrouvera de plus amples renseignements sur les spécificités de chaque média et on pourra adapter le projet en fonction de ceux-ci.

Il faut ménager les susceptibilités de tous les partenaires et faire attention à la campagne spécifique à un support. On ne propose pas la même opération au concurrent direct : ce n'est pas, mais pas du tout, apprécié.

Un bon plan média a toujours une phase de préchauffage. On attaque ce qui est le plus facile (on s'échauffe) et on tend vers le plus dur. Pourquoi ? Parce que la communication utilise aussi bien des réseaux formels qu'informels. Et qu'il est plus facile de commencer de parler du projet à quelques médias ou leaders d'opinion attentifs qui pourront devenir prescripteurs pour un autre type de média.

J - 75 :
On commence par le fameux « buzz » en touchant les médias qui ont déjà parlé de l'artiste : *primo*, ça les flatte : on n'oublie pas le travail qu'ils ont fourni. *Secundo*, le label détient déjà les contacts directs des journalistes qui ont écrit sur le groupe ou l'artiste et qui sont toujours, recherche de scoop oblige, en quête d'inédit.

Entre un et deux mois et demi avant la sortie de l'album (attention aux vacances d'été qui plongent la France dans une recherche forcenée de farniente), lesdits journalistes reçoivent un CD à titre promotionnel (qui permet aussi de travailler avec un tourneur) et un dossier de presse avec les quelques titres à mettre en avant pour leur donner le goût d'écouter la suite et d'en parler…

La presse écrite chronique plus facilement des albums que des singles. Les temps de réaction de la presse écrite diffèrent beaucoup selon les supports, on prêtera attention au délai de bouclage. Mais attention ! Comme le disent certains producteurs de musique : « Dans le business de la musique, le pire, ce sont les médias. Ils ne comprennent rien, donnent de mauvaises informations. 97 % s'improvisent journalistes. Les labels indépendants sont aidés par les fanzines, pas par les médias qui n'écoutent pas les disques. Le but n'est pas d'aider les indépendants mais de faire son métier : chroniquer des disques de qualité, peu importent leurs origines... Ces gens ne donnent pas envie d'écouter des disques. Il n'y a plus de politique artistique dans les médias. »

Les radios, mais pas toutes, sont en général beaucoup plus réactives. Elles passeront en général un titre : le single. Là encore, viser juste est impératif en ciblant l'envoi aux radios susceptibles de passer le titre ou d'en parler. Et plus particulièrement les programmateurs !

J - 45 :

Un bon mois et demi avant la sortie de l'album, après avoir fait le *teasing* (chatouille) des médias prescripteurs, on présente le clip (s'il y en a un) aux médias qui pourront le diffuser. Il faut aussi envoyer l'album définitif à tous les médias pressentis. Ce qui devrait permettre d'obtenir chroniques et premiers articles sur le disque.

On continue à jouer sur l'effervescence qui va entourer la sortie de l'album. Pour des groupes émergents, cette phase est probablement la plus difficile. En effet, comment convaincre des médias de diffuser un titre si l'on n'a obtenu aucun retour positif ? Il est encore temps de retravailler les objectifs et d'affiner la stratégie. Surtout si la sortie du disque est ponctuée de concerts.

J - 30 :

Le but est d'obtenir absolument des rotations du titre sur les radios. Un mois : c'est le délai de bouclage de la plupart des journaux spécialisés pour un article sur la sortie du disque.

À ce moment-là, on aura réussi à créer l'attente, élément moteur d'achat chez la plupart des personnes et la mise en place d'actions promotionnelles chez les détaillants du disque.

Auparavant, on aura réalisé le bon de précommande et celui-ci sera déjà en circulation auprès des disquaires.

J - 0 et + :

Sortie du disque, le label est content, le groupe aussi, on continue avec les tournées qui doivent avoir lieu dans la foulée. C'est le moment des *showcases* dans les magasins de disques (ou ailleurs[4]), des concerts promotionnels en primeur dans certaines salles, car « un disque ne va même pas exister si l'on ne crée pas un événement autour[5] ».

On sollicitera les mêmes journalistes et supports médias pour continuer la promotion des tournées et avoir plus de papiers sur le groupe.

Il y a une véritable synergie à créer (1 + 1 = 3) pour démultiplier ses efforts en utilisant les compétences d'autres personnes. Ce qui revient à une forme très poussée de délégation de compétences.

4. Des magasins de vêtements, l'aquarium de Paris, des salons particuliers... Tous les lieux inédits sont intéressants pour un *showcase* !
5. Philippe Conrath.

La promotion club et musiques électroniques

Le travail de promotion consiste à démarcher les grosses radios quotidiennement. Dans les musiques électroniques, c'est le DJ qui doit être la cible. C'est lui qui fera connaître le son du label et qui pourra diffuser les titres. On concentrera les envois promotionnels sur ces DJ prescripteurs. Ainsi qu'à la presse spécialisée et aux radios. Le milieu électro, bien qu'ayant connu un développement incroyable, reste un petit milieu où les disques de qualité sont vite repérés. Ce travail de promotion s'effectue en appelant tous les DJ les jeudis, vendredis et samedis, en leur envoyant des disques et en faisant remonter ces informations.

3. Le plan marketing

Il dépend réellement des moyens dont l'on dispose. On a constaté une très nette hausse des budgets marketing. Il y a 20 ans, ceux-ci étaient d'environ 10 % du CA d'un label ; aujourd'hui, ils se situent aux environs de 20 %, voire plus selon l'ampleur des projets.

Il est très difficile de faire une estimation des coûts marketing dans le plan média, sachant que selon les artistes, la stratégie et les moyens à mettre en œuvre dépendront beaucoup des finances. Néanmoins, voici quelques pistes à exploiter *via* un exemple de plan marketing.

J - 60 :

Annonce de la sortie de l'album auprès des publics du groupe (newsletters, fanzines, *streaming* de titres, etc.).

L'insertion presse (une publicité souvent payante dans tous les sens du terme) est une pratique couramment utilisée ; de même que les jeux concours pour faire découvrir un titre en avant-première. Tous les moyens sont bons pour augmenter la visibilité de l'artiste. On ne négligera pas la possibilité d'avoir le titre phare de l'album sur un disque *sampler* encarté dans un magazine.

Le bon de précommande va être mis à disposition des disquaires *via* les commerciaux du distributeur.

J - 0 et + :

La sortie du disque est un événement en soi. L'idéal est l'organisation d'un concert en avant-première. On cherchera des budgets supplémentaires pour le faire (un éditeur peut-être ?). La création d'un événement autour de la sortie du disque est un bon moyen de lancer le disque. L'insertion d'un titre sur le disque *sampler* d'un journal spécialisé musique fonctionne bien aussi. De même que l'achat d'espace publicitaire dans la presse spécialisée. Tous ces moyens sont à déterminer en fonction de l'impact désiré lors de la sortie du disque. Des *stickers* et des tracts distribués à l'entrée ou la sortie des concerts peuvent être un moyen de rappeler la sortie du disque et d'inciter ainsi à acheter.

J + 15/30 :

Une insertion publicitaire annonçant les prochaines dates de concert et les lieux constitue une bonne piqûre de rappel.

On se posera des questions comme : où la publicité a-t-elle le plus d'impact ? Dans quel magazine ? Quels sont les journalistes qui écrivent le mieux ?

Chapitre IV

Contrôler la communication

Puis va se poser l'étude du retour de ces éléments de communication. La réalisation d'études globales sur l'image de l'artiste est dévolue au directeur marketing. Le chef de produit utilisera les panels pour contrôler la communication. Directeur marketing et chef de produit peuvent réaliser des questionnaires albums et/ou des réunions de consommateurs.

Il existe des entreprises spécialisées (comme Opendisc ou Yacast) pour aider à affiner toute stratégie marketing en France comme à l'étranger. Ces firmes ont développé des outils de collecte et d'analyse de données à l'usage de l'industrie de la musique sur les consommateurs de musique (statistiques comportementales, démographiques, géographiques).

De plus en plus de consultants spécialisés (comme Virginie Berger, Frédéric Neff…) peuvent aider à la mise en place de plans stratégiques.

Petite mise à plat des différentes techniques employées :

Les outils de réflexion et de contrôle

	À quoi ça sert ?	**Où ça apparaît**	**Quelle régularité ?**
Tops	– Identification – Repère d'investissements – Valorisation commerciale	Sur tout produit identifiable	– Systématique pour les objectifs – Nouveaux repères à installer pour les autres
Questionnaires disques	Vérifier la perception d'une campagne sur un artiste ou un album auprès du grand public	Sur les albums à fort tirage	Très rare
Réunions de consommateurs	– Approfondir l'aspect qualitatif de la communication pour un artiste – Contrôle de la communication (qualitatif)	Au moins une fois dans la carrière de l'artiste	Très rare
Enquêtes terrain	– Étude d'image – Quantitatif – Contrôle	Variable	Très rare
Typologie CCA	Positionnement d'un produit	Sur chaque artiste « identifiable »	Rare

Source : Yaourt, *n° 5, août 1990.*

1. Le travail du producteur

D'un point de vue mercantile, si le label vend beaucoup de disques, c'est vraisemblablement parce que les artistes sont bien identifiés du public et que le label a su atteindre ce public au bon moment. Néanmoins, se confronter à la concurrence pour connaître son avis s'inscrit aussi dans une démarche d'entreprise. Et la manière de travailler est un bon moyen d'obtenir des retours : « L'image de marque de qualité d'un produit va aussi bien avoir des retombées sur l'artiste, la maison de disques et le distributeur. Il est important de travailler sur une marque, un label, en termes de promotion pour l'artiste et en termes de communication pour l'entreprise en général[6]. »

2. Les outils de promotion

Le fait que le producteur de phonogrammes ou le label soit impliqué dans toutes les procédures de promotion est très important : c'est un bon moyen de contrôle pour le label.

2.1. Le dossier de presse et l'EPK

Faire passer un message de façon claire à toutes ses cibles est une règle essentielle d'un bon communiqué.

Nous ne pouvons résister à la tentation de rappeler la contribution de Laswell (1948) à la science de la communication : « [...] on sait que cinq questions (5W) permettent, selon lui, de distinguer cinq objets d'étude pour qui s'intéresse à la communication : "Who says What, to Whom, through Which channel, with What effect ?" Et l'on retrouve ici, sans mystère, [...] l'émetteur, le message, le récepteur et le canal[7] ».

Le dossier de presse est à réaliser de façon soignée. On y adaptera sa technique de promotion à ses interlocuteurs et en rapport avec l'artiste. La personne qui va réaliser ce document doit obligatoirement le rencontrer, le comprendre, lui et sa musique. Tous les artistes amènent quelque chose qui va donner envie d'avancer par rapport au projet.

Le moteur c'est la curiosité : essayer de comprendre l'artiste, son chemin, son histoire : « Faire un petit texte assez bref, une biographie, une jolie photo, essayer de rendre la chose attractive. Avec une imprimante et une photocopieuse on peut faire plein de choses, un petit dossier de presse sympa avec un texte sur chaque chanson, un article. Savoir maîtriser la base de la PAO est primordial, savoir faire un dossier de presse est très important; il est inutile de mettre la totalité des articles, il faut choisir les bons articles à envoyer à un journaliste, par exemple, et pas la revue de presse[8]. »

L'EPK (pour *electronic press kit*) est une véritable trousse à outils numérique. À partir des documents utilisés pour faire le dossier de presse, le site, la charte graphique, les papiers récupérés dans la presse... on agrémente cette boîte à outils d'images en haute définition, validées par l'artiste et son manager. On y rajoute bien souvent du son et de la vidéo pour que les utilisateurs puissent se faire une idée de l'univers de l'artiste. Une fois cette base construite, rien n'empêche d'y ajouter régulièrement de nouvelles briques (et notamment les éléments de presse publiés – dossier de presse – extraits d'interviews radio ou TV, etc.).

6. Laurent Milcent.
7. http://users.skynet.be/gerard.pirotton/
8. http://users.skynet.be/gerard.pirotton/

2.2. L'échange de marchandises

Échanger des disques contre une page de pub, organiser un concours pour faire gagner quelques disques, sont des moyens peu coûteux de réussir une bonne opération promotionnelle à moindre frais en sachant qu'elle aura une aura maximale. Ce principe échange de marchandises/visibilité fonctionne très bien. On donnera par exemple une vingtaine d'exemplaires promotionnels pour la page abonnement de la revue ; ce qui commercialement ne revient pas très cher (c'est le principe du partenariat lorsque les gens n'ont pas d'argent).

Ce fonctionnement marche aussi pour les radios. Les partenariats avec des structures privées (par exemple, un marché avec le studio d'enregistrement, en contrepartie d'un tarif défiant toute concurrence : le logo du studio en très gros sur la pochette !) sont une éventualité à ne pas négliger. Il conviendra de fixer par écrit à chaque fois les obligations de chacune des parties.

Attention néanmoins aux abus tels que ceux relevés par Éric Baptiste : « Les systèmes de promotion semblent toujours se perfectionner. Récemment est apparu au sein de l'un des groupes majeurs de la radio, le système de la "coexploitation" : lorsqu'un artiste est choisi par la programmation, la régie publicitaire peut signer un contrat avec le producteur [...] en échange d'une avance en espaces publicitaires payés ultérieurement à la radio par des points sur les ventes de disques [...]. Si le choix de programmation demeure premier, il s'agit d'un mécanisme qui peut permettre à de "petits" producteurs (peu ou pas présents en achat d'espace "cash") de bénéficier de la puissance de promotion du média radio[9] ».

De là à passer au « pay per play », pratique interdite que dénonce l'accord interprofessionnel entre les radiodiffuseurs, les producteurs de phonogrammes et les éditeurs de musique, il n'y a qu'un pas : « La pratique du "pay per play" est prohibée. On entend par "pay per play", un accord contractuel entre une entreprise de radiodiffusion et un producteur et/ou éditeur et/ou licencié et/ou distributeur phonographique, à la fin duquel ce dernier s'engage à rémunérer l'entreprise de radiodiffusion, par une rémunération fixe ou variable assise sur les recettes de l'exploitation commerciale d'un phonogramme ou de l'œuvre qui y est reproduite, en contrepartie du seul engagement souscrit par cette dernière, de diffuser ledit phonogramme dans le cadre de son programme radiophonique[10]. »

2.3. Les mises en avant (PLV, facings, présentoirs, têtes de gondoles, etc.)

La logique de l'acheteur est très simple : il veut un disque. Si celui-ci n'est pas bien exposé, il va le chercher, et quand il ne le trouve pas, il zappe sur un point d'écoute ou une mise en place. Donc sur d'autres disques et ce sont des ventes perdues.

Un *facing* permanent se paye. Tout comme les bornes d'écoute. Lors d'une campagne de promotion, tous les éléments de promotion doivent être mis en avant. On a vu beaucoup de bannières, d'affiches, etc., entreposées dans des réserves, parce que les disquaires ou les vendeurs n'avaient pas le temps de les mettre en place... ou que les représentants ne faisaient pas bien leur travail.

9. Éric BAPTISTE, *Rapport sur les relations entre les radios et la filière musicale*, www.culture.gouv.fr/culture/actualites/rapports/baptiste/rapport.rtf.
10. Source : www.snac.fr/code-radio-prod03.pdf.

2.4. Les stickers

Un des intérêts du *sticker*, c'est d'apporter une meilleure visibilité promotionnelle sur le support disque lui-même : les *punchlines* (accroches des chroniques des journalistes) favorisent l'acte d'achat du public et redonnent une seconde chance lors de la fameuse demi-seconde de décision du client qui cherche dans les bacs à fouille. Ils peuvent servir aussi à mettre en avant une information spécifique (prix cool, découverte, etc.) et faciliter l'acte d'achat.

À savoir : les prix verts Fnac et rouge Virgin sont des initiatives de ces grandes surfaces spécialisées pour accompagner les sorties d'albums. Elles réduisent leur marge de bénéfices pour mettre en avant les albums choisis par les vendeurs ou qui font partie d'une campagne commerciale nationale. Mais cela reste une négociation au cas le cas, en fonction du succès du disque, de l'accueil qu'il a eu. Ce succès permet parfois de redynamiser une sortie précédente. C'est un « effet collection ». Surtout s'il y a un artifice comme le *sticker* pour en rappeler l'esprit.

D'ailleurs si les phonogrammes et/ou vidéogrammes reçoivent des récompenses (Diapason d'or, 4 clés Télérama...), il incombera au label de fournir ces *stickers* de récompenses. Dans l'hypothèse inverse, il sera facturé pour chaque étape de fabrication et d'apposition des *stickers*, en moyenne 15 centimes d'euro HT par *sticker*.

Le public achète des disques au prix vert ou rouge parce que c'est nouveau et moins cher. Charge au label d'effectuer auprès du distributeur une pression amicale pour qu'il y ait du *facing* et des mises en place suffisantes afin que, pendant le mois de la nouveauté, on ne perde pas des ventes, en anticipant le délai de réapprovisionnement. Élément qui permettra aussi d'affiner le prévisionnel de ventes pour l'œuvre suivante !

2.5. Les bornes d'écoute

Outil idéal car peu coûteux de la promotion d'un artiste, le placement en borne d'écoute relève souvent de la discussion entre le vendeur et le commercial. Pour Sylvain Gandilhon « Beaucoup de gens dans un magasin de disques vont vers un disque en écoute. Ensuite si la pochette leur plaît... ». Toutefois, la raréfaction du nombre de références et les difficultés de placer des titres sur ces bornes font qu'il est de plus en plus difficile de placer des albums...

La logique de mise en avant sur les bornes se passe à deux niveaux. Le premier, bassement commercial, dépend des arrangements entre producteur de disques et/ou distributeurs et GSS : la présence sur les bornes d'écoute est définie en fonction du chiffre d'affaires réalisé par les clients. Heureusement, il y a un deuxième niveau où le disquaire va décider sur son rayon de mettre en avant un disque qu'il aura aimé. D'où l'intérêt des petites affichettes (PLV pour publicité sur le lieu de vente) qui trônent au-dessus des casques, et que le label ou le distributeur devront réaliser pour la promotion. Mais attention, la mise en place sur borne d'écoute ne se fait qu'à partir d'une dizaine d'exemplaires commandés.

2.6. Les catalogues

Ces publications mises gratuitement à disposition dans les magasins assurent une bonne visibilité aux disques. Cependant, il est fréquent qu'en fonction des périodes de fêtes (Noël où les ventes de disques sont les plus fortes) la présence des visuels des disques soit payante dans ces petits guides d'achat.

2.7. *Les* showcases

Ils sont également un moyen de promotion pour créer un événement autour de la sortie d'un disque. Il n'est pas rare d'organiser une tournée Fnac par exemple, pour les groupes, et de mettre dans leurs programmes promotionnels les lieux où le public pourra écouter, voir et rencontrer les artistes. Lors de ces miniconcerts, avec mise en avant des disques et du groupe, l'acte d'achat du disque est favorisé. On peut également bénéficier de (re)mises en place d'albums avec des *facings* intéressants, lors d'un *showcase*, même postérieur à la sortie d'un album.

2.8. Parrainage et mécénat

Le partage du risque, l'intérêt d'avoir le nom d'un média porteur par rapport à une niche spécifique, et même la volonté pour certaines entreprises de dynamiser leur image de marque sont autant de facteurs incontournables des pratiques de parrainage et de mécénat. Attention cependant à ne pas étiqueter l'artiste en fonction du partenaire financier.

Le mécénat se distingue du parrainage : le parrainage est un « soutien matériel apporté à une personne, un produit afin d'en tirer un bénéfice direct » ; le mécénat est « un soutien matériel sans contrepartie directe pour l'exercice d'une activité d'intérêt général » (arrêté du 6 janvier 1989). Il peut exister une contrepartie dans le cadre du mécénat à condition que cette contrepartie ne soit pas disproportionnée entre l'aide versée et la prestation; de même, le fait d'indiquer le nom du mécène sans message publicitaire n'est pas interdit dans le cadre du mécénat.

Les associations peuvent bénéficier du mécénat mais pas les entreprises ni les associations exerçant une activité économique.

Le mécénat peut prendre la forme d'aides financières, de mise à disposition de matériel, de locaux ou de personnel, d'apport de compétences. Les dépenses de mécénat sont déductibles par les entreprises donataires sur leur résultat imposable.

Le parrainage peut bénéficier aux associations déclarées avec activité économique à titre principal ou accessoire et aux sociétés commerciales participant à l'organisation de manifestations soutenues par l'entreprise, les sommes du parrainage sont assujetties à la TVA.

Il est vivement conseillé d'établir une convention de mécénat précisant qui donne et qui est bénéficiaire, les obligations de chacun, la définition du projet, la durée de cette convention et les cas de résiliation. Il n'existe pas de convention type. Plus de détail sur le site de l'Admical (Association pour le développement du mécénat industriel et commercial : www.admical.org).

On n'attendra pas trop des *sponsors* et partenariats commerciaux; car « les artistes qui en profitent le plus sont en général ceux qui en ont le moins besoin[11] ». Le futur semble sourire au mécénat puisque le gouvernement a proposé des dispositifs de réductions fiscales pour les mécènes mais la pratique du mécénat en France n'est pas très répandue et bien souvent le projet doit amener une réelle valeur ajoutée à l'image de marque de l'entreprise mécène.

11. KENT, « Droits d'auteur et *royalties* », in *Le Monde diplomatique*, février 2002.

2.9. Le buzz

On peut traduire ce terme par effervescence ou bourdonnement qui correspond aux bruits de couloirs que l'on peut capter dans les cocktails où certains se gargarisent.

Il traduit peut-être le meilleur vecteur de promotion, c'est-à-dire le bouche à oreille. Si quelqu'un aime un disque, il va en parler à d'autres, qui vont peut-être acheter un disque et/ou viendront au concert. Et ainsi, sans avoir une promotion ou une exposition médiatique exceptionnelle, on peut trouver des artistes plébiscités par un public.

L'intérêt du *buzz* est de permettre au label de prendre du temps avant toute tractation, pour essayer de travailler et préparer l'artiste à la meilleure sortie possible. Souvent pour les artistes, le disque n'est qu'un outil à un moment donné qui vient en soutien au développement d'une carrière.

Quelques règles à respecter pour une bonne campagne de promotion :
L'objectif doit être direct : accroître les ventes à court terme. On connectera la campagne à d'autres actions commerciales (concours, promotions, etc.). On ne l'utilisera que de façon ponctuelle et sur un seul produit, car les offres promotionnelles sont à double tranchant : on attendra du label qu'il fasse constamment des offres promotionnelles, quelque soit l'artiste et le moment de l'année.
On contrôlera son emploi au risque d'avoir un impact négatif sur l'image du label.
On y associera les distributeurs (de toute façon, ils en sont très demandeurs).
On vérifiera la cohérence de la méthode employée avec le produit (attention à ne pas accélérer le cycle de vie du disque et non pas le volume vendu, i. e. vendre plus vite moins d'exemplaires). On se démarquera des concurrents (*packaging*, offres spéciales, etc.).

2.10. La synchronisation

La synchronisation[12] (musiques de publicités et de génériques ou bandes originales de films) est l'apanage des éditeurs graphiques, mais aussi des producteurs phonographiques (mais la lutte est âpre pour obtenir ces marchés juteux en termes de droits d'auteur et d'argent lié aux autorisations d'utilisation) et par ailleurs, bon véhicule pour faire connaître un artiste à un vaste public.

On trouve soit de la musique préexistante (du commerce ou d'illustration), soit de la musique originale (dite de commande). Comment se passe la négociation entre éditeurs, producteurs et ayants droit ?

Le responsable de la synchronisation (ou responsable synchro) au sein du département édition (ou du label, voire sous l'impulsion d'un superviseur musical qui fait ce travail pour d'autres[13]) oriente et conseille les réalisateurs et les producteurs du film. Son but est évidemment de placer des titres de son catalogue (que ce soit celui qui est disponible en phonogrammes, comme celui en édition). Il propose, en fonction des séquences, des titres qui doivent coller à l'image, et se réserve des possibilités de propositions alternatives en cas de problèmes (cf. *infra*).

12. « Notons d'emblée qu'aucune mention n'est faite d'un *droit de synchronisation* dans le Code de la propriété intellectuelle : ni à l'égard des auteurs, ni à l'égard des producteurs, ni à l'égard des artistes-interprètes », *dixit* Pierre-Marie BOUVERY, *Les Contrats de la musique*, Paris, Irma éditions, 2008.

13. Le superviseur musical est un professionnel qui travaille en proposant des titres qui peuvent provenir de plusieurs catalogues musicaux, à l'opposé d'un responsable synchro qui va mettre en avant les œuvres de son catalogue.

Une fois les budgets précisés quant à l'utilisation des musiques, il obtient les accords suivants :

- éditoriaux (pour utiliser l'œuvre : paroles et musique);
- phonographiques (pour pouvoir utiliser l'enregistrement).

Obtenir ces accords le mène tout naturellement à négocier des budgets qui permettront de faire taire les légitimes récriminations des ayants droit pouvant pester de voir leur œuvre détournée de sa fonction première. Cette autorisation d'utilisation fonctionne assez simplement puisqu'elle est accompagnée du versement d'une rémunération librement négociable.

2.10.1. La musique de publicité

C'est encore un très bon moyen pour faire émerger des artistes qui feront la « musique » du *spot*.

Le site www.musiquedepub.tv a interviewé Charles-Henri de Pierrefeu qui exerce en tant que responsable du service synchronisation d'Universal Music France depuis moult années. Il y explique les différentes étapes jusqu'au choix d'une musique de pub dans le cadre d'une pub TV :

- conception et/ou création de la campagne par une équipe de créatifs;
- validation de la création par le directeur de création, puis par le client;
- choix d'une boîte de production et d'un réalisateur puis le tournage à proprement parler;
- montage, puis mixage son et image, postproduction;
- livraison aux chaînes et diffusion.

On y savourera l'énumération des personnes qui peuvent mettre leur nez dans le choix musical pour un projet. Et aussi l'explication de la quasi-impossibilité pour la publicité d'être un véritable facteur de vente de musique (potentiel du morceau et qualité de la pub, pas de sous-mixage de la musique, passages fréquents). Plus sérieusement, c'est aussi le responsable synchro (ou le superviseur musical) qui va s'occuper de gérer tous les aspects inhérents à l'utilisation de titres sur une publicité : négociation des coûts d'utilisation des musiques, obtention des accords des propriétaires de répertoires et des ayants droit, conseil par rapport à un catalogue.

Deux types de choix de musique cohabitent : soit de la commande musicale, où l'on va abondamment utiliser de la musique au mètre, soit l'utilisation d'un répertoire existant. De toute façon, la musique arrivera toujours à la fin du projet de création publicitaire.

Dans le cas de la musique de pub, un éditeur (qu'il soit spécialisé dans l'illustration sonore ou la musique au mètre) propose un catalogue de ses œuvres originales aux agences de pub. Certains labels et les éditeurs en général sont habitués à travailler avec des régies publicitaires spécifiques. Les régies confient ces réalisations à ces maisons de production pour permettre de donner à l'annonceur un avant-goût de la publicité finale. Des directives sont ensuite données à un compositeur. Certains labels ont plusieurs compositeurs en exclusivité, selon l'ambiance à créer. La polyvalence de ces labels est primordiale pour pouvoir proposer tous les genres de musique. De manière générale, ils suivent plus les tendances de la mode et utilisent les dernières innovations en matière d'instruments et surtout d'effets.

La base de travail pour la musique d'un *spot* de publicité est de trente secondes, mais tourne plutôt sur huit à quinze secondes ; avec des délais de réalisation souvent inférieurs à vingt-quatre heures, voire huit heures... La rémunération dans ce cas-là est variable selon plusieurs facteurs : canaux de diffusion, temps de morceaux utilisés, etc.

La licence légale ne s'appliquant pas dans ce contexte, des autorisations préalables sont nécessaires auprès du producteur dans le cadre des exploitations suivantes : documentaire, téléfilm, publicité, reportage, émission de plateau (autre que le direct où la licence légale s'applique), bande-annonce, générique d'émission...

Le producteur du programme devra toujours déclarer les œuvres utilisées (*cue sheet*) et le diffuseur s'acquitter des droits auprès des sociétés d'auteurs.

2.10.2. Les bandes originales de films

Encore une fois, la BOF est la chasse gardée des éditeurs. Néanmoins, de plus en plus de producteurs et/ou réalisateurs cinématographiques utilisent la notoriété de groupes pour accompagner musicalement des films : Europacorp, société de production cinématographique, a signé Massive Attack et Archive pour créer des musiques des films. Chez les indépendants, le label « Ici, d'ailleurs » a connu un succès inouï en propulsant Yann Tiersen sur le devant de la scène internationale avec la musique du film *Le Fabuleux Destin d'Amélie Poulain*. Nombre de réalisateurs préfèrent travailler avec les départements synchro présents chez tout éditeur digne de ce nom.

Les négociations pour pouvoir faire apparaître une musique sur la BOF se mènent à l'avance, et peuvent entraîner des formatages spécifiques à la dimension cinématographique.

Les conséquences financières de ces ventes sont primordiales :

- promotion gratuite dont bénéficient des artistes en développement (Aaron dans le film *Je vais bien, ne t'en fais pas*) ;
- retombées marketing auprès d'un certain public (particulièrement parce que certains films ne sont que de gigantesques clips) ;
- placement de titres inédits d'artistes connus pour attirer les fans sur un produit spécifique et vendre des titres d'autres artistes moins connus (retombées en termes de droit d'auteur pour l'éditeur et rentabilisation plus ou moins rapide de certains projets d'artistes) ;
- utilisation marketing des caractéristiques spécifiques de l'acheteur de BOF (monomaniaque et compulsif).

2.10.3. Les bandes originales de jeux vidéo

Peter Gabriel, Danny Elfman, Muse, Amon Tobin, Metallica, Nine Inch Nails..., ils ont tous participé en musique originale ou préexistante à des jeux vidéo.

Les BO de jeux se placent dans les tops des ventes au même titre que celles de films : « Un artiste qui place un titre sur un jeu à succès est presque sûr de voir ses ventes de disques s'accroître[14]. »

14. Rapporté par Patrick HAOUR, « Les Jeux vidéo, planche de salut de l'industrie musicale ? », in *Musique info hebdo*, 28 mars 2008.

L'économie des jeux vidéo va probablement passer devant les autres secteurs de consommation de biens culturels. « Placer de la musique sur les jeux est un nouveau moyen d'atteindre le public là où il est » déclare Steve Schnur chez Electronic Arts[15]. Moyen de promouvoir des nouveaux talents au même titre que la radio ou la télé, le jeu vidéo permet d'avoir un public captif sur un segment bien identifié qui va écouter, écouter, écouter le même titre... Du rabâchage à l'état pur. Le rêve pour toute approche marketing de masse. Pour les éditeurs et responsables synchro, c'est un filon à exploiter ; ce sont les jeux qui créent le *buzz* autour de la musique, et non plus l'inverse.

On ne trouve pas de chiffres officiels sur les sommes négociées, mais la plupart des éditeurs de jeux rechignent à payer des droits d'auteur (particulièrement parce qu'ils fabriquent à l'étranger) et ils risquent à terme de se positionner comme éditeurs phonographiques et musicaux pour récupérer une manne substantielle supplémentaire.

Une nouvelle tendance commence à poindre, liée au développement des réseaux sociaux : les applications liées au jeu. Ainsi MXP4 a lancé Pump it ! une application sociale pour jouer avec des titres en partenariat avec EMI, puis Boplergames (technologie de traitement des fichiers musicaux) qui autorise les utilisateurs de Facebook à jouer à des jeux d'arcade en lien avec des fichiers sons.

15. Rapporté par Patrick HAOUR, « Les jeux vidéo, planche de salut de l'industrie musicale ? », in *Musique info hebdo*, 28 mars 2008.

Chapitre V

Les réseaux de promotion : médias et moyens de communication

C'est le carnet d'adresses du responsable promotion qui fera la différence. On visera toujours le journaliste musique bien évidemment, mais il faut garder à l'esprit qu'il reçoit environ plus de 15 disques par semaine et peut difficilement les écouter tous correctement. C'est le programmateur ou le journaliste qui va décider au final de mettre un titre en *playlist* ou de faire un papier sur un artiste.

1. La radio

Le CSA a défini en accord avec le Snep et l'Upfi, les termes suivants :

Est considérée nouvelle production : « Tout titre, extrait ou non d'un album, pendant un délai de six mois à compter de la date de première diffusion sur l'une des radios du panel Yacast, s'il bénéficie d'au moins trois passages hebdomadaires pendant deux semaines consécutives. »

Est considéré nouveau talent : « Tout artiste ou groupe d'artistes qui n'a pas obtenu, précédant son nouvel enregistrement, deux albums disques d'or, et qui a publié son premier disque à partir de 1974 (année d'instauration des certifications or, double or, platine et diamant). »

Avec plusieurs milliers de fréquence, c'est un réseau unique en Europe, qui se répartit en quatre catégories : radios « jeunes », radios « jeunes adultes », radios « adultes » et enfin les radios « généralistes ».

Dans le bilan 2010 Radio TV Clubs, publié par Yacast et portant sur la programmation musicale, on pouvait lire concernant l'analyse musicale qu'en 2009 il y a eu plus d'artistes et de titres programmés et moins d'entrées en *playlist* : « Le nombre total de titres et d'artistes différents programmés en radio ont respectivement bondi de + 15 % et + 10 % par rapport à l'année précédente. Au total, plus de 85 000 titres du répertoire ont été joués au moins une fois sur les ondes, soit 11 000 de plus qu'en 2009. [...] On constate que la progression profite principalement aux titres Gold et aux découvertes d'albums ou de singles joués moins de 3 fois. En effet, le nombre de nouveautés ayant bénéficié de plus de 3 rotations sur l'année a chuté de - 34 %. Au total, moins de 7 000 titres ont bénéficié de ce niveau d'exposition et quelque 2 600 nouveautés francophones, un nombre en baisse de - 16 %. Le nombre des nouvelles entrées en *playlist* suit la même tendance. Moins de 2 700 nouveautés ont fait l'objet d'une entrée en programmation sur une des stations du panel, soit 10 % de moins que l'an passé. »

Radio la plus musicale	Vibration : 88,2 % de musique (part du temps d'antenne)
Radio la plus francophone	MFM : 100 % des diffusions
Radio la plus « nouveauté »	Fun Radio : 90,4 % des diffusions
Radio la plus « up tempo »	Fun Radio : 121,9 BPM (rythme moyen de la programmation musicale)
Radio la plus « éclectique »	Fip : 31 069 titres différents

Source : Yacast.

« Les radios locales ou communautaires vont indexer leur auditoire au territoire tandis que les radios nationales du service public vont viser l'auditoire le plus large possible. Les radios de "format" ou "thématiques" se définissent et sont définies par leur contenu[16]. »

Les réseaux de radios ne sont pas pléthores, et c'est le programmateur radio qui a droit de vie ou de mort sur le passage du titre en *playlist*. Seulement, le programmateur radio est en général très sollicité, chaque jour il a au moins 25 autres personnes qui l'auront appelé pour faire valoir les exceptionnelles qualités de leurs productions. On identifie souvent l'artiste à celui qui fait la promotion. Mais pour autant, on met l'artiste en avant, pas le responsable promotion.

Une notion importante à garder en tête par rapport aux radios, c'est le fait que la plupart ne prennent plus de risques dans la diffusion d'artistes nouveaux, et parfois certaines radios demandent des parts en édition sur les titres en *playlist* !

Comme le relève Éric Baptiste dans son rapport sur les relations entre les radios et la filière musicale[17] : « Au total, les représentants de l'industrie musicale estiment que [la *playlist*] repose sur l'offre, d'où la nécessité d'une exposition pour faire connaître cette offre alors que les radios sont formatées pour répondre à une demande, celle du public ». Dans le même rapport, on peut également lire : « Pour nombre de producteurs indépendants, il n'existe pas de place en radio hors d'un rapport de force. Lorsqu'un producteur possède un "gros" artiste, il peut monnayer le passage d'artistes moins connus. »

L'Upfi rappelle « l'importance vitale du rôle des radios dans la promotion des phonogrammes[18] » ; et les effets pervers d'« une politique de programmation par trop liée aux accords promotionnels et commerciaux passés avec les maisons de disques ». Avec pour conséquence évidente, la difficulté pour les producteurs indépendants de pouvoir placer des titres en rotation sur les grands réseaux privés nationaux.

Car pour vendre beaucoup de disques, il faut passer par la radio. Obligatoirement et malgré quelques contre-exemples (trop rares pour pouvoir se fier à la loi de l'exception qui confirme la règle). La radio est une opportunité pour élargir le public de l'œuvre et amplifier les ventes. Sans compter les embouteillages, les départs en vacances où la radio reste un média très écouté. Mais qui nécessite néanmoins la répétition très soutenue des messages, car l'attention de l'auditeur est rarement élevée. Il y a des susceptibilités à ménager au niveau de la radio (comme pour la presse). Il vaut mieux par exemple éviter d'avoir deux radios concurrentes sur le même projet.

Ce que les radios mettent en avant, c'est le caractère exceptionnel d'une campagne : telle radio aime tel groupe et passe le titre single. Avec souvent un petit commentaire sympathique qui va donner un avis favorable à l'auditeur.

Quel que soit le consommateur visé, l'avis de quelqu'un qu'il connaît ou en qui il a confiance est primordial pour déclencher l'achat ou au mieux une écoute plus attentive. C'est un travail de longue haleine qui porte ses fruits au fur et à mesure.

16. Focus Irmactu : « La radio, un média de la fidélité », juin 2009.
17. Éric BAPTISTE, *Rapport sur les relations entre les radios et la filière musicale.*
18. Livre blanc de l'Upfi : *Les objectifs prioritaires des producteurs de phonogrammes pour l'année 2002.*

Michel Pinet et Hervé Glevarec[19] parviennent à certaines affirmations concernant les comportements des auditeurs :

- les préadolescents se focalisent sur deux ou trois radios privilégiées;
- les 20-24 ans ont un zapping élevé;
- les 30-60 ans tendent à écouter deux ou trois radios;
- les catégories supérieures et individus diplômés écoutent davantage de radios;
- les personnes de plus de 60 ans se portent sur une seule radio;
- l'appartenance à une famille nombreuse s'accompagne d'un accroissement du nombre de radios écoutées;
- les catégories jeunes se portent vers les radios musicales dites « jeunes », NRJ, Fun radio, Skyrock;
- les plus âgés pour les radios dites « généralistes », Europe 1, France Inter et RTL mais aussi pour France Culture, France Info.

Pour Romain Aparicio, à propos du public étudiant des Radios Campus : « Nous nous apercevons par exemple que sur la population étudiante, une moitié suit le "mainstream" et écoute avant tout NRJ ou Skyrock. L'autre moitié, plus curieuse, privilégie la découverte, l'apprentissage et se regroupe sur des médias privilégiant la profondeur du contenu au simple accompagnement. Le critère de la durée d'écoute permet de déterminer le niveau d'investissement des auditeurs d'une radio. L'audience cumulée nous dit quelque chose des membres d'une catégorie (60 % des 15-19 ans écoutent NRJ), la durée d'écoute nous dit quelque chose sur ses auditeurs (les 15-19 ans écoutent Skyrock plus longtemps que NRJ). La radio la plus longtemps écoutée par les auditeurs de 11 à 19 ans est Skyrock. Les 20-24 écoutent longuement NRJ. La radio qui ensuite recueille l'écoute moyenne la plus longue est RTL et Europe 1 auprès des 75 ans et plus. On note l'investissement des auditeurs élèves et étudiants vers Skyrock[20]. »

En règle générale, lorsqu'une radio porte un artiste, en lançant un titre, elle va tendre à utiliser de fortes rotations, en passant ce titre au moins pendant trois à cinq semaines de diffusion intensive (environ huit fois par vingt-quatre heures) pour que les auditeurs retiennent à la fois la mélodie, le titre et le nom de l'artiste. « Les professionnels de la radio observent [...] que les plus fortes rotations correspondent aux plus fortes ventes[21] ». Avec des maxima : ainsi, sur NRJ un titre diffusé 800 fois est ensuite retiré des *playlists*, sauf rares, très rares exceptions...

Malgré le matraquage utilisé par certains, ce média permet de créer le « buzz » nécessaire à toute sortie de disque. Sa diversité permet d'atteindre des publics très ciblés selon les radios et les émissions qui parleront des artistes ou diffuseront ses titres.

Extraits du rapport d'Éric Baptiste, voici les griefs les plus fréquemment évoqués par les programmateurs radio à l'égard des producteurs de disques :

- programmation : les maisons de disques poussent les programmateurs à diffuser des titres qui par ailleurs sont déjà programmés sur d'autres radios, alors que les programmateurs doivent avant tout défendre leur propre format et marquer leur différence avec leur voisin;

19. Hervé GLEVAREC, Michel PINET, *La Radio et ses publics, Sociologie d'une fragmentation*, Paris, Irma éditions/Mélanie Seteun, 2009.
20. Focus Irmactu : « La radio, un média de la fidélité », juin 2009.
21. Éric BAPTISTE, *Rapport sur les relations entre les radios et la filière musicale*.

- « clones » : lorsqu'un titre marche, les maisons de disques proposent des clones en espérant que ces titres connaissent le même succès;
- écoute : souvent les services de presse proposent des artistes qui ne correspondent pas au format de la radio. On évoque du démarchage, du « harcèlement » par le biais d'invitations à des spectacles, à des voyages [...];
- rotation : lorsque certains titres passent à une ou deux rotations par jour, les maisons de disques font pression pour que le nombre augmente;
- « switch » : certains singles sont à peine joués par la radio que la maison de disques en propose d'autres alors que le public n'est pas lassé des premiers. Le métier de la radio étant de satisfaire le public, il y a là un écueil majeur;
- autre critique entendue, cette fois plutôt parmi les représentants des radios locales, commerciales ou non, et de Radio France : la concentration de tous les efforts de promo sur les principaux réseaux commerciaux.

À bon entendeur...

1.1. Radios en ligne

Elles sont souvent le relais Internet de radios existantes, sur lesquelles on va trouver, outre la diffusion en simultané de toute la programmation ou certaines émissions en archive, des jeux, des articles sur des artistes. En fait une grande partie de l'activité éditoriale et promotionnelle des radios.

De véritables radios se développent sur le web, proposant des programmes inédits, des mises en avant. Le but n'est pas de lister ici l'ensemble de ces radios, mais la plupart de ces radios sur le web sont en fait des diffuseurs très ciblés sur un genre musical spécifique ou une esthétique particulière. Ainsi, malgré un audimat encore très faible, elles permettent de toucher des *aficionados*, et de faire découvrir des artistes à ces quelques personnes qui porteront ensuite la bonne parole.

1.2. Radios locales

Probablement un des meilleurs partenaires pour favoriser l'émergence, puisqu'elles n'hésiteront pas à programmer des titres inconnus à partir du moment où l'artiste a un réel potentiel. Très souvent associatives, ces radios locales ont cependant des réseaux comme la Férarock et Iastar (Radio campus).

1.2.1. La Férarock (Fédération française des radios rock)

Cette fédération incontournable dans le paysage radiophonique français a notamment pour but de soutenir la scène musiques actuelles française en émergence, *via* un certain nombre de radios en France et à l'étranger; offrant ainsi une visibilité nationale à des artistes dont la médiatisation est difficile. Comment? Par des échanges de programmes entre régions, par la mise en place d'un label de « radio de découverte » et de tops. Elle diffuse le XXX de France (classement mensuel de 30 artistes français ou étrangers francophones) et la Féraliste (classement bimensuel de 70 albums internationaux).

1.2.2. Iastar (International Association of Student Television and Radio)

La fédération des radios étudiantes compte à ce jour 26 associations. Radio campus dispose de 24 radios qui émettent et de deux autres en attente d'autorisation ; principalement tournées vers un public d'étudiants, mais avec une cible beaucoup plus large. Les thématiques principales sont la culture et les musiques actuelles.

1.3. Radios périphériques

Elles ont en général un fort taux d'audience, très adulte, mais la musique n'est pas leur priorité (RTL, Europe 1, RMC Info) au vu de leur *playlist* très réduite, bien que ces radios soient assez sensibles à la nouveauté.

1.4. Radio France et ses différentes stations thématiques

Fip, France Culture, Le Mouv', France Inter, le réseau France Bleu sont des structures qui ne diffusent pas ou peu de publicité mais qui par contre sont très sensibles aux partenariats sur des sorties de disques.

France Inter représenterait la moitié environ des titres diffusés sur l'ensemble des radios françaises. Six programmateurs plus le responsable de la programmation se réunissent chaque semaine pour décider des entrées en *playlist*, elle-même divisée en trois grands genres : variétés internationales, variétés françaises et musique « spé » avec des titres qui seront ensuite répartis selon les « couleurs musicales » des émissions.

Certains producteurs/animateurs font leur propre *playlist* au sein d'émissions reconnues.

Ainsi, les radios du groupe Radio France sont connues pour effectuer un travail de défrichage en profondeur et sur la longueur pour aider des artistes à émerger (les fréquences du réseau France Bleu en termes de promotion et de relais d'information locaux).

1.5. Radios commerciales

Les radios commerciales sont organisées en réseaux. Une programmation unique pour toute la France avec des décrochages régionaux à heures fixes et bien souvent des locaux partagés par les radios appartenant à un même groupe financier.

Quatre réseaux dominent : NRJ, Fun Radio, Virgin radio et Skyrock. Certains de ces réseaux sont largement implantés dans de nombreux pays d'Europe. Chacun a une couleur spécifique en termes de musique (et de cible) ; et la bataille pour les parts de marché y est aussi âpre que dans la grande distribution. Aussi ne faut-il pas s'étonner que les négociations pour réussir à obtenir un passage en *playlist* soient sévères entre producteurs et diffuseurs.

Ces radios ont une puissance de feu en adéquation avec celle des *majors*. De là, les fameux « accords-cadres » qui déterminent le montant des budgets publicitaires des produits *majors* sur ces réseaux. On peut alors raisonnablement se poser la question de savoir s'il n'y a pas préférence faite à un titre *major* plutôt qu'à un titre indépendant ?

1.5.1. Les plateformes

Considérées par les maisons de disques comme un moyen de promotion, les plateformes comme Yacast sont des moyens de proposer aux radios les dernières nouveautés et actualités des artistes.

Yacast propose aux médias un modèle de diffusion sur Internet en associant à la diffusion sonore des informations musicales (pochettes, photos), publicitaires, liens hypertextes, insertions et substitutions automatiques de *spots* publicitaires. Yacast propose en outre une pige musicale, Muzicast (classements, titres, analyse des stratégies de programmation, comparaison des rotations, top scores), qui donne une vision globale de l'offre musicale en radio et en télévision. Cette société disposera bientôt de données musicales et publicitaires à l'échelon européen sur plus de 80 % de l'audience grâce à des relevés des contenus musicaux et publicitaires.

1.5.2. Francophonie diffusion (www.francodiff.org)

On ne négligera pas son rôle d'aide à l'exportation des musiques de l'espace francophone, et de circulation des informations, grâce à la promotion radio internationale de la musique française et de ses artistes, *via* un réseau de 550 radios et nouveaux médias de 100 pays, sur les 5 continents *via* une plateforme promotionnelle sécurisée.

Cet organisme établit et publie également le palmarès international des musiques francophones qui révèle les titres francophones les plus diffusés. Sa lettre d'information électronique rapporte l'actualité de la production musicale française vue par les radios du monde entier.

Le Club synchro, développé par Francophonie diffusion, est un service à l'attention des professionnels internationaux de la synchronisation. La plus grande partie du contenu de cette nouvelle plateforme internationale est axée sur une sélection mise à jour des sorties proposées par les producteurs et les éditeurs français et francophones. Dans un nouvel environnement web entièrement sécurisé, les music supervisors ont à leur disposition tous les outils nécessaires permettant d'affiner leurs recherches. Ils peuvent écouter en *streaming* les titres en intégralité et disposent des informations concernant les responsables gestionnaires des œuvres et phonogrammes, pour une négociation simple, rapide et directe.

2. La presse

La presse est un moyen quasi incontournable de parler du lancement d'un artiste et de communiquer sur la carrière des artistes déjà lancés. Pourtant, pour certains producteurs, la fonction découverte de la presse est limitée : « Je ne crois pas trop à la pub presse pour un premier album, parce que personne ne connaît le groupe[22]. »

La presse est le premier *mass media*. Malgré une faible reconnaissance de son caractère prescripteur par les consommateurs (7 % des achats seraient effectués d'après un article de presse), on ne peut négliger son importance dans l'assise de la reconnaissance d'un groupe. On y distingue plusieurs catégories.

22. Jean-Marie Perbost.

2.1. La presse quotidienne

2.1.1. La presse quotidienne nationale (PQN)

Très diversifiée selon les lectorats (catégories socioprofessionnelles, intérêts des lecteurs, créations d'opinions), elle a également l'avantage d'être prescriptrice par les différents articles que le label ne manquera pas d'avoir.

Elle diffuse à plusieurs millions d'exemplaires. Parce qu'elle est quotidienne, les informations transmises sont rapidement périmées; néanmoins, elle présente l'avantage de travailler dans l'urgence : une annonce de concert ou d'événement est utilisée sans délais. Reste à trouver le bon interlocuteur pour diffuser l'information...

2.1.2. La presse quotidienne régionale (PQR)

Plus de 7 millions de tirage, des titres aux formats très différents qui touchent un public local et régional. Un atout à ne pas négliger ! Surtout lors de la promotion de concerts ou d'événements autour de la sortie d'un album. La qualité du papier en fait un relativement mauvais support de transmission d'images mais pas d'informations. Ces éditions disposent en interne de journalistes musique ayant des chroniques régulières et de pigistes pour les éditions régionales, qui pourront chroniquer un événement autour de l'artiste du label.

2.2. La presse périodique nationale (magazines)

Elle est très efficace de par sa capacité à toucher un cœur de cible défini. La section musique y est généralement anecdotique, mais pourtant à prendre en compte, notamment dans le cas d'opérations spéciales. C'est une presse qui est très prescriptrice potentiellement en termes de spectacles et de disques.

2.3. La presse spécialisée

Cent vingt-trois titres référencés dans notre base de données, des formats unifiés, des publications spécifiques à un ou plusieurs genres musicaux, donc des investissements publicitaires (*a priori*) utilisés à bon escient.

Ces magazines sont en général conservés, lus par plusieurs personnes, et offrent souvent un beau support pour les photos, les interviews qui retiennent réellement l'intérêt du lecteur. Les publicités y sont très coûteuses et souvent trop nombreuses pour vraiment retenir l'attention du lecteur. Ce sont dans ces revues que les échanges et les samples sont les plus à même de fonctionner.

De temps en temps, il est bien d'avoir un ou deux papiers qui ne seront pas à l'avantage de l'artiste, pour montrer que tous les avis ne sont pas partagés et qu'il y a donc discussion autour de celui-ci. Un mauvais papier peut servir autant qu'un bon papier ! Car un journaliste va potentiellement réagir sur le papier d'un autre journaliste. Il y a des concurrences et des susceptibilités dans tous les métiers...

2.4. La presse gratuite

Avec 500 éditions et plus de 25 millions d'exemplaire chaque semaine, elle est souvent très locale, très lue et permet de transmettre rapidement, de par sa flexibilité en termes de délais de bouclage, les dernières informations. Selon les types de presse, la qualité du support varie beaucoup, ainsi que la durée de vie du document. On la trouve souvent dans les lieux fréquentés par un public qui jettera un œil plus ou moins attentif au contenu. C'est une presse très utilisée dans les bars, lieux de concerts. Elle peut aussi être l'apanage de distributeurs, de maisons de disques, de presse étudiante, voire de chaînes de restauration rapide ! On y retrouvera alors un aspect essentiellement infomercial : opérations de promotion et de publicités.

De plus en plus d'actions de partenariat sont menées par la presse gratuite qui cherche à asseoir sa légitimité face à la presse payante. Il faut donc profiter de ces quelques courroies d'entraînement sur certains événements.

2.5. La presse professionnelle

En musique, quelques publications tiennent le haut du pavé et permettent de faire savoir à l'ensemble du secteur les informations que l'on souhaite transmettre. Notamment les sorties, les rééditions de catalogue, les informations pour les disquaires.

La presse écrite fait moins vendre de disques qu'auparavant, c'est la radio, ou mieux un passage télévisé à des heures de forte audience (Ah ! le fameux Graal des responsables promotion : le 20 heures !) qui vont être prescripteurs ; mais c'est un passage obligé important pour la notoriété de l'artiste. En outre la presse professionnelle motive une autre presse et l'image de marque qui auréole le journal va bénéficier à l'artiste.

La presse est cependant un très fort prescripteur pour les concerts. Il ne faut pas oublier que les journalistes ont autant besoin du label et inversement : ils obtiennent la matière sur laquelle ils vont écrire et que le label pourra remployer pour d'autres concerts et pour motiver d'autres journalistes. Beaucoup de journalistes comprennent que c'est un échange important.

Des blogs professionnels se sont créés (à l'instar de ceux de Philippe Astor, Gildas Lefeuvre, We are musik...) qui diffusent une information qui permet de se tenir au courant sur de nombreuses tendances et d'aider à « lever la tête du guidon ».

2.6. Les fanzines

Aussi appelée presse alternative, les fanzines sont une véritable aubaine pour tout label. C'est un outil peu coûteux qui est un merveilleux moyen de promotion. Ces magazines de fans sont nés avec le mouvement punk et ont gardé cette notion très forte du *Do It Yourself*.

Malgré (parfois) la pauvreté des matériaux utilisés, c'est probablement le meilleur moyen d'atteindre un marché de niche bien spécifique, sachant que la plupart des journalistes « pointus » vont aussi s'abreuver dans la manne de toutes ces revues pour savoir ce qui se passe dans l'*underground* musical.

Comme le dit Samuel Étienne dans *V©lume ! 2003-1* : « La pratique rock est élitiste, et le système de valorisation passe avant tout par un succès auprès de spécialistes, et non de la masse : elle est et doit rester *underground.* » C'est pourquoi certains producteurs de disques rock utilisent le vinyle comme un moyen de promouvoir des artistes pour une élite d'auditeurs encore équipés de tourne-disques.

En tant que label, il faut évaluer quels sont les fanzines qui peuvent faire parler de ses œuvres directement au cœur de cible. Même si la qualité journalistique est rarement de mise dans ces magazines, ils touchent les adopteurs précoces et seront un garant de promotion et de *buzz* !

Beaucoup de producteurs préfèrent les fanzines, car il n'y a pas d'enjeu financier : ce sont de bons prescripteurs avec pas ou peu de pages de pubs.

2.7. Les webzines

Un fanzine sur Internet : c'est un webzine et l'avantage, c'est que maintenant, il ne reste que les meilleurs (enfin presque). En général, ils sont assez bien réalisés et l'activité journalistique y est très forte : chroniques de concerts, de disques, interviews. Bref, tout comme les grands, mais avec un budget inexistant.

L'intérêt du webzine, c'est bien évidemment la liste de diffusion : des lecteurs partout en France et dans le monde !

C'est l'un des aspects intéressant des webzines : facile d'accès sur Internet, beaucoup de lecteurs, des chroniques régulières, la beauté (relative) des mises en page et un goût prononcé pour les échanges et les partenariats.

Certains webzines prennent l'aspect d'un blog et sont aussi prescripteurs qu'une revue de qualité, simplement parce que le traitement de l'information est bien fait.

3. La télévision

C'est le média idéal pour les produits de grande consommation. Néanmoins, le coût des publicités rend leur diffusion trop coûteuse pour des labels indépendants. D'ailleurs, le coût réel d'achat de ces espaces publicitaires est en général jalousement gardé. Cependant l'impact très fort de ces messages publicitaires où un extrait du titre mis en avant est associé à l'image de l'artiste rend le procédé plus percutant auprès des masses. Idéal pour amplifier l'image des artistes connus, c'est aussi l'outil de communication de la plupart des compilations.

L'arrivée de la publicité pour le disque à la télévision est considérée comme un des facteurs de baisse des parts de marché des indépendants. Les messages publicitaires sur des sorties de disques manquent bien souvent de créativité et banalisent l'artiste (surtout lorsque l'on retrouve pour la énième fois la « nouvelle révélation de l'année »), et même s'ils lui offrent de réelles possibilités d'exposition.

La base de données de *L'Officiel de la musique* recense, en 2011, 148 télévisions.

3.1. Les chaînes généralistes privées et publiques

Elles diffusent abondamment des *spots* pour les annonceurs musicaux qui peuvent se le permettre, mais n'offrent pas vraiment d'émissions dédiées à la musique, sauf exception notamment lors d'entrevues, de reportages. Pourtant certaines disposent de décrochages locaux qui peuvent être prescripteurs. La question étant alors de savoir comment les utiliser.

3.2. Les chaînes spécialisées (notamment par satellite, câble ou TNT)

Elles bénéficient d'une audience plus sélective, d'un public souvent plus attentif. Cependant leur audimat est limité. On y trouve des programmations musicales voire des chaînes dédiées. La question porte sur les heures auxquelles ces émissions sont diffusées et sur la possibilité ou pas d'y faire de la promotion pour des artistes en développement.

L'inquiétude des producteurs de disques est tout à fait légitime pour savoir quelle est la place de la musique à la télévision française.

3.3. Les chaînes locales

Elles représentent une audience particulière, extrêmement locale, avec un public très faible. C'est pourtant un moyen de promotion ciblé sur un territoire.

3.4. Les émissions musicales

Le CSA a publié une étude sur son site (www.csa.fr) au sujet de la programmation culturelle à la télévision (chaînes hertziennes, câblées et satellites). On y lit :

- les émissions de variétés ne sont pas pléthores et elles ne laissent qu'une part très minime à la découverte des nouveaux talents et des groupes promus par des indépendants;
- les émissions sur la musique classique sont en général programmées très tard, avec des changements d'horaires imposés par les grilles de programmes. Néanmoins, elles ont un audimat relativement stable;
- les documentaires musicaux sont plutôt l'apanage d'une seule chaîne : Arte, qui programme le plus grand nombre d'émissions à ce sujet, en offrant également une incroyable diversité de thèmes;
- les concerts : essentiellement musique classique et jazz, selon les chaînes et les grilles de programmation.

Bien sûr, la mise en place de la TNT change la donne avec la multiplication potentielle de chaînes dédiées à la musique.

3.5. La diffusion en ligne

Que l'on parle de webtv, de vidéo à la demande, de flux diffusés sur des ordinateurs ou des téléphones mobiles, il s'agit d'apporter de l'image sur de la musique. Au-delà du travail du clip, c'est plus la possibilité de diffuser des concerts, des clips, des interviews, etc., en somme tout ce qui peut s'apparenter à de la promotion captivant l'auditeur. Ce qui amène des questions et coûts supplémentaires sur la captation, et surtout, comme d'habitude, au niveau de la gestion et de la négociation des droits… La convention collective de l'édition phonographique précise quels coûts supplémentaires se rapportent à l'embauche de musiciens et d'artistes-interprètes pour des utilisations liées à l'image.

Toutes les plateformes proposent du son comme de l'image, certains sites se sont spécialisés dans la diffusion de concerts inédits. Gros avantage : la disponibilité en permanence. Gros problème : le manque de visibilité, noyé dans la masse.

Pourtant le développement d'applications liées au web laisse augurer d'un retour de la musique et de l'image « augmentée ». Une entreprise comme Nokia a lancé des applications en ligne pour les BB Brunes, les Naïve New Beaters ou Uffi qui se rapprochent de jeux (type les livres dont vous êtes le héros). Le but étant, certes, de vendre des téléphones, mais l'aspect ludique associé à la musique et à l'image permet d'envisager de nombreuses possibilités pour les labels.

4. Le cinéma

Avec moins d'1 % des investissements, c'est un média négligé alors qu'il offre de réels atouts : public essentiellement urbain, jeune et disposant de moyens financiers, ayant une attention soutenue lors de la diffusion des messages.

En conclusion : à quelques rares occasions, la musique, art populaire par excellence, n'a pas (ou plus) sa place dans les programmes des chaînes hertziennes à des heures de diffusion grand public, hormis quelques grands événements hypermédiatisés.

Ainsi, la diffusion des clips sur M6 se fait seulement sur des créneaux horaires bien spécifiques : entre 2 heures 30 et 6 heures du matin. Autant dire que ces plages permettent à la chaîne musicale de remplir ses obligations en termes de diffusion musicale, mais pas de toucher le grand public.

Le drame? La télévision n'assure pas sa possibilité d'agir comme un défricheur de nouveaux talents, malgré des émissions de découverte qui sont destinées à un seul type de public.

L'Upfi réclame depuis très longtemps le fait : « d'adapter la régulation de la diffusion de la musique sur les médias d'aujourd'hui comme ceux de demain, faute de quoi nous n'aurons aucun moyen, dans le monde numérique, de préserver la diversité des répertoires, et notamment des répertoires francophones, hier soutenus notamment par des quotas sur les radios ».

5. L'affichage

Cet outil de promotion est un média de masse. Le visuel compense le faible impact de ce média, en permettant de capter l'attention et de marquer l'esprit de la cible en associant des éléments marketing forts à un événement : code couleur d'un groupe et logo, pour la sortie d'un disque ou pour un concert. C'est un bon complément des autres actions de promotion, et la réactivité dans l'utilisation de ces supports permet de donner un coup de pouce de dernier moment à une campagne de promotion.

5.1. L'affichage 4 x 3

Fonctionnant grâce à des réseaux bien identifiés, l'affichage 4 x 3 est fort coûteux et s'adresse en général à des artistes confirmés. Ce média n'est pas très sélectif, mais a une réelle incidence sur la notoriété de l'artiste en le donnant à voir partout. Dans certains cas, le *sponsoring* est envisageable en termes d'échanges.

5.2. Affichage transport

Que ce soit sur les autobus ou dans le métro, ce moyen de communication est utile pour toucher toutes les classes de population, mais reste un moyen très urbain de faire connaître des nouveautés. Le procédé s'adresse plutôt à des artistes confirmés pour améliorer leur visibilité, leur notoriété, et donc les ventes.

5.3. Mobiliers urbains

Les colonnes Maurice sont en général utilisées par les producteurs de spectacles. Elles permettent une sélectivité très élevée des lieux où faire passer le message et ont en outre l'avantage d'être un média national.

5.4. Les affichettes

On les trouve en général en devanture de magasins et elles favorisent une action spécifique, telle que sortie d'album, annonce de concert.

6. Le *street marketing* : affiches, tracts et *stickers*

Cette nouvelle appellation pour le tractage et l'affichage fait appel à des entreprises de promotion spécialisées sur un ou plusieurs segments musicaux. Quelques personnes donnent des tracts aux passants et au public à l'entrée et à la sortie des concerts pour leur annoncer une sortie de disque, un concert d'un groupe de même esthétique, et communiquer sur un événement. On évoque un taux de retour de 5 % (non vérifié) par rapport au nombre de tracts diffusés. Les flyers ont une réelle utilité pour informer le public ciblé. Son recto peut être le visuel avec toutes les chroniques et sur le verso, une information sur le label.

Il faut penser à toujours adapter la cible de tractage au produit et à chercher en permanence de nouveaux publics. Sur la région parisienne, l'outil du « tracteur » est le Lylo. Dans chaque région, il existe des guides des concerts similaires.

Quels sont les coûts ? En moyenne, 15 euros pour une action de tractage, 0,60 euro par affiche collée ou placée à Paris et dans les vitrines des boutiques.

Dans le cadre d'un partenariat média, faites coller des affiches dans les parages du partenaire pour lui montrer une application concrète de son échange et le valoriser.

Un autre outil de communication important : les autocollants (c'est comme ça qu'on les appelait autrefois) reprennent en général le visuel du groupe ou de la pochette de l'album lors d'une sortie. Pas chers, une fois collés, ils résistent mieux au temps qui passe que les affiches. Le problème c'est qu'ils ont une durée de vie limitée puisqu'ils sont recouverts par d'autres *stickers* et qu'on ne peut pas communiquer beaucoup d'informations sur ceux-ci. L'évolution des albums Panini et de leurs succédanés n'a pas fini de nous surprendre.

7. Le *merchandising*

Le *merchandising* est une substantielle rentrée d'argent et un excellent outil marketing pour savoir si le public est fidélisé : dans l'industrie traditionnelle, l'acheteur reviendra vers des produits très régulièrement si ce qu'on lui propose est bon. Dans l'industrie du disque, une fois que l'on a acheté un disque, on ne le rachète plus ! Hormis à Noël pour faire des cadeaux. Donc, l'achat de T-shirts, de casquettes, de posters et autres produits dérivés est un moyen comme un autre de savoir si sur le créneau du label, le public est fidèle, suit l'évolution des artistes et viendra probablement au prochain concert, ou achètera le disque suivant.

En outre, un T-shirt de groupe est de la publicité gratuite ! D'où l'intérêt de négocier le *merchandising* avec le manager lors des concerts, pour profiter de cette promotion permanente. Car l'artiste, dans le cadre du *merchandising*, doit donner l'autorisation d'exploiter son nom, son image, son logo, sur tous les supports. Ce qui prend une dimension encore plus intéressante dans le cadre des nouveaux marchés dérivés de l'œuvre, comme la téléphonie mobile par exemple. Et aussi parce que certains artistes ont un *merchandising* tellement surprenant qu'ils en vendent beaucoup.

8. Les listes de diffusion

Un outil fantastique pour tenir les gens au courant des nouveautés d'un artiste, voire d'un label. À la fin de chaque concert, lors d'actions promotionnelles, il faut demander aux personnes rencontrées si elles souhaitent recevoir des informations sur l'artiste, sur le label, son catalogue.

Une simple adresse électronique permet de pouvoir rester en contact avec un public déjà acquis à la cause de l'artiste car n'oublions pas : « Loin des yeux, loin du cœur » !

Attention néanmoins au spam ou pourriel qui est contraire à la nétiquette et aux usages de la Cnil (Commission nationale informatique et liberté). Spammer, c'est envoyer des courriers électroniques dans un but publicitaire ou promotionnel, en grand nombre, à des adresses de personnes qui n'ont rien demandé : « Quelle que soit la nature du message (commerciale, politique, religieuse, etc.), la prospection par e-mail est irrégulière si les personnes concernées n'ont pas exprimé leur consentement à l'occasion d'un contact direct et personnel, à un usage de leur adresse électronique à de telles fins. » (www.cnil.fr)

9. Bureauexport (www.french-music.org)

C'est une association à but non lucratif créée à l'initiative des producteurs de disques français, avec le soutien des pouvoirs publics et des organismes professionnels de l'industrie du disque, de l'édition musicale et du spectacle vivant.

Le dispositif d'aides s'adresse aux professionnels français actifs à l'export, membres de l'association souhaitant être accompagnés dans leur travail de développement et justifiant d'un environnement professionnel solide autour de leurs artistes et d'une stratégie de développement effective à l'international.

Le dispositif Bureauexport s'articule autour de deux axes fondamentaux, établis en concertation avec les professionnels de la filière à l'export :

- veille et conseil (outils d'information et de veille sur les marchés prioritaires, base de données de contacts internationaux, mise en relation directe entre professionnels français et internationaux, outils et actions de promotion sur les artistes et leur actualité export) ;
- soutien financier (accompagnement des prises de risques financiers liées à la production de concerts et tournées à l'étranger, et à la réalisation d'actions de promotion, de prospection et de projets numériques à l'international).

Pour développer son action, le Bureauexport s'appuie sur un réseau dynamique de cinq bureaux implantés sur des territoires stratégiques à travers le monde et un bureau central basé à paris.

10. Institut français (www.institutfrancais.com)

Couvrant les secteurs du spectacle vivant, des arts visuels et de l'architecture pour des artistes vivant et travaillant en France, sur le continent africain et dans la région caribéenne, l'Institut français a pour missions de :

- favoriser le repérage des scènes artistiques en France, en Afrique ou dans la Caraïbe ; développer des projets thématiques pour une programmation pluridisciplinaire et répondre aux dynamiques événementielles permettant de valoriser les scènes artistiques dans différentes disciplines ;
- accompagner des tournées internationales de spectacles et d'expositions dans le cadre d'échanges avec des musées ou partenaires étrangers ;
- élaborer, en lien avec les commissaires, la programmation artistique des saisons culturelles ;
- assurer un rôle d'expertise et de conseils artistiques auprès de nombreux partenaires dans le monde.

Chapitre VI

Les outils de mesure

Certains outils de calcul permettent d'avoir des informations en temps réel sur les ventes, mais tout le monde n'en est pas équipé car cela coûte très cher.

Les données sont importantes et fournies par les chaînes de magasins qui donnent des chiffres par semaine. Les calculs peuvent être affichés par artiste, par éditeur et permettent de mesurer « l'air du temps » en complément des informations du réseau pour savoir si un interlocuteur ment ou pas en termes de ventes de disques.

Malheureusement, les petits labels ne peuvent avoir accès à ces informations car cela a un coût bien trop élevé. Heureusement, *Musique info* ou le site www.disqueenfrance.com mettent à disposition les tops de ventes. L'Observatoire de la musique publie également des chiffres de vente du marché français. La Féraliste de la Férarock donne les titres les plus diffusés sur leur réseau de radio.

En annexe VII la liste des instituts de sondage et des tops.

1. La fiche radio

« On peut aller voir un éditeur en lui présentant les fiches radio reçues en retour, pour l'intéresser et savoir ce qu'il est prêt à mettre sur la promotion du single ou du maxi[23]. »

C'est un outil essentiel pour savoir si les titres ont le succès que l'on estime qu'ils méritent auprès des radios. C'est aussi un moyen pour les producteurs de mettre en avant un partenariat spécifique, utilisable pour le bon de précommande ou la communication promotionnelle autour du disque.

C'est à la maison de disques de réaliser cette fiche radio qui permet de communiquer. Les contraintes sont basiques : visibilité et facilité d'utilisation. En annexe VIII et IX deux exemples de fiches radio.

2. Les certifications

Le Snep (Syndicat national de l'édition phonographique) décerne les certifications (ou disque d'or, de platine ou de diamant) depuis 1973 en France et couronne les meilleures ventes de disques (cf. annexe X). Sur le site du Snep (www.disqueenfrance.com), on retrouvera la liste des disques primés. C'est également un bon outil d'analyse du marché et de ses tendances puisque sont regroupées des informations sur l'interprète, le titre, l'éditeur et le distributeur, la date de sortie et de constat et la durée d'obtention (temps mis à atteindre la distinction).

Sur le site de l'Upfi, dans la rubrique de la production indépendante, on trouve également les disques d'or desdits producteurs.

Enfin le site d'Impala (www.impalamusic.org) décerne également des tops pour les producteurs indépendants.

23. Arnaud Houndjo.

Chapitre VII

La production d'un clip

« On peut créer le plus beau clip du monde, il n'y aura personne pour le diffuser », *Laurent Milcent.*

1. Pourquoi produire un clip ?

Bien évidemment, produire un clip représente un intérêt pour ceux qui souhaitent augmenter la visibilité de leur artiste et disposer d'un outil de communication qui requiert toute l'attention du spectateur. On regarde un clip, on mémorise l'image de l'artiste. Alors que la radio n'est souvent qu'un fond sonore.

Le clip est à voir aussi comme un outil à l'international. C'est une vision qui doit être globale. Pour certains artistes, il est plus efficace que pour d'autres, notamment en R&B. Le clip se fait selon l'importance en termes de segment marketing et découle de la décision du directeur marketing et promotion.

Pourtant les avis sur l'utilité d'un clip sont très partagés parmi les producteurs, car « pour l'instant, cela ne vaut pas le coup de fabriquer un clip, car il y a trop de risques de ne pas le voir diffuser, par rapport à l'investissement mis en œuvre[24] ».

La plupart des producteurs rencontrés parlent du clip comme d'une possibilité, mais rarement comme d'une obligation. En outre, l'inquiétude croît du côté de la filière sur la possibilité de diffuser des clips. Le Snep, dans son *Bilan économique 2010 de la musique enregistrée* donne les tendances suivantes : pour M6, « la chaîne a réduit de près de moitié son volume de diffusions avec moins de 10 000 passages sur l'ensemble de l'année et un recul de 60 % du nombre de clips diffusés. [...] Le nombre de clips diffusés sur MCM affiche une baisse de 25 %, soit 30 000 diffusions de moins qu'en 2009. La chaîne du groupe Lagardère a programmé sur l'ensemble de l'année 80 000 clips contre près de 110 000 en 2009. Dans une moindre mesure, Direct Star affiche également une baisse des rotations de clips sur son antenne avec un recul de 10 % en volume par rapport à 2009 ».

Nombre total de diffusions de vidéo-clips en 2010	1 415 159
Nombre total d'artistes différents	4 975 dont 1 571 francophones (31,6 % des artistes diffusés).
Rotation moyenne hebdomadaire des clips (24 h/24)	4,3 diffusions pour l'international (5,3 en 2007) et 5,7 diffusions pour les francophones (6,4 en 2007).
Nombre total d'entrées en *playlist* (nouveautés qui cumulent pour la première fois plus de 3 diffusions hebdomadaires sur la tranche horaire 05 h/24 h)	1 160 dont 710 clips pour l'international (61,2 % des nouvelles entrées en TV, en hausse de 3,6 %), 430 clips francophones (37 % des nouvelles entrées en TV, en baisse de 3,7 %) et 20 clips instrumentaux.

Source : Yacast.

24. Laurent Milcent.

44 % des clips sont entrés en *playlist* sur 1 seule chaîne (+ 3 points). Le tableau ci-dessous donne une analyse musicale établie à partir de données Yacast en 2010.

Genre musical	**% en diffusions brutes**	**% en audience**
Groove / R'n'B	26	25
Dance	19	11
Pop/rock international	19	16
Pop/rock Francophone	6	10
Rap	10	7
Ragga/reggae	1	1
Variété francophone	15	26
Variété internationale	4	4
Autres (world music + jazz + classique + blues)	0,2	0

Ces résultats ne prennent pas en compte les autres canaux de diffusion de la musique : le web est un excellent média porteur de clips et il est obligatoire de le combiner avec des moyens de promotion habituels. On ne conçoit pas qu'un clip ne soit pas diffusé sur YouTube et Dailymotion. En 2010, les premières vidéos de YouTube généraient plus de 57 millions de vues.

2. Le coût

Il est difficile à évaluer, surtout en raison de plusieurs facteurs : les dispositifs d'aide pour le clip existent et de plus en plus de clips sont tournés en DV, montés à la maison sur un ordinateur. La moyenne des budgets affichés lors des demandes auprès du FCM est de 26000 euros. Les budgets au-delà de 30000 euros sont rarissimes et de plus en plus de producteurs négocient directement auprès de réalisateurs. Mais les contraintes financières sont toujours là. D'ailleurs comme le dit quelqu'un du métier : « Vous pouvez aussi ne pas payer les gens et faire tout faire "à l'arrache", vous payez un pack de bière et des pâtes et l'affaire est dans le sac. Cela peut être sympa pour un premier clip mais bon... il ne va pas aller très loin[25] ».

25. Anonyme au grand cœur.

Chapitre VIII

Le *tour support*

« On ne peut pas développer un artiste qui démarre sans être aidé et lorsqu'on produit un spectacle, que l'on s'occupe des répétitions, de la création, il faut être aidé. Et c'est là que rentrent en jeu les partenaires et les subventions »,

Geneviève Girard.

Le *tour support* est une somme d'argent ou un ensemble de services, destinés à faciliter le travail de promotion d'un artiste ou d'un groupe en contrat avec une maison de disques. Lorsque c'est une somme d'argent, elle est généralement fournie par la maison de disques ou l'éditeur, et est contractuellement déterminée pour chaque sortie de disque. Ce qui peut aller de quelques centaines à plusieurs dizaines de milliers d'euros, selon la notoriété de l'artiste et le nombre de spectacles prévus pour la promotion d'un album.

Enfin, cela était de mise lorsque le secteur se portait au mieux. Ce que l'on constate désormais, c'est la modification (voire la disparition) du *tour support* en un système où les producteurs de spectacles n'hésitent pas à demander des « points » sur les ventes de disques. Et la tendance lourde est à proposer des contrats « tout compris » où l'artiste signe pour la quasi-totalité de ses sources de revenus (les fameux 360°).

Le développement d'artistes passe essentiellement en France par le contact de l'artiste avec son public, à quelques exceptions près, car, comme beaucoup de producteurs l'ont dit, tous les artistes ne sont pas bons sur scène.

Il apparaît donc logique, pour les producteurs de spectacles qui font peu de profit sur les créations, de demander une aide aux éditeurs graphiques et phonographiques qui réalisent souvent davantage de bénéfices sur leurs productions, et qui trouvent de toute façon des intérêts dans le bon déroulement des tournées (retombées en termes de ventes de disques et de droits d'auteurs).

Pour une maison de disques, le *tour support* consiste idéalement à travailler de concert avec un producteur de spectacles sur un compte d'exploitation, afin de déterminer les besoins financiers sur une série de concerts prévus. Car ce n'est en aucun cas un vague forfait négocié au moment du contrat. Il convient d'établir le cahier des charges des besoins, suivant la spécificité de l'artiste pour pouvoir arriver à un bon développement. C'est l'intérêt du producteur de disques de savoir quelles seront les utilisations de sa participation financière. Aussi, le *tour support* peut revêtir différentes formes : financer les répétitions, les formations, la préproduction, le casting de musiciens, fournir du matériel et trouver des premières parties ou des conventions avec des salles dans le cadre de résidences. Mais aussi dans la fourniture d'affiches, où l'on verra le visuel de l'album pour faire de la publicité à tout le monde lors des concerts.

Le *tour support* est également l'occasion de garantir une couverture sociale à l'artiste de telle sorte que celui-ci ait au moins accès à l'intermittence chaque année. Moins l'artiste a de soucis d'argent, plus il a de chances de faire le meilleur travail. C'est une dépense fondamentale pour son développement.

Le partenariat « intelligent » entre éditeur, maison de disques et producteurs de spectacles dans le cadre de la stratégie de développement d'un artiste dépend de la propension des uns et des autres à se comprendre et à intégrer des objectifs et méthodes de travail divergents.

La SPPF a un dispositif d'aide sur le *tour support* qui concerne les tournées, les concerts et les premières parties (les *showcases* et les répétitions ne sont pas pris en considération). Le montant de la subvention demandée à la SPPF ne peut dépasser 50 % de l'apport du producteur (cadre subventionnable) avec un plafond de 12 000 euros. La tournée doit comprendre un minimum de 8 dates en France hors festivals, dans des régions et des lieux différents (un *tour support* ne peut être subventionné par la SPPF s'il ne se déroule que dans une ou deux régions françaises). Si l'artiste ou le groupe joue plusieurs jours dans la même salle, une seule date sera prise en compte.

Sixième partie

L'ENTREPRISE

« Dans un premier temps il faut étudier le projet avec un expert-comptable ; parce que créer une entreprise, c'est d'abord une aventure financière et économique. Ensuite il faut déterminer quel type de société on souhaite créer et aller voir un avocat spécialisé en droit des sociétés. Avec l'expert-comptable, on fait un *business plan* qui permet de savoir dans quoi l'on s'engage et qui aligne quelques chiffres utiles pour le banquier, le distributeur »,

Antoine Cocquebert.

Chapitre Ier

De la méthode avant toute chose

Le préalable à la création d'entreprise, c'est de mettre par écrit l'idée. Cela consiste à préciser le concept pour mettre en avant l'intérêt de ce projet et lui donner un maximum de chances en sachant à l'avance ses atouts et ses faiblesses.

Quel type de disque va-t-on produire et vendre ? S'agira-t-il d'albums, de compilations, de singles ? en production ou en licence ?

Est-ce que le créateur du label dispose des compétences pour assurer le suivi et la gestion d'une entreprise ? Avec quels partenaires et dans quels locaux ?

Dispose-t-on des capitaux nécessaires pour couvrir les frais générés par l'entreprise avant de réaliser des bénéfices ? Dès le départ, il faut être conscient que « faire » un disque coûte beaucoup d'argent et que l'on récupérera, peut-être, sa mise dans un délai minimum de quatre mois à un an, voire plus, à partir du début de l'enregistrement.

Quelles sont les connaissances du porteur de projet du mode de fonctionnement du disque, des reversements aux artistes, du retour (souvent tardif) sur investissement. Et où les acquérir ?

« Pour s'assurer des salaires dans un label, il faut produire continuellement afin de générer du chiffre d'affaires. Mais il faut sortir quelque chose de bien pour pouvoir générer des ventes. Ce qui semble impossible à faire tous les deux mois : on n'a pas la matière pour sortir des bons disques[1]. »

Pour schématiser, voici les principes qui permettront de passer de l'idée au projet :

Dans un premier temps, quelles sont les informations nécessaires à connaître lors de la création d'une entreprise ? Quels sont les choix à faire avant de commencer à faire vivre son entreprise ? Quelle forme juridique et quelle fiscalité semblent appropriées ?

1. Sylvain Gandilhon.

Chapitre II

L'étude de marché

Primordiale ! Selon l'APCE (Agence pour la création d'entreprise), 70 % des faillites de jeunes sociétés proviendraient de l'absence ou d'une mauvaise qualité des études de marché. Cette enquête sur le secteur professionnel et ses habitudes de consommation est primordiale. Non seulement l'étude de marché empêche un mauvais positionnement de l'entreprise, mais en outre elle permet d'augmenter la crédibilité du projet et de son *business plan* (plan d'affaires) auprès des partenaires financiers.

En préalable à l'étude de marché, il faut se renseigner sur la structuration du marché du disque, sur les différentes forces en présence, les différentes offres et comment situer son label.

La tendance à l'hyperconcentration relevée par l'Upfi (comme vue précédemment) doit permettre d'anticiper et de prévoir les tendances : quels seront vraisemblablement les changements majeurs ? combien de labels concurrents en présence ? pour quelle part de marché ? quelle est la tendance au niveau des prix et pourquoi ? quels produits se développent ? sont-ils adaptés au projet pour l'instant ? que coûtera la promotion pour le label ?

Il n'existe pas de modèles types d'études de marché. Seulement des recommandations générales pour que cette étude soit en adéquation avec les objectifs et les attentes.

L'étude de marché se fonde sur quelques paramètres :

- les caractéristiques des futures productions, qui devront séduire un public ;
- le prix de vente qui se fixe d'après la nouveauté proposée, de ce que font les autres concurrents, et également des us de la distribution. À l'heure des nouveaux supports, la tendance est à la baisse du prix des disques, car pour 20 euros, tout consommateur préférera avoir deux DVD ;
- le mode de distribution : dans le disque, les choix ne sont pas nombreux, mais ont une incidence sur les revenus ;
- la prospection et les outils de communication ; ces éléments ne sont pas à négliger en prenant en compte la concurrence, les habitudes de consommation du public et le marché. On y spécifiera les nouveaux marchés à prospecter (anticiper et se positionner à l'avance est une des clés de la réussite) et comment faire connaître ses produits.

Pour comprendre le marché, il existe différents outils : les chiffres du Snep, les hebdomadaires sur le secteur du disque, et différentes études comme celles du Crédoc (Centre de recherche pour l'étude et l'observation des conditions de vie), de l'Insee, les différents rapports téléchargeables sur le site de l'Irma dans la rubrique documentation professionnelle, sans oublier les études de l'Observatoire de la musique, les dossiers de *Musique info*, les rapports payants, les conférences avec des professionnels de la veille informative, les blogs de veille sur le secteur de la musique…

Des partenaires comme la chambre de commerce, l'APCE, etc., seront forcément utiles pour saisir les subtilités de création d'entreprise.

Le secteur du disque traverse une crise mais de nouveaux schémas de fonctionnement (Internet et le téléchargement légal, la distribution, la promotion...) se mettent en place et à l'heure actuelle, tous les avis sont à entendre (et certains à écouter).

1. Comment appréhender le marché du disque ?

Sur les neuf premiers mois de l'année 2010 :
– le marché de la musique enregistrée (CD audio et DVD musical) totalise 39,4 millions de supports vendus (- 8,3 % *vs.* 2009) pour un chiffre d'affaires de 507,2 M€ TTC (- 9,8 % *vs.* 2009) ;
– le marché de la musique numérique (hors *streaming* et sonneries musicales) totalise un chiffre d'affaires de 64,2 M€ TTC (+ 25 % *vs.* 2009), dont 32,2 M€ TTC (+ 12 % *vs.* 2009) pour 29,1 millions de titres téléchargés (+ 8,5 % *vs.* 2009) et 31,9 M€ TTC (+ 41,4 % *vs.* 2009) pour 3,7 millions d'albums téléchargés (+ 36,8 % *vs.* 2009).

Source : Observatoire de la musique.

Il nous a semblé inutile de faire figurer des chiffres tels que les artistes les mieux vendus, etc., car ces chiffres évoluent chaque jour et changent d'une année sur l'autre. Et il est du devoir de tout créateur de label de se tenir au courant des tendances et des chiffres.

La partie intitulée « comprendre le marché français » a donné d'autres éléments de compréhension, comme pour les différentes notions de marketing.

Pourtant, à ce niveau, rien ne remplacera l'expérience et le flair pour proposer des disques nouveaux et développer des artistes prometteurs.

2. Comprendre comment fonctionne la concurrence

Étudier et analyser le mode de fonctionnement des concurrents permet de trouver son propre mode d'organisation.

Il est nécessaire de rencontrer les différents acteurs du secteur pour savoir leur mode de fonctionnement, leurs différences et par conséquent leurs atouts ou faiblesses.

Rien n'est certain dans la réussite du développement d'un catalogue : des artistes très bien mis en valeur, avec une bonne promotion et une bonne distribution n'ont jamais rencontré leur public. Et la fragilité des capacités de financement de la plupart des labels ne leur laisse que rarement une seconde chance. Sans compter la gestion humaine des artistes qui ne comprennent pas pourquoi ils ne sont pas mieux représentés sur le marché.

Après l'étude de marché, vient l'incontournable *business plan* ou plan d'affaires.

Chapitre III

Le *business plan*

Aussi nommé plan de développement ou plan de marche, c'est un outil qui permet de déterminer les objectifs de l'entreprise, et de fournir des réponses aux partenaires financiers qui ne manqueront pas de questionner la fiabilité du projet.

Ce document se doit d'être très argumenté, surtout en chiffres, et excessivement clair. Il va constituer un outil de communication primordial entre le banquier et le label. Il a pour fonction de convaincre ET de séduire.

Sans faire trop de bla-bla, il faut montrer aussi qu'il y a un véritable projet d'entreprise avec une finalité de pérennité dans le temps. Autant que possible, on ne restera pas seul dans la réalisation de ce projet : il existe des structures d'appui à la création comme le réseau Entreprendre ou France initiatives qui pourront aider le jeune créateur, du moment qu'il arrive à faire comprendre quel est le modèle économique de la musique.

Néanmoins, comme le rappelle Antoine Cocquebert : « le "brainstorming" que nous avons tenté de susciter dans le cadre d'un rendez-vous réunissant principalement quelques établissements spécialisés, banques d'affaires et de gestion de patrimoine, a rapidement achoppé sur les contraintes liées à la rentabilité, aux garanties et à la taille insuffisante des dossiers par rapport aux risques inhérents à l'activité et à un très fort souci de confidentialité. Quelques déboires récents de jeunes entreprises ambitieuses du disque ont par ailleurs contribué à réduire encore le peu d'intérêt existant pour le secteur. Les récentes déclarations alarmistes sur la crise des ventes de disques ont significativement contribué à achever de dégrader l'image du secteur auprès des financiers[2] ». Cependant des dispositifs spécifiques de fonds de garantie existent, notamment ceux de l'Ifcic et de son fonds d'avance aux industries musicales.

1. La description du projet et de ceux qui en font partie

Une présentation globale de ce projet et des associés : en insistant sur les raisons pour lesquelles les compétences du porteur de projet ou celles des personnes associées permettent de penser que ce que l'on entreprend est viable. Il faut insister sur la complémentarité des talents de l'équipe.

Vient ensuite la description de ce que l'on appelle le modèle économique : comment compte-t-on gagner (rapidement) de l'argent en offrant des perspectives réalistes eu égard aux recherches et à l'étude de marché effectuées préalablement. On y intégrera des données comme le prix de vente du disque, le marché à attaquer (le poids économique, la concurrence et le public visé).

Ces aspects financiers doivent révéler la logique de la progression de l'activité avec en annexe du dossier des tableaux détaillant le mode de calcul du prix de revient, des frais généraux et des charges en personnel, en marketing.

2. Antoine COCQUEBERT, *Le financement de l'industrie du disque*, Rapport établi à la demande du ministère de la Culture, mars 2004.

2. Le statut juridique à adopter en corrélation avec le projet

Nous renvoyons sur la partie « La création d'entreprise : le choix de la structure juridique ».

Un des renseignements que nous pouvons donner est que la SARL est le statut choisi par environ 85 % des créateurs d'entreprises à Paris, parce que cette structure juridique permet de rester maître de son entreprise. On fuira les entreprises individuelles et l'autoentrepreneuriat qui offrent des risques trop importants par rapport à l'investissement nécessaire pour faire un disque.

Les fondateurs (personnes physiques ou morales) vont immatriculer une société qui est juridiquement une personne distincte; les apports de chaque personne se faisant en capitaux et permettant le démarrage.

L'association pose énormément de problèmes : c'est la structure de l'autoproduction plutôt, la SARL étant le choix de bien des producteurs.

Chapitre IV

Le plan de financement

Pour le calculer, on fera un tableau dans lequel on prendra en considération les besoins et ressources durables. On y inscrira les besoins d'un côté et les ressources de l'autre. La balance des deux devant être égale.

Les besoins comprennent :	**Les ressources comprennent :**
– les frais d'établissement : ils incluent les honoraires de conseils préalables, les frais d'immatriculation (différents selon le choix de la structure) ; – les investissements (HT sauf si l'entreprise ne peut pas récupérer la TVA) : les achats de matériel, d'ordinateur, de mobilier, les cautions pour le loyer, etc. ; – le besoin en fonds de roulement (BFR) : pour vendre des disques, on doit disposer d'un stock minimum, puis accorder des délais de règlement à ses clients : les disquaires ou les distributeurs. Cet argent dû s'appelle une créance client. Les fournisseurs peuvent aussi en sens inverse accorder des délais de paiement qui seront fonction du volume d'achat. Cette masse d'argent immobilisée est nécessaire pour le bon fonctionnement de l'entreprise, c'est le besoin en fonds de roulement qui se traduit comme tel : les stocks moyens + les encours moyens des créances clients (TTC) - les encours moyens des dettes fournisseurs (TTC).	– le capital social (ou l'apport personnel) ; – les subventions ; – les emprunts à moyen ou à long terme ; – la capacité d'autofinancement de l'entreprise, c'est-à-dire les résultats dégagés par l'activité courante, hors incidence d'éléments tels que provisions et amortissements.
Total Besoins	**Total Ressources**

En cas de différence négative, il faut chercher un financement supplémentaire ou revoir sa colonne « besoins ». Sans oublier également de projeter ces besoins sur trois ans. De façon à anticiper l'évolution des besoins financiers du label, en prenant en compte, chaque année, l'évolution des besoins financiers durables et des ressources financières stables.

Faire du bénéfice permettra de développer l'activité. Une notion à bien comprendre dans cette projection, c'est la capacité d'autofinancement (CAF) égale aux bénéfices après impôt + la dotation aux amortissements et aux provisions de l'exercice. Dès la première année, la différence entre ressources et besoins doit représenter 20 % du montant de ladite CAF.

1. Comment évaluer le chiffre d'affaires ?

L'intérêt de cette méthode est de permettre de calculer quelles marges vont pouvoir être dégagées après paiement de tout ce qui est dû : charges, emprunts, impôts. Mais comment faire ?

Le premier moyen, c'est ce que l'on appelle les commandes fermes, qui permettent de savoir quand l'on va avoir des rentrées d'argent (attention au délai du distributeur); ensuite, il faut estimer les sommes récupérées par rapport à de nouveaux disques à produire. L'étude de marché a dû normalement fournir des éléments de réponse.

Si l'entreprise a déjà produit des disques, il peut être intéressant de reporter les résultats de l'année précédente. Attention néanmoins à relativiser la réussite de certains projets qui peuvent déstabiliser les estimations de succès des projets suivants. Comparer, si possible avec les résultats de producteurs sur le même créneau peut être intéressant. Reste encore à obtenir les vrais chiffres. En général, la plupart des labels essayent par exemple de limiter leurs dépenses de marketing à 15 % de leur budget global.

Attention à la saisonnalité du disque qui dépend également du genre musical du label (par exemple, en jazz, les ventes sont très étalées dans l'année, ce qui n'est pas vrai pour d'autres esthétiques musicales).

Il faut demander conseil également à un expert-comptable spécialisé en musique, ou à des consultants musicaux (anciens managers, éditeurs...) pour avoir des estimations réalistes par rapport à son type de produit.

« Il faut aussi faire des prévisions de trésorerie car le besoin de fonds de roulement (le besoin en trésorerie) est lié au décalage entre les encaissements et les décaissements. Parce qu'une entreprise qui se développe peut avoir besoin de trésorerie ; et dans une maison de disques, la situation est caricaturale : il faut d'abord investir en frais de production, avances aux artistes ou aux auteurs ; en outre, il faut financer le cycle de fabrication, alors qu'il n'y a jamais assez de capitaux propres ![3] »

2. Les usages des banquiers en termes de prêts

Un banquier ne risque pas plus que ce que l'on est soi-même prêt à investir. Il ne finance, en général, que 70 % HT des besoins finançables, et prend en considération un endettement ne dépassant pas la capacité d'autofinancement des trois premières années. Le premier critère examiné est en pratique la comparaison entre le financement demandé et les capitaux propres.

Comme le souligne Antoine Cocquebert : « Le métier d'un banquier, c'est d'être prudent. » Fournir une étude de marché argumentée de réponses précises à tous ces problèmes ne peut que rassurer ses partenaires financiers qui verront là un gage de sérieux, d'autant plus si l'on a demandé à l'Ifcic d'apporter son expertise financière auprès des banquiers. Pourtant, tout n'est pas si simple, car il n'est bien souvent possible de trouver des financements qu'à partir du moment où le banquier a une garantie en nantissement du label suffisante pour qu'il puisse retomber sur ses pieds en cas de problèmes. Mais cela nécessite une certaine structure, taille, chiffre d'affaires et volume de catalogue. Sans financements, « on ne peut pas aller chez le banquier sur un projet. On peut aller le voir à partir du moment où l'on a un catalogue, avec une marge moyenne, en poursuivant des éditions, ou en venant simplement se faire refinancer *a posteriori* ce qu'ils ont déjà fait dans l'année d'avant[4] ».

3. Antoine Cocquebert.
4. Jean-Claude Cointard.

3. Le budget prévisionnel sur trois ans

Lors de la présentation des chiffres au banquier dans le cadre du plan d'affaire, un budget sur trois ans, année par année, convient à l'évaluation de ses besoins. Les banquiers sont frileux par rapport à des maisons de disques dont ils ne comprennent rien aux comptes.

Ce budget doit prendre en compte les frais ainsi que les rentrées possibles; détaillés sur deux colonnes et sur trois ans. C'est un outil essentiel pour savoir quels seront les besoins et évaluer les changements à envisager pour améliorer la situation financière du label.

Débit :	**Crédit :**
– charges d'exploitation (somme des dépenses courantes relatives aux activités d'exploitation) comme les approvisionnements, les achats de fourniture (eau, électricité, fournitures administratives), les charges externes (loyer, assurances, téléphone, frais de transport et d'emballage, publicité, impôts et taxes), les frais de personnels (salaires et charges sociales), mais aussi les impayés, les agios, les dotations aux amortissements, etc.	– produits d'exploitation (chiffres d'affaires) – produits financiers (intérêts)
Total Charges	**Total Produits**

Pour affiner encore ce prévisionnel, il convient de le détailler mois par mois dans le cadre d'un plan de trésorerie qui reprend tous les encaissements et décaissements.

L'intérêt est de pouvoir prévoir, ce qui est une des clefs de la réussite de tout label ! La plupart des disparitions d'entreprise dès la première année sont dues à des problèmes de trésorerie.

Alors, connaissant le principe de fonctionnement de la chaîne discographique, on aura eu à cœur d'anticiper ces problèmes en disposant des fonds nécessaires à la survie de son projet !

L'utilisation du plan de trésorerie permettra également d'avertir son banquier de découverts momentanés, de retards dans les retours sur investissements et de le mettre en confiance face à des difficultés financières, passagères.

Le prévisionnel contient quelques indicateurs à surveiller en permanence. Notamment :

- la limitation des frais fixes;
- le fait de coller aux objectifs prévus dès la signature de l'artiste;
- le contrôle des coûts de revient (pas de vente à perte);
- le suivi des factures en cours (fournisseurs et clients), le respect des délais de règlement;
- la quantité de phonogrammes réalisés pour chaque production en adéquation avec la réalité du marché (sinon trop de stocks signifient d'inutiles frais de SDRM);
- le suivi de la qualité des disques mis en vente;
- l'adéquation du produit avec le public : les goûts changent, le label aussi.

4. Le plan de trésorerie

	Janvier	Février	Mars	...
Solde en début de mois				
Encaissements (TTC) : – comptant – à 60 jours – à 90 jours… – récupération de TVA (s'il y a lieu) – apport en capital – prime/subvention d'équipement				
Total encaissements				
Décaissements (TTC) : – achats effectués – autres charges – impôts et taxes – salaires – charges sociales – TVA reversée – charges financières – remboursements d'emprunts				
Total décaissements				
Total encaissements - Total décaissements = Solde fin de mois				

Il existe des logiciels de simulation de *business plan* qui peuvent aller jusqu'à générer une étude financière sur plus de trois ans prenant en compte les emprunts, les charges de personnel, le besoin en fonds de roulement, le plan de trésorerie, les seuils de rentabilité…

On se renseignera auprès de l'Agence pour la création d'entreprises (APCE).

Le conseil de Jean-Claude Cointard : « On prend un compte de résultat avec toutes les charges à intégrer : un plan comptable où l'on met ce que l'on doit renseigner. On rentre les charges à la fois en exploitation sur la durée d'un an, comme si c'était payable immédiatement et parallèlement on les rentre avec une date d'échéance de paiement et on en déduit une situation de trésorerie. La différence donne une situation de trésorerie qui vient s'ajouter à la charge de trésorerie du départ. Parallèlement un compte de résultat donne les charges d'impôts sur les sociétés et la structure que pourra avoir le bilan à la sortie. »

Chapitre V

La création d'entreprise : le choix de la structure juridique

« C'est la définition même du projet qui doit déterminer son choix de structure »,
Samia Djitli.

Tout mène à tout, il suffit d'en sortir !

Ça y est, voici le moment de passer à l'acte. Créer une entreprise est assez simple : cela prend environ une semaine. La faire vivre, c'est là le véritable enjeu.

La loi pour l'initiative économique permet à tout salarié ayant une ancienneté de vingt-quatre mois dans l'entreprise de solliciter un temps partiel ou un congé pour création d'entreprise.
Au titre de la nouvelle création, une exonération des cotisations sociales (cotisations d'assurance-maladie, de maternité, de veuvage, de vieillesse, d'invalidité/décès et d'allocations familiales) est accordée dans la limite des douze premiers mois d'activité et dans la limite d'un plafond de revenus ou de rémunérations.

Plusieurs choix s'offrent au créateur de label mais ces choix doivent se faire en fonction de l'évolution que l'on souhaite voir pour le projet... car, par exemple, le passage d'une association à une SARL est impossible, hormis lors d'une transformation en Scic. Ces choix conditionneront en fait le mode de fonctionnement du label, sa philosophie d'entreprendre et ses développements potentiels.

1. Structure associative

Il est nécessaire de souligner en préambule que, si le caractère « non lucratif » d'une association implique par principe l'absence de partage des bénéfices entre les sociétaires, il n'entraîne en aucune manière l'interdiction de réaliser des bénéfices ou de pratiquer une activité commerciale dès lors qu'elle est accessoire à l'activité principale de l'association.

Nous tenons également à rappeler que l'association est peu adaptée à l'activité phonographique ou alors selon certaines conditions découlant de sa propre conception de la possession des bandes, de son travail de producteur et de sa philosophie d'entreprendre.

1.1. Constitution et formalités

L'association est une convention par laquelle deux ou plusieurs personnes (morales ou physiques) mettent en commun, d'une façon permanente, leurs connaissances ou leurs activités dans un but autre que de partager des bénéfices, tel est formulé l'article premier de la loi du 1er juillet 1901 qui précise clairement la nature et l'objet de l'association. L'association dite « loi 1901 » a pour attrait principal la simplicité (et la modicité financière) de ses formalités de constitution et de fonctionnement. Aucun capital de départ n'est nécessaire. La loi de 1901, si elle possède une grande simplicité et une grande souplesse, n'en impose pas moins un certain nombre d'obligations.

Dans la mesure où cette structure va être amenée à s'engager auprès de tiers, il est nécessaire que l'association soit déclarée afin d'acquérir la personnalité morale et de pouvoir ainsi, par exemple, ouvrir un compte dans une banque au nom de l'association ou encore obtenir une subvention.

Le nombre minimum pour la création d'une association est de deux personnes. Ses mandataires sociaux doivent être majeurs. Les mineurs peuvent être membres d'une association, mais ne peuvent ni représenter l'association ni être chargés de sa gestion financière.

La déclaration de la constitution de l'association doit s'effectuer à la préfecture si le siège social de l'association est situé dans l'arrondissement du chef-lieu du département, ou à la sous-préfecture dans les autres cas. À Paris, elle s'effectue auprès du bureau des associations de la préfecture de police. Cette déclaration est établie par écrit sur papier libre et doit mentionner : le titre de l'association ; son objet ; l'adresse de son siège social (et ceux des établissements secondaires) ; les nom, prénom, profession, domicile et nationalité de ceux qui à un titre quelconque sont chargés de l'administration et de la direction de l'association (minimum indispensable de deux associés).

La déclaration doit être accompagnée de deux exemplaires des statuts datés et signés par deux au moins des administrateurs. Le contenu des statuts d'association est en principe libre. Cependant, par exemple pour vendre de façon habituelle des produits et services à ses membres, les statuts devront mentionner ces points et pour les associations qui souhaiteraient être reconnues d'utilité publique ou agréées, elles devront se conformer aux statuts types approuvés par le Conseil d'État. Il est conseillé d'élaborer au mieux les statuts en y faisant figurer au minimum la dénomination de l'association, son objet, son siège social, sa durée et ses règles de fonctionnement, notamment les conditions d'admission et de radiation de ses membres, celles de modification des statuts et les règles à observer en cas de dissolution ainsi que les règles d'organisation et de fonctionnement liées aux membres chargés d'administrer l'association. La déclaration est valable pour toute la France.

À la différence des sociétés, il n'y a pas lieu de faire une nouvelle déclaration pour l'ouverture d'un établissement dit secondaire. Il est délivré un récépissé de la déclaration dans un délai de cinq jours, le point de départ étant le jour du dépôt ou celui de l'enregistrement de la correspondance assurant la transmission de la déclaration. L'association doit être rendue publique par une insertion au *Journal officiel* dans le délai d'un mois à compter de la déclaration en préfecture. En pratique, le service préfectoral met à disposition un imprimé à remplir par les personnes chargées de l'administration ou de la direction de l'association, que le service préfectoral transmet à la direction des Journaux officiels. Le déclarant reçoit un justificatif de l'insertion et la facture des frais d'insertion au *JO* qu'il doit payer dans le délai d'un mois. Le coût de la procédure en 2011 est de 44 euros.

1.2. Fonctionnement général

L'organisation de l'association est déterminée par ses statuts et, le cas échéant, précisée par un règlement intérieur. La loi du 1er juillet 1901 laisse une grande liberté aux fondateurs de l'association quant à l'organisation et au fonctionnement de celle-ci. Généralement, l'organisation est ainsi constituée :

- **une assemblée générale** composée de l'ensemble des membres de l'association, elle décide des grandes orientations, des activités de l'association et approuve les comptes et la gestion de l'association. Elle a un pouvoir de décision sur les actes touchant au patrimoine de l'association (achats, ventes, échanges...) ;
- **un conseil d'administration**, organe de fonctionnement, généralement élu par l'assemblée générale, ses pouvoirs de décision seront variables selon qu'il existe ou non un bureau, et selon les délégations accordées par le conseil d'administration à ce dernier. Ses membres peuvent êtres différents des membres dits « fondateurs », ayant eu l'initiative de la création de l'association ;
- **un bureau**, organe exécutif de l'association élu par le conseil d'administration. Il administre la marche régulière de l'association mais ses décisions doivent être validées par le conseil d'administration. Il est composé, en général, d'un président, d'un ou plusieurs vice-présidents, d'un secrétaire général et d'un trésorier. Il peut parfaitement se réduire à un président et un trésorier.

La personnalité juridique de l'association est reconnue à dater de la parution de la déclaration au *Journal officiel*. La capacité juridique des associations leur permet d'acquérir, de gérer ou de vendre tout bien mobilier ou immobilier servant leur action et d'administrer les cotisations de leurs adhérents. Les associations dont le siège social est situé dans les départements du Haut-Rhin, du Bas-Rhin et de la Moselle sont soumises à la loi d'Empire du 19 avril 1908, issue du Code civil allemand. Nous rappelons que les modalités de constitution d'association, sous la loi 1901 ou loi 1908, sont radicalement différentes. Il convient d'insister sur le fait qu'il est totalement déconseillé aux artistes-interprètes de siéger dans les organes exécutifs d'une association chargée d'administrer et de diffuser leurs productions artistiques (spectacles, disques ou audiovisuel). Les artistes intermittents du spectacle, percevant des allocations chômage au titre de l'annexe X de la convention de l'Unedic se verraient en plus en danger de radiation. En outre, ils se trouveraient en situation de fausse déclaration puisqu'ils s'engagent sur l'honneur lors de la signature de leur « feuillet d'intermittent » à ne pas être mandataire social d'une association. Rien ne leur interdit, par contre, d'être membres de l'association.

1.3. Fonctionnement au regard du droit fiscal

Si le but fondamental d'une association déclarée sous le régime de la loi de 1901 est par principe désintéressé, il ne lui est pas interdit d'exercer des activités dites « lucratives ». C'est la nature même de ces activités qui sera prise en compte par l'administration fiscale pour déterminer si l'association doit être assujettie à divers taxes et impôts.

Le principe veut que les associations soient tenues de s'acquitter, selon le régime fiscal (assujettissement ou non à la TVA) des impôts et taxes suivants :

- la taxe sur les salaires, à un taux modulable selon le montant de ceux-ci, en cas de non-assujettissement à TVA ;
- la TVA, l'impôt sur les sociétés, l'impôt forfaitaire annuel, la taxe professionnelle et la taxe d'apprentissage, en fonction des critères que nous allons évoquer maintenant.

L'instruction fiscale du 15 septembre 1998 (BOI 4 H5-98) ainsi que l'instruction récapitulative du 18 décembre 2006 (BOI 4 H5-06) ont réformé en profondeur la fiscalité des associations. Elle modifie notamment les critères d'assujettissement aux divers taxes et impôts commerciaux, et surtout détermine clairement le lien établi entre ces impôts. D'une manière générale, une association n'est pas soumise aux impôts commerciaux si :

- sa gestion est désintéressée, c'est-à-dire lorsque la gestion et l'administration sont effectuées à titre bénévole, qu'il n'y a aucune distribution directe ou indirecte des bénéfices éventuels et qu'il n'y a aucune attribution d'une part quelconque de l'actif de l'association aux membres de l'association ou à leurs ayants droit;
- si elle n'entre pas en concurrence avec le secteur commercial, c'est-à-dire si elle est d'utilité publique (satisfaction d'un besoin qui n'est pas pris en compte par le marché ou de façon qui ne satisfait pas entièrement le public), si les excédents réalisés sont destinés à faire face à des besoins ou à des projets ultérieurs, si les conditions d'accès au service sont inférieurs à ceux du marché ou modulés en fonction de la situation des clients et si l'association ne recourt pas à des méthodes commerciales (absence de publicité ou de distribution par des réseaux commerciaux).

L'exonération de TVA est possible :

- si l'association rend à ses membres des services sportifs, éducatifs, culturels ou sociaux;
- si elle présente une gestion désintéressée (cf. ci-dessus);
- si les services rendus s'adressent à de véritables adhérents.

Les associations qui bénéficient de l'exonération de TVA sont exonérées d'impôt sur les sociétés. Les associations à objet culturel sont aussi exonérées de l'impôt forfaitaire annuel. En dehors du cas général où le chiffre d'affaires de l'association demeure en dessous du seuil de 61 000 euros pour les activités lucratives accessoires, l'assujettissement sera donc le cas le plus fréquent.

Le fait de faire figurer dans ses statuts la mention de production phonographique entraîne un assujettissement à l'impôt (TVA, IS, etc.).

L'exonération ou l'assujettissement à TVA déterminera l'absence ou l'existence d'une activité assujettie à l'impôt sur les sociétés. Dans le second cas, l'association devra alors se conformer aux obligations afférentes à :

- l'impôt forfaitaire annuel;
- l'impôt sur les sociétés;
- la cotisation sur la valeur ajoutée des entreprises (CVAE)[5] et la taxe d'apprentissage;
- la taxe sur les salaires.

5. Elle remplace la taxe professionnelle et concerne les personnes physiques et sociétés qui exercent en France une activité professionnelle non salariée à titre habituel au 1er janvier de l'année d'imposition, qui sont imposables à la CFE (cotisation foncière des entreprises), et qui réalisent un chiffre d'affaires supérieur à 152 500 euros.

En ce qui concerne l'impôt sur les sociétés, les bénéfices provenant d'exploitations ou d'opérations lucratives sont taxables dans les conditions de droit commun (33 1/3 %, déclaration sur imprimé n° 2065). On notera que les cotisations versées par les membres ainsi que les dons manuels et subventions reçues de tiers doivent être compris dans les recettes d'exploitation lorsqu'ils sont affectés à l'accomplissement d'opérations lucratives. La tenue d'une comptabilité rigoureuse est indispensable aux associations qui peuvent avoir des activités économiques, voire commerciales.

1.4. Conséquences fiscales et juridiques

Les droits voisins : dans le cas d'une production discographique, conformément à l'article L. 212-3, l'association doit conclure un contrat, prévoyant en particulier l'autorisation de fixer (enregistrer) les prestations et de les reproduire sur supports phonographiques, avec les artistes-interprètes. Conformément aux usages du domaine phonographique, le contrat doit prévoir au profit des artistes-interprètes signataires, des redevances (*royalties*) sur les ventes des supports phonographiques. Ces redevances ont, conformément à l'article L. 762-2, la qualité de BNC (bénéfices non commerciaux) (cf. *supra* droit fiscal).

Le droit d'auteur : conformément aux statuts de la Sacem, l'association ne peut devenir éditeur associé de la Sacem.

Le droit du travail : le contrat d'engagement de l'artiste étant, conformément à l'article L. 762-1 du Code du travail, un contrat de travail, l'association devra en sa qualité d'employeur, verser un salaire aux artistes-interprètes et, de ce fait, respecter les procédures concernées (cf. plus loin « Structures commerciales »).

Le droit fiscal dans le secteur discographique : en sus du cachet dû en contrepartie de l'autorisation d'enregistrer ses prestations accordée par l'artiste-interprète, qui a la qualité de salaire, le producteur phonographique verse aux artistes-interprètes des redevances (appelées *royalties* ou royautés), en contrepartie de l'autorisation de reproduire leurs prestations sur des supports phonographiques ou audiovisuels et de la communication au public de ces prestations. Ces rémunérations, conformément à l'article L. 7121-8 du Code du travail, ont la qualité de bénéfices non commerciaux (BNC), qu'ils soient calculés sur le prix de gros de vente ou sur les recettes encaissées par le producteur.

Hormis le cas où l'artiste-interprète créancier est assujetti à la TVA en sa qualité d'artiste-interprète (voir plus bas), les redevances ne sont soumises à aucune TVA mais seulement à la CSG (contribution sociale généralisée) et à la CRDS (contribution pour le remboursement de la dette sociale). Afin de mieux distinguer le versement des cotisations de sécurité sociale et de CSG dues au titre des salariés de droit commun du versement de la CSG due au titre des *royalties*, il a été recommandé d'ouvrir auprès de l'Urssaf un second compte employeur sur lequel sera effectué le versement de la CSG et de la CRDS sur *royalties*. Cette procédure facilite l'établissement de bordereaux spécifiques aux *royalties* ainsi que la DADE 2. De plus, les artistes bénéficiaires des *royalties* ne seront pas inclus, le cas échéant, dans les effectifs de l'association (ou de la société). Cette démarche incombe aux producteurs (donc ici à l'association).

Hormis le cas où l'artiste-interprète est soumis en sa qualité d'artiste à la TVA, les redevances dues doivent lui être versées sans condition de production d'un quelconque document ou justificatif. Ce sont les dispositions négociées dans le cadre du contrat d'enregistrement qui sont le justificatif des sommes versées pour la comptabilité du producteur phonographique. Lorsque l'artiste-interprète a perçu, dans l'année qui précède, plus de 15 300 euros en BNC, ou si au cours de l'année il a perçu plus de 18 300 euros en BNC, les sommes venant en dépassement seront respectivement pour l'année à venir ou à partir du 1er du mois au cours duquel ce montant a été atteint, assujetties à une TVA de 5,5 %. Le montant brut des redevances sera donc majoré de 5,5 % au titre de la TVA. C'est *a priori* à l'artiste-interprète qu'il incombe de les verser à l'organisme percepteur. Ce n'est que dans ce cas particulier que l'artiste devra émettre une facture du montant des rémunérations dues. Il est conseillé de se reporter à la fiche pratique de l'Irma sur la fiscalité des auteurs.

2. Structures commerciales

Parmi les formes de structures commerciales envisageables pour une activité de production de disques, il existe une possibilité, la société anonyme (SA), dont la mise en place semble disproportionnée aux propos de cet ouvrage. Elle exige un capital social de 37 000 euros, réparti sous forme d'actions entre les différents souscripteurs. Elle peut intéresser, cependant, des projets de grande envergure, des montages régionaux ou des regroupements de porteurs de projets. Elle suppose une mobilisation importante dans l'environnement du projet. Nous la signalons pour mémoire, en invitant les personnes que cette forme tenterait à se renseigner auprès des chambres de commerce et d'industrie

2.1. La SARL (société à responsabilité limitée)

Les obligations concernant le droit d'auteur, les droits voisins et le droit du travail sont identiques à celles décrites pour les associations. Nous nous contenterons de les rappeler sans les reprendre en détail. Société instituée par une ou plusieurs personnes qui ne supportent les pertes qu'à concurrence de leurs apports, la SARL est toujours commerciale, quel que soit son objet. Les associés ne sont pas commerçants et leur responsabilité est limitée au montant de leurs apports sauf dans certaines hypothèses, en cas de redressement ou de liquidation judiciaire. Une SARL, pour être valablement constituée peut comprendre entre 2 et 100 associés (personnes physiques et morales). Il est obligatoire que les statuts de la SARL, écrits et signés par les associés, comportent les éléments suivants : la forme juridique retenue, la durée de la société dont le maximum légal est fixé à 99 ans, la dénomination sociale (celle-ci doit toujours être obligatoirement suivie ou précédée de la mention « société à responsabilité limitée » ou des initiales SARL ainsi que l'énonciation du capital social), le siège social, l'objet, le montant du capital (montant prévu par les associés), la répartition des parts entre les associés, l'évaluation des apports en nature, la libération des parts (le versement du montant de l'apport), le dépôt des fonds. Les statuts doivent aussi contenir les clauses nécessaires au fonctionnement de la société (choix des gérants, consultation des associés, répartition des bénéfices…).

De plus, il est nécessaire d'effectuer les démarches suivantes :

- insertion de l'avis de constitution dans un journal d'annonces légales du siège social. À cet égard, il est utile d'indiquer que le siège social d'une SARL, comme d'ailleurs de toute société commerciale, peut être fixé dans le local d'habitation du gérant. Mais cette domiciliation ne peut être supérieure à cinq ans et doit faire l'objet d'une notification écrite au bailleur des locaux ou au syndic de la copropriété ;
- déclaration de conformité (énumération de toutes les démarches effectuées et affirmation du respect des règles de constitution) auprès du greffe du tribunal de commerce ;
- dépôt au greffe du tribunal de commerce des statuts, des actes de nomination des personnes membres des organes de gestion, de la déclaration de conformité ;
- insertion au *Bulletin officiel* des annonces civiles et commerciales (à la charge du greffier du tribunal de commerce) ;
- immatriculation au registre du commerce et des sociétés auprès du greffe du tribunal de commerce. Cette dernière formalité revêt une grande importance car le dépôt de la demande d'immatriculation auprès du Centre de formalités des entreprises vaut déclaration auprès de l'administration fiscale et de Pôle emploi.

La constitution du capital exigé (1 euro par associé) peut être effectuée par deux types d'apport : en numéraires (argent) ou en nature (tout bien meuble ou immeuble). En principe, les apports en industrie (mise à disposition de connaissances techniques, de travail ou de services) ne peuvent pas être rémunérés par des parts sociales. Les fonds formant le capital en numéraire sont déposés préalablement (dans une banque, chez un notaire ou à la Caisse des dépôts) par la société en formation et demeurent indisponibles jusqu'à l'immatriculation de la société. Chaque apport en nature (du matériel, un ordinateur, une table de mixage…) doit faire l'objet d'une évaluation dans les statuts. Aucune procédure de contrôle n'est nécessaire si aucun apport n'a une valeur supérieure à 7 622,45 euros et si la valeur totale de l'ensemble des apports en nature n'excède pas la moitié du capital. Le capital est divisé en parts sociales égales intégralement réparties entre les associés. La valeur nominale de ces parts sociales est fixée à 15 euros. Les deux organes principaux sont la gérance et l'assemblée des associés. Le ou les gérants sont nommés par les associés. La SARL peut avoir un ou plusieurs gérants choisis parmi les associés ou à l'extérieur de la société. Les pouvoirs du gérant sont déterminés dans les statuts. C'est lui qui représente la société auprès des tiers. Il accomplit les actes de gestion courante dans l'intérêt de la société et dans les limites fixées par les statuts. Les fonctions de gérant sont compatibles avec celle de salarié au sein de la même entreprise, à la condition que le contrat de travail corresponde à un emploi effectif et distinct du mandat social. Le statut du gérant, à l'égard du droit fiscal et social, est variable selon qu'il est associé majoritaire ou associé minoritaire. Le gérant minoritaire bénéficie fiscalement des avantages accordés aux salariés. Il est assujetti au régime de la Sécurité sociale, mais il ne peut bénéficier des avantages réservés aux salariés (conventions collectives, assurance chômage). Le gérant majoritaire est soumis aux mêmes obligations qu'un travailleur indépendant et l'ensemble de ses revenus est imposé. La SARL est soumise au régime de l'impôt sur les sociétés au taux de 33 1/3 % pour les exercices à compter du 1er janvier 1993. Les dirigeants de droit ou de fait, rémunérés ou non, sont responsables envers la société et les tiers en cas d'infraction à la réglementation, de violation des statuts ou de faute de gestion. Enfin, la contribution de chaque associé aux pertes sociales ne peut excéder sa part dans le capital. Dans le domaine des droits voisins, les principes sont les mêmes que dans le cas d'une structure associative. Par contre, conformément aux statuts de la Sacem, une SARL peut devenir éditeur associé de la Sacem. Les principes en droit fiscal (perception des recettes sur les ventes et versement des *royalties*) sont les mêmes que ceux exposés pour les associations.

2.2. L'EURL (entreprise unipersonnelle à responsabilité limitée)

Créée en 1985, elle n'est pas une nouvelle forme de société. Elle est en effet soumise sous réserve de quelques adaptations nécessitées par la réduction, à un associé unique, aux mêmes dispositions que la SARL. L'avantage majeur de ce type de structure est la limitation de la responsabilité de l'associé unique au patrimoine de la société. Cependant, cette limitation peut s'avérer illusoire dans la mesure où, d'une part, les organismes financiers demandent généralement des garanties sur le patrimoine propre et, d'autre part, puisqu'une action en comblement de passif est toujours susceptible d'être diligentée en cas de dépôt de bilan. De plus, le fonctionnement d'une société est plus contraignant que l'exercice d'une activité à titre personnel en qualité de travailleur indépendant ou de commerçant. L'associé unique peut être une personne physique ou une personne morale (une association par exemple) mais une personne physique ne peut être associée de plusieurs EURL. Le montant de capital minimum, comme dans la SARL, n'est plus exigé. Les formalités de constitution sont identiques à celles de la SARL.

2.3. La Scop (société coopérative ouvrière de production)

Instituées par la loi du 19 juillet 1978, les Scop sont « formées par des travailleurs associés pour exercer en commun leurs professions dans une entreprise qu'ils gèrent directement ou par l'intermédiaire de mandataires désignés par eux et en leur sein ». La Scop peut exister sous diverses formes, soit société civile, soit société commerciale (SA ou SARL). Dans le secteur d'activité qui nous occupe, ce sont les formes commerciales qui sont les plus adaptées. Les règles de constitution et de fonctionnement d'une Scop sont identiques à celles d'une SARL.

Pour être valablement constituée, une Scop doit comprendre un minimum d'associés employés dans l'entreprise : sept pour une Scop en société anonyme, quatre pour une Scop en SARL. Les statuts peuvent prévoir l'admission, en qualité d'associé, de personnes physiques ou morales, non employées dans l'entreprise. Le capital minimum de constitution est fixé à 18 500 euros pour une Scop SA et à 30 euros pour une Scop SARL (deux parts minimales de 15 euros). Les associés détiennent obligatoirement la majorité du capital. Ils élisent un PDG (SA) ou un gérant (SARL). Ce dirigeant ne perd pas le bénéfice de son contrat de travail, et, par conséquent, relève d'une assurance chômage en cas de perte d'emploi.

Le pouvoir de chaque associé n'est pas lié au nombre de parts qu'il détient, mais à sa qualité de travailleur dans l'entreprise. Il s'agit là de la spécificité essentielle de la Scop où le pouvoir est partagé à part égale entre tous les associés. La Scop est exonérée de la taxe professionnelle ainsi que de l'impôt sur les sociétés portant sur les bénéfices réinvestis et ceux distribués aux associés au titre de la participation.

2.4. La Scic (société coopérative d'intérêt collectif)

La Scic est une évolution notable de la loi du 10 septembre 1947 sur les coopératives, elle est une entreprise ayant un but commercial et social. La Scic est une société commerciale mais à but quasiment non lucratif. Société de droit privé, elle va servir un intérêt commun et a vocation d'altruisme. N'importe quelle structure juridique actuelle peut se transformer en Scic mais la reconnaissance du préfet est nécessaire pour obtenir l'agrément préalable. La loi prévoit que trois catégories au moins doivent être représentées, les producteurs, les utilisateurs et les autres (bénévoles). La gestion patrimoniale doit être désintéressée, elle a la capacité d'indemniser les parts sociales immobilisées au taux moyen des obligations, il ne doit y avoir aucun enrichissement personnel, donc rétribution d'une part de l'actif comme l'associatif, et les associés ne doivent pas être propriétaires de l'entreprise (contrairement aux SARL et SA), les excédents (57,5 % au minimum) sont affectés à des réserves, les subventions de fonctionnement des collectivités sont possibles dans la limite de 100 000 euros sur trois ans (*JO* n° L. 010 du 13 janvier 2001 suite à la Commission européenne du 12 janvier 2001).

2.5. La SNC (société en nom collectif)

Ce type de société présente la particularité que ses associés ont tous la qualité de commerçant et répondent indéfiniment et solidairement des dettes sociales. On peut considérer que ce type de structure convient à des sociétés qui n'ont qu'un petit nombre d'associés très fortement liés en raison du principe d'unanimité qui régit le fonctionnement social de la SNC (cf. assemblées des associés). Le parallèle est généralement fait entre SARL et SNC afin d'opter pour l'une ou pour l'autre.

Il est vrai que la SNC est soumise à des règles de fonctionnement et de constitution plus simples et moins coûteuses que la SARL (pas de capital social en particulier). Cependant, les associés de la SNC sont responsables des dettes sociales sur l'ensemble de leurs biens à la différence des associés de la SARL qui ne le sont que dans la limite de leurs apports. Néanmoins, cette responsabilité sur les biens personnels s'élude quelque peu à l'égard du gérant d'une SARL dans l'hypothèse d'action en comblement de passif en cas de liquidation, ainsi qu'en cas de garanties personnelles accordées à un organisme bancaire. En revanche, un problème de compatibilité risque de se poser en raison du statut de commerçant des associés d'une SNC assujettis de ce fait fiscalement et socialement au régime des commerçants, non seulement vis-à-vis de certaines professions qui pourraient être exercées conjointement – incompatibilité avec le statut de fonctionnaire – mais surtout vis-à-vis de régimes d'indemnisation particuliers tels que celui d'intermittent du spectacle.

La constitution d'une SNC nécessite :

- au moins deux associés, sans qu'il y ait de maximum ;
- être majeur (les mineurs émancipés ne peuvent être associés puisque l'exercice du commerce leur est interdit) ;
- aucun capital minimum n'est requis, les apports peuvent être faits en espèces, en nature ou en industrie ;

- des statuts dans lesquels doivent obligatoirement figurer la mention de la forme juridique adoptée, la durée (maximum de quatre-vingt-dix-neuf ans), la dénomination sociale, le siège social, l'objet social, le montant du capital, l'état civil (nom, prénoms, profession, domicile, nationalité) des associés ;
- l'accomplissement de formalités de publicité identiques à celles prévues pour les SARL.

Les deux organes principaux sont la gérance et l'assemblée des associés. Un ou plusieurs gérants sont choisis parmi les associés ou en dehors de ceux-ci. La gérance peut être confiée à une personne morale. L'étendue de ses pouvoirs est déterminée par les statuts. À défaut, la gérance est investie du pouvoir d'accomplir tous actes de gestion dans l'intérêt de la société. Seul le gérant non associé peut être salarié de la SNC et assujetti de ce fait au régime général de la Sécurité sociale, sa rémunération étant fiscalement soumise au régime des traitements et salaires. L'assemblée des associés se réunit obligatoirement une fois par an ou à tout moment sur demande de l'un des associés. Sauf dispositions contraires prévues dans les statuts, le principe est que les décisions doivent être prises à l'unanimité des associés. Certaines décisions (révocation d'un gérant associé, continuation de la société en cas de révocation, de cessions de part, etc.) doivent être obligatoirement prises à l'unanimité. Sur le plan fiscal, la SNC sera imposable selon le régime applicable à son activité : s'il s'agit d'une activité commerciale selon le régime des « bénéfices industriels et commerciaux », s'il s'agit d'une activité libérale, selon celui des « bénéfices non commerciaux ».

2.6. La société en nom propre, entreprise individuelle ou entreprise en nom personnel

En dépit de son nom, la société en nom propre n'est pas une société au sens juridique car la structure n'a pas de personnalité juridique propre ; elle ne se différencie pas de la personne qui la dirige. De constitution très simple, elle ne nécessite pas de capital minimum ni de rédaction de statuts. Il faut cependant effectuer des formalités auprès du CFE (Centre de formalités des entreprises). Les inconvénients liés à cette simplicité de constitution sont aussi nombreux. Le dirigeant se trouve indéfiniment responsable sur ses biens personnels des dettes contractées par l'entreprise. Proche des professions indépendantes, le dirigeant ne bénéficie pas de l'assurance chômage et il sera affilié au régime d'assurance-maladie et au régime d'assurance vieillesse des professions indépendantes.

2.7. L'EIRL (entrepreneur individuel à responsabilité limitée)

Ce récent régime permet de protéger ses biens personnels des risques liés à son activité professionnelle, notamment en cas de faillite, en affectant à son activité professionnelle un patrimoine (le « patrimoine affecté »). Les créanciers professionnels de l'entrepreneur individuel ne peuvent poursuivre que le patrimoine affecté tandis que les autres créanciers ne peuvent poursuivre que le patrimoine non affecté.

Le régime fiscal de l'EIRL reprend celui de l'EURL. l'EIRL permet le choix entre le régime de l'impôt sur le revenu et celui de l'impôt sur les sociétés. Le régime de l'impôt sur le revenu s'applique en principe : le bénéfice fiscal réalisé par l'EIRL est imposable selon les règles applicables à la catégorie des revenus correspondant à la nature de l'activité exercée (commerciale, non commerciale ou agricole), mais l'on peut opter pour le régime fiscal des sociétés de capitaux (impôt sur les sociétés). En cas d'option, le bénéfice réalisé par l'EIRL est taxé (sous conditions) comme l'EURL ayant opté pour l'impôt sur les sociétés : 15 % jusqu'à 38 120 euros et 33,33 % au-delà.

En cas d'assujettissement à l'IR, les cotisations sociales sont dues sur le bénéfice de l'EIRL, selon le régime applicable aux entrepreneurs individuels,

En cas d'assujettissement à l'impôt sur les sociétés, les cotisations sociales sont dues sur la rémunération et les bénéfices que le porteur de projet se distribue et sont soumises à cotisations sociales pour leur part qui dépasse 10 % de la valeur du patrimoine affecté ou 10 % du bénéfice si ce dernier montant est supérieur. Les bénéfices laissés dans l'entreprise ne sont pas soumis à cotisations sociales.

www.eirl.fr.

2.8. L'autoentrepreneur

Il s'agit d'un régime dérogatoire et simplifié offert sur droit d'option aux personnes qui exercent ou souhaitent exercer une activité indépendante sous forme d'entreprise individuelle et qui relèvent du régime fiscal de la micro-entreprise. Il offre des formalités de création d'entreprises allégées, un mode de calcul et de paiement simplifié des cotisations sociales (régime microsocial simplifié), de l'impôt sur le revenu, une exonération de la contribution économique territoriale et de contribution à la formation professionnelle.

Trois conditions doivent être remplies pour bénéficier du régime de l'autoentrepreneur :

- se déclarer auprès du Centre de formalités des entreprises (CFE) de la chambre de commerce, de la chambre des métiers ou des Urssaf selon le secteur d'activité ou à partir du site www.lautoentrepreneur.fr (hormis pour la profession d'entrepreneur du spectacle);
- relever du régime fiscal de la micro-entreprise : avoir un chiffre d'affaires annuel inférieur à 80000 euros pour une activité commerciale et 32000 euros pour une activité de services. Il existe une période de tolérance si, au cours du développement de l'entreprise, les plafonds de chiffres d'affaires ouvrant droit au régime de la micro-entreprise sont dépassés;
- être en franchise de TVA et ne pas facturer de TVA au client. Pour les activités de services, le plafond de la franchise de TVA est fixé à 34000 euros, et pour les activités d'achat revente à 88000 euros.

Hormis la condition de plafonnement de chiffre d'affaires, qui limite de fait le recours à l'emploi de salariés ou à des investissements importants, l'autoentrepreneur ne connaît pas de restrictions sur la gestion de son entreprise. Les subventions et aides sont en général exclues du chiffre d'affaires défini, mais il est conseillé de prendre contact avec les services du fisc pour vérification.

Une circulaire du 28 janvier 2010[6] est venue préciser le cadre d'application dans lequel doit s'inscrire le régime d'autoentrepreneur pour les métiers du spectacle vivant et enregistré. Notamment le plafond de chiffres d'affaires de 32000 euros pour les prestations de services relevant de la catégorie des BIC ou des BNC.

6. www.irma.asso.fr/Circulaire-relative-au-regime-d.

Les entrepreneurs de spectacles vivants désirant bénéficier du régime microsocial prévu à l'article L. 133-6-8 du Code de la sécurité sociale (autoentrepreneur) ne sont pas dispensés de la réglementation relative à cette profession réglementée, et notamment de l'inscription au registre du commerce et des sociétés ou au répertoire des métiers. Ils doivent détenir une licence d'entrepreneur et être inscrits au registre du commerce et des sociétés ou au répertoire des métiers.

Les autoentrepreneurs prestataires techniques peuvent légalement utiliser le régime de l'autoentrepreneur dans les limites inhérentes au régime microfiscal qui peuvent limiter ou entraver le développement de projets entrepreneuriaux, notamment pour des raisons financières et de labellisation. L'utilisation des services d'un autoentrepreneur prestataire de services et notamment prestataire technique par une entreprise du spectacle est licite à la condition que ce dernier exerce son activité de façon réellement indépendante, faute de quoi la relation entre les parties encourt un risque de requalification du contrat de prestation en contrat de travail. La transformation d'emplois salariés, à l'initiative de l'employeur, en activités réalisées formellement en autoentrepreneur dans des conditions et modalités identiques ou très proches qu'exercées précédemment en tant que salariés, présentent une forte probabilité de requalification en contrat de travail.

Les autoentrepreneurs peuvent recourir à l'EIRL, au même titre que tout entrepreneur individuel. Les personnes exerçant leur activité sous forme de société sont en revanche exclues. L'autoentrepreneur ne peut pas opter pour l'impôt sur les sociétés car il relève du régime fiscal de la micro-entreprise.

3. Tableau chronologique des formalités d'immatriculation

Étapes	Obligations
Protection du nom de l'entreprise (marque et enseigne)	Son but est de vérifier que le nom choisi n'est pas déjà utilisé par une autre entreprise et donc de le déposer pour le protéger. Contacter l'Inpi (www.inpi.fr). L'immatriculation d'une personne morale (constitution sans activité ou avec création d'établissement) est gratuite.
Domiciliation	Au domicile du gérant : jusqu'à cinq ans ou sans limitation de durée « dès lors qu'aucune disposition législative ou stipulation contractuelle ne s'y oppose ». Préalablement à la demande d'immatriculation, il faut notifier par écrit au bailleur, ou au syndicat de la copropriété son désir d'utiliser le local en domiciliation. La chambre de commerce propose des listes d'entreprises de domiciliation qui peuvent héberger le siège social et offrir des prestations comme : réception du courrier, location de bureaux, services de secrétariat et parfois une assistance dans l'accomplissement de certaines formalités juridiques.
Rédaction des statuts	Ils doivent être rédigés en plusieurs exemplaires (deux au greffe, un au RCS, un au siège de la société, plus des copies pour chacun des associés) avant d'être signés sous seing privé (entre associés) ou par acte notarié. L'ordre des avocats, la chambre des notaires, la chambre de commerce fournissent des renseignements à ce sujet. La rédaction des statuts d'une entreprise phonographique peut aussi être conseillée par un expert-comptable, souvent pour beaucoup moins cher. Il est important de rédiger des statuts à objet large pour permettre une extension d'activité sans devoir repayer pour tous les frais possibles.
Dépôt du capital social	Il n'y a plus de limite minimale de capital social, celui-ci est à préciser dans les statuts. On contactera les établissements bancaires. Il est possible de déposer le capital chez un notaire ou à la Caisse des dépôts et consignation pendant la durée d'immatriculation.

Étapes	Obligations
Publication d'une annonce légale	Cette formalité est obligatoire. Elle reprend la partie explicite des statuts. L'attestation de parution d'annonce légale est obligatoire pour l'immatriculation. Il existe une liste des journaux d'annonces légales (JAL) disponible en chambre de commerce.
Immatriculation et affiliation	Immatriculation obligatoire au registre des commerces et des sociétés (greffe du tribunal de commerce) et délivrance de l'extrait Kbis. Voir CFE plus loin.
Enregistrement des statuts	Gratuit, celui-ci se fait auprès du centre des impôts. Son délai est de 30 jours à compter de la date de signature des statuts (en deux exemplaires minimum).
Exercice social	Chaque année, les comptes sont déposés auprès du greffe du tribunal de commerce. Le 1er exercice débute le jour d'immatriculation.
Autres formalités	Il faut faire connaître son entreprise à La Poste, les livres réglementaires (inventaire, journal, assemblées) doivent être côtés et paraphés par le tribunal de commerce. Au-delà de cinq salariés, l'adhésion à un centre de médecine du travail est obligatoire.

4. Tableau comparatif des principales formes juridiques dans l'industrie phonographique

	EURL	SARL
Nombre d'associés	Un seul associé (à l'exception d'une autre EURL).	Minimum deux/maximum 100 personnes physiques ou morales.
Dirigeants	Gérant : une personne physique (associé unique ou un tiers).	Gérant : une personne physique (associé ou un tiers).
Responsabilité des associés	Limitée aux apports en capital social.	Idem.
Responsabilité du dirigeant	Civile et pénale du chef d'entreprise.	Idem.
Nomination et révocation du dirigeant	Sur décision de l'associé unique.	Par statut ou en assemblée générale ordinaire (AGO) pour la nomination. Pour la révocation, c'est en AGO.
Durée des fonctions de dirigeant	Illimitée si rien n'est spécifié dans les statuts.	Idem, mais il convient de mettre une durée renouvelable.
Déduction de la rémunération du dirigeant du résultat imposable	Non en principe, hormis s'il y a eu choix de l'option pour l'IS, ou s'il y a un gérant extérieur.	Oui.
Régime fiscal du dirigeant	IR, soit en BIC ou BNC (si EURL à l'IR), soit dans la catégorie rémunération des dirigeants (si EURL à l'IS).	Pour le gérant minoritaire et égalitaire, traitements et salaires. Pour le gérant majoritaire, c'est la rémunération dirigeant.
Régime social du dirigeant (régime général) ou au régime TNS (travailleur non salarié)	Non salarié.	Salarié s'il y a un contrat de travail.
Décideur	Gérant (s'il n'est pas l'associé unique, on peut limiter ses pouvoirs).	Pour la gestion courante, c'est le gérant, l'assemblée générale : ordinaire pour les décisions dépassant les pouvoirs du gérant; extraordinaire pour les modifications de statuts.
Nécessité d'un commissaire aux comptes (nommé pour sept ans par le chef d'entreprise)	Non, sauf si deux des trois conditions sont remplies : bilan supérieur à 1 550 000 € ou CA HT supérieur à 3 100 000 € ou si il y a plus de 50 salariés.	Idem.
Transmission (à noter que le repreneur ne paye pas les dettes du cédeur)	Cession libre des parts sociales sans procédure d'agrément.	Cession des parts sociales libres entre associés, conjoints, ascendants et descendants, sinon soumis à agrément.

5. Le CFE (Centre de formalité des entreprises)

C'est le bon interlocuteur une fois le choix de la structure juridique défini. Le CFE ne reçoit que les déclarations de création. Il faut ensuite ultérieurement adresser toutes les autres déclarations fiscales ou sociales aux administrations concernées.

Dès la déclaration d'existence complétée, le CFE la transmet à tous les organismes destinataires. Ses compétences visent à simplifier les premières mises en relation avec les organismes suivants : inspection du travail, greffe du tribunal de commerce, Insee, centre des impôts, Pôle emploi, caisse maladie, caisse vieillesse.

Cet organisme a également pour fonction d'effectuer les formalités de modification ou de cessation d'activités au registre du commerce et des sociétés.

Cet organisme propose aussi des aides personnalisées selon les besoins, comme l'assistance formalités où un conseiller qui sera l'interlocuteur privilégié aide à constituer le dossier et enregistre la déclaration.

Certaines formalités administratives ne relèvent cependant pas du CFE :

- le dépôt des déclarations fiscales des entreprises concernant l'établissement ou le paiement des droits ou taxes ;
- l'exercice des options pour l'assujettissement à la TVA des activités normalement exonérées ;
- le dépôt des déclarations relatives aux modifications de l'effectif des salariés pour fixer notamment le montant des contributions sociales ;
- le dépôt des déclarations relatives à des mesures de publicité autres que celles figurant aux registres du commerce et des sociétés et des agents commerciaux.

Il faut se rendre au CFE pour se procurer une déclaration d'existence : Po pour les personnes physiques (exploitants individuels, libéraux), ou Mo pour les sociétés.

Tous les renseignements sur l'activité du label se trouveront sur ce document où l'on indiquera le régime d'imposition auquel on souhaite être soumis. Toutefois, en matière de TVA le créateur d'entreprise dispose d'un délai de trois mois pour choisir son régime d'imposition ; et en matière de bénéfices, la possibilité de choisir son régime d'imposition jusqu'à la date de dépôt de la première déclaration de résultats.

Il faut également fournir tous les renseignements concernant l'activité. À cet égard, il est indispensable de préciser un régime d'imposition ou, à défaut, c'est le régime réel normal mensuel sera appliqué au regard de la TVA.

Le formulaire n° 974 (pour les activités commerciales, artisanales ou libérales), à remplir, accompagne la déclaration d'existence à déposer au CFE durant les quinze premiers jours d'activité.

La déclaration de création entraînant automatiquement :

- l'inscription au répertoire national des entreprises et des établissements (Sirene) ;
- la délivrance par l'Insee du numéro d'identification Siret ;
- l'attribution d'un numéro de TVA intracommunautaire par le centre des impôts pour les opérations commerciales au sein de l'Union européenne.

6. Code Naf

L'ancien code Naf (Nomenclature des activités françaises) pour les activités phonographiques était le 221G. En 2008, la nomenclature a changé. Rentrent désormais dans la catégorie J, Information et communication, les sous-catégories suivantes[7] :

- 59 Production de films cinématographiques, de vidéos et de programmes de télévision ; enregistrement sonore et édition musicale ;

[...]

- 59.20Z Enregistrement sonore et édition musicale.

Cette sous-classe comprend les activités liées à la production de matrices sonores originales, sur bandes, cassettes, CD, la mise à disposition des enregistrements, leur promotion et leur distribution auprès de grossistes, de détaillants ou directement auprès du public. Ces dernières activités peuvent ou non être intégrées à l'activité de production de matrices au sein d'une même unité. Si ce n'est pas le cas, l'unité réalisant ces activités doit obtenir au préalable les droits de reproduction et de diffusion.

Cette sous-classe inclut également les services d'enregistrement sonore en studio ou ailleurs, y compris la production d'émissions de radio enregistrées.

Cette sous-classe comprend les activités d'édition musicale, c'est-à-dire les activités d'exploitation des droits (*copyright*) associés aux compositions musicales, de promotion, d'autorisation et d'utilisation de ces compositions dans des enregistrements, à la radio, à la télévision, dans des films, des spectacles, sur des supports imprimés ou dans d'autres médias. Les unités actives dans ce domaine peuvent détenir les droits de propriété intellectuelle ou agir pour le compte de leur détenteur.

Cette sous-classe ne comprend pas la reproduction, à partir d'une matrice, de disques, de CD et de bandes contenant de la musique ou d'autres enregistrements sonores (cf. 18.20Z) et la production d'émissions de radio en direct associée à leur diffusion (60.10Z).

Produits associés :

- 59.20.11 Services d'enregistrement sonore.
- 59.20.12 Services d'enregistrement en direct.
- 59.20.13 Originaux d'enregistrement sonore.
- 59.20.21 Production de programmes radio.
- 59.20.22 Originaux de programmes radio.
- 59.20.31 Partitions musicales imprimées.
- 59.20.32 Partitions musicales électroniques.
- 59.20.33 Enregistrements audio musicaux sur disque, cassette ou autre support physique.
- 59.20.34 Autres disques et cassettes audio.
- 59.20.35 Musique en téléchargement.
- 59.20.40 Services de licence pour l'utilisation d'originaux acoustiques.

7. Source : http://www.insee.fr/fr/nom_def_met/nomenclatures/naf2008/n5_59.20z.htm.

Chapitre VI

Les aides aux entreprises

Une fois les besoins (local, matériel, publicité, etc.) et le budget établis, il faut se mettre en chasse de capitaux.

De très nombreuses aides aux entreprises existent, cependant, afin de trouver celles susceptibles de convenir au label, le plus simple est de se renseigner auprès d'une chambre de commerce ou de l'APCE (www.apce.com). Le site du greffe de Paris propose une série de fiches pratiques de qualité, utiles à tout créateur d'entreprise[8].

Ces aides ne prennent pas toujours la forme de sommes d'argent, mais peuvent aussi consister en allégements, réductions et abattements fiscaux, exonération de charges fiscales, aide au conseil ou mise à disposition de locaux.

Comme d'habitude, toute aide est soumise à un certain nombre de conditions. Il faut donc se renseigner pour savoir quelles aides sont disponibles, particulièrement pour créer une entreprise phonographique dont le fonctionnement reste bien obscur pour bon nombre de ces organismes.

Les aides attribuées par l'État ou les collectivités territoriales ont pour but de favoriser l'implantation de structures sur des zones prioritaires en matière d'aménagement du territoire, la réinsertion professionnelle (chômeurs de longue durée, jeunes, etc.).

Il est possible de s'adresser aux services d'action économique des conseils régionaux et des préfectures pour connaître les aides financières accordées par ceux-ci. Ces aides portent en général sur des champs comme le conseil, la mise à disposition de locaux, des garanties d'emprunt.

1. L'épargne personnelle

Condition *sine qua non* de la possibilité de monter son label et de produire des disques, il est primordial d'avoir une mise de fonds minimale. On verra plus loin quelle somme cela représente.

2. Les prêts d'argent

Afin d'obtenir des prêts d'argent, on peut s'adresser à son entourage, à sa banque, (tout en sachant que le projet aura été bien raisonné au préalable, cf. l'étude de marché), ou décrocher un prêt à la création d'entreprise (PCE) ou à la reprise d'entreprise (PRE).

Il existe également des prêts d'honneur, sans garanties demandées, accordés par certaines structures (clubs de créateurs, fondations...) pour la constitution de fonds propres. On contactera la chambre de commerce de son département sur ces aides au renforcement des fonds propres.

8. http://www.greffe-tc-paris.fr/rcs/fiches_pratiques.php.

2.1. L'Adie (Association pour le droit à l'initiative économique)

Elle finance et accompagne des entreprises créées par des chômeurs et des personnes n'ayant pas accès au crédit bancaire classique. Elle effectue un suivi sur les différents types de prêts accordés (prêts solidaires, d'honneur ou de matériel).

2.2. France active

Cet organisme favorise l'insertion économique en apportant aux porteurs de projet un accès au crédit, une expertise et un soutien financier.

2.3. France initiative

France Initiative est un réseau qui fédère des associations locales indépendantes couvrant la quasi-totalité du territoire. Ses plateformes d'initiative locale fournissent de l'accompagnement (diagnostic de projet), un prêt d'honneur, un suivi après la création et du parrainage.

2.4. La prise de participation

À noter que les proches (parents et amis) ont la possibilité de souscrire au capital de la société et en contrepartie, de pouvoir bénéficier d'une réduction d'impôts sur le revenu.

2.5. Les fonds de garantie

L'épineux problème du cautionnement en faveur du créateur d'entreprise peut se résoudre : si la banque refuse de suivre le projet parce qu'elle n'a pas assez de garanties, un organisme autre peut prendre en charge ce risque ; ce qui rassurera la banque et la décidera peut-être alors à suivre le projet. On trouve par exemple Sofaris, France Active.

2.6. L'Ifcic et le Fonds d'avances aux industries musicales

L'Ifcic (Institut pour le financement du cinéma et des industries culturelles) est un établissement de crédit agréé qui a reçu mission du ministère de la Culture et du ministère de l'Économie et des Finances de contribuer au développement, en France, des industries culturelles, en facilitant pour ces entreprises l'accès au financement bancaire. Il offre aux banques une double prestation de garantie financière en cas de défaillance de l'entreprise et d'expertise du risque spécifique de l'entreprise culturelle. Pour les entrepreneurs culturels, elle facilite l'engagement financier de la banque en faveur de leur projet et offre également son expertise financière.

Depuis 2009, l'Ifcic soutient de façon plus poussée les industries culturelles (dont la musique) et en portant à 1 000 000 euros sa capacité de risque maximum par emprunteur (contre 500 000 euros précédemment) ; ainsi qu'en montant à 100 000 euros (contre 70 000 euros précédemment) le plafond des crédits pouvant bénéficier de sa garantie à 70 %. Pour les PME indépendantes de la filière musicale (producteurs, éditeurs, distributeurs...), l'IFCIC a triplé sa capacité de risque par emprunteur, désormais portée à 800 000 euros, grâce à une dotation de 6 millions d'euros de la Caisse des dépôts et consignations.

3. Envie d'agir (www.enviedagir.fr)

Envie d'agir est un programme du ministère de l'Éducation nationale, de la Jeunesse et de la Vie associative qui encourage, soutient et valorise la capacité d'initiative des jeunes de 11 à 30 ans dans tous les domaines.

4. Le dispositif Nacre

Il propose un parcours d'accompagnement renforcé d'une durée d'au moins 3 ans, structuré autour des 3 phases clés de la création : aide au montage de projet, appui pour le financement du projet, appui au développement de l'entreprise.

Un opérateur travaille avec le monteur de projet, l'accompagne dans les démarches avec les banques, et le dispositif permet d'obtenir un prêt bancaire complémentaire et mobiliser un prêt Nacre à taux zéro.

5. Les exonérations

Les dispositifs d'exonération sont nombreux et soumis à conditions.

5.1. Le dispositif Accre (aide aux chômeurs créateurs ou repreneurs d'entreprise)

Cette aide, soumise à conditions, permet à ses bénéficiaires d'être exonérés des cotisations sociales suivantes : l'assurance-maladie, maternité, invalidité, décès, l'assurance vieillesse de base et les allocations familiales.

Sont concernés par ce dispositif, non seulement les chômeurs inscrits comme demandeurs d'emploi (indemnisés ou non), les bénéficiaires du RSA, de l'allocation de parent isolé, les jeunes de 18 à moins de 26 ans, mais aussi les salariés ou licenciés qui reprennent leur entreprise en redressement ou en liquidation judiciaire, et les bénéficiaires du contrat d'appui au projet d'entreprise pour la création ou la reprise d'une activité économique... On contactera le CFE pour plus de renseignements.

5.2. Crédit d'impôt en faveur de la production phonographique

Le crédit d'impôt en faveur de la production phonographique a pour objectif de soutenir la création et la diversité musicale en accompagnant les entreprises du secteur, au premier rang desquelles les PME et TPE et en soutenant la diversité des répertoires et le renouvellement des talents. Ce dispositif exceptionnel est prolongé jusqu'en 2012.

« Cette mesure bénéficie aux entreprises françaises ou ressortissantes d'un autre État membre de l'Espace économique européen ayant un établissement stable en France pour toute dépense effectuée dans un État membre de l'Espace économique européen.

Le crédit d'impôt est accordé de plein droit dès lors que certains critères objectifs concernant l'entreprise de production phonographique sont remplis. [...] Il est réservé aux entreprises de production phonographique qui exposent des dépenses de production (personnels permanents, non permanents, artistes musiciens, etc.), de développement (réalisation de tournées en France et à l'étranger, réalisation de programmes audiovisuels musicaux, etc.) et de numérisation pour un enregistrement phonographique et/ou vidéographique musical (vidéomusique ou DVD musical).

Le dispositif réserve le bénéfice du crédit d'impôt à des productions concernant des nouveaux talents (artistes ou groupes d'artistes, compositeurs ou artistes-interprètes n'ayant pas vendu deux fois 100 000 exemplaires pour deux albums distincts précédant un nouvel enregistrement). Lorsque ces albums sont chantés (albums d'expression), le bénéfice du crédit d'impôt est subordonné au respect d'une condition de « francophonie ». Ainsi, les albums d'expression doivent pour la moitié au moins être d'expression française ou dans une langue régionale en usage en France. Le respect de cette condition s'apprécie au niveau de l'entreprise pour l'ensemble des albums qu'elle produit chaque année. Cette condition ne s'applique pas aux albums de nouveaux talents composés en tout ou partie d'une ou plusieurs œuvres libres de droit d'auteur au sens des articles L. 123-1 à L. 123-12 du Code de la propriété intellectuelle.

L'application de la clause de francophonie implique que si, au titre d'un exercice, la production d'albums de nouveaux talents d'expression en français ou dans une langue régionale en usage en France est majoritaire, alors tous les albums de nouveaux talents, y compris ceux dans une langue étrangère, sont éligibles au crédit d'impôt.

Le crédit d'impôt, calculé au titre de chaque exercice, est égal à 20 % du montant total des dépenses de production et/ou de postproduction d'un disque ou de vidéomusiques et des dépenses liées au développement de ces productions (scène, émissions de télévision ou de radio, création de site Internet, base de données numérisées...).

Les entreprises non-PME sont soumises à un régime spécifique reposant sur un seuil à partir duquel sont pris en compte les projets d'enregistrements. Ce seuil est obtenu après avoir effectué une moyenne des productions des nouveaux talents sur les deux années précédentes, moins une décote de 70 %.

Les dépenses de développement éligibles au crédit d'impôt sont plafonnées à 350 000 euros par enregistrement mais, dans tous les cas, la somme des crédits d'impôt ne peut excéder 700 000 euros par entreprise et par exercice. Le plafond de droit commun est porté à 1 100 000 euros lorsque le nombre de productions de nouveaux talents constatés à la clôture de l'exercice au titre duquel le crédit d'impôt est calculé a augmenté de 25 % au moins par rapport au nombre de nouveaux talents produits au titre de l'exercice précédent. Le crédit d'impôt est imputable sur l'impôt sur les sociétés dû au titre de l'exercice au cours duquel les dépenses y ouvrant droit ont été exposées. Le cas échéant, l'excèdent de crédit d'impôt qui ne peut être imputé est restitué à l'entreprise. »

Source : ministère de la Culture et de la Communication, Direction générale des médias et des industries culturelles.

Chapitre VII

L'embauche de personnel

Il convient de distinguer dans l'embauche de personnel, les artistes et leurs embauches ponctuelles lors d'enregistrement (par exemple) et le personnel permanent (directeurs artistiques, chefs de produit, etc.).

Le contrat conclu entre un artiste et un producteur pour un enregistrement est un contrat de travail (CDD), l'artiste touchant en contrepartie un salaire.

Toute entreprise qui se propose d'embaucher du personnel doit en avertir l'inspection du travail, et ce préalablement à l'embauche. La DUE, déclaration unique à l'embauche est à utiliser par tous les employeurs (exception décret n° 98/252 du 1er avril 1998) pour l'embauche de salarié relevant du régime général de sécurité sociale en remplacement des déclarations suivantes : immatriculation de l'employeur, immatriculation du salarié au régime général, affiliation au régime d'assurance chômage, déclaration préalable à l'embauche, choix du service médical du travail, demande d'examen médical d'embauche, déclaration en vue d'appliquer l'exonération des cotisations patronales pour l'embauche du premier salarié, déclaration en vue d'appliquer l'exonération des cotisations patronales au titre de l'embauche d'un salarié à temps partiel.

C'est l'Urssaf dont relève l'établissement employeur qui reçoit la DUE au plus tôt huit jours avant la date prévue d'embauche ; au plus tard, par courrier, le dernier jour ouvrable précédent l'embauche ; par fax ou Internet (www.due.fr) dans les instants qui précèdent l'embauche.

L'Urssaf ayant reçu la DUE, régulière et complète, transmet les informations fournies aux divers organismes (CPAM, médecine du travail, etc.).

Le producteur doit établir une feuille de salaire. Cette fiche de paye est obligatoire et l'employé a le droit de réclamer ce justificatif (art. 143 nouveau du Code de travail).

Cette fiche se conserve sans limitation de durée. Y figurent les informations suivantes :

- le nom (raison sociale) et l'adresse de l'employeur, ainsi que, le cas échéant, la désignation de l'établissement dont dépend le salarié ;
- le numéro de CNSS de l'employé ;
- le nom du salarié, son poste, sa position dans la classification ;
- l'intitulé de la convention collective ;
- la période et le nombre d'heures de travail, ainsi que les heures supplémentaires ;
- les dates de congés ;
- les éléments de la rémunération : brute et nette ;
- les natures des cotisations sociales patronales et salariales.

La fiche de paye ne doit pas comporter des mentions concernant l'exercice de droit de grève ou l'activité de représentation des salariés.

Pour les salaires au temps, le travailleur est payé à : l'heure, la journée, la semaine, la quinzaine, au mois. Les travailleurs mensualisés doivent être payés au moins une fois par mois (article 140 nouveau du Code du travail).

Chapitre VIII

La fiscalité de l'entreprise

Avant de se pencher sur la fiscalité de l'entreprise, il faut comprendre les différents impôts et taxes. Les bénéfices de l'entreprise sont soumis à deux types d'impôts, qui diffèrent selon la structure juridique choisie.

1. L'impôt sur le revenu (IR)

Cet impôt global est établi sur la totalité des revenus dont dispose une personne physique domiciliée en France auquel s'applique un barème d'imposition progressif par tranche de revenus.

Les contribuables dont le revenu net de frais professionnels est inférieur à 8440 euros sont exonérés d'impôt. Cette limite est portée à 9220 euros si ces contribuables sont âgés de plus de 65 ans au 31 décembre de l'année d'imposition. Y sont soumises les entreprises individuelles (qui doivent ajouter les résultats à leur déclaration d'impôt), les EURL, les sociétés de personnes (SNC).

Aucune distinction n'est effectuée au niveau fiscal entre bénéfices de l'entreprise et rémunération du chef d'entreprise.

Pour les entreprises individuelles, l'assiette d'imposition est obtenue, soit par application d'un abattement représentatif des frais professionnels (régime de la micro-entreprise), soit par déduction des charges réelles de l'entreprise (régime du bénéfice réel) ; alors que pour les sociétés, c'est la déduction des charges réelles qui détermine l'assiette d'imposition.

2. L'impôt sur les sociétés (IS)

Il concerne principalement les bénéfices de certaines sociétés et personnes morales (telles que les associations). On distinguera alors le bénéfice de l'entreprise et la rémunération des dirigeants.

L'IS est dû si la société est une société de capitaux (SA, SAS, SARL, SCA, EURL sur option), en fonction de la nature de l'activité (sociétés civiles avec activité industrielle et commerciale et associations réalisant des opérations lucratives). Sont considérées ainsi les sociétés auxquelles la loi n'attribue pas un autre caractère en raison de leur forme, de leur nature ou de leur objet, selon l'article 1845 du Code civil ou si l'option est prise pour payer cet impôt.

Le taux de l'IS est égal à 33,33 % (taux normal). Si le montant de l'IS excède 763000 euros (entreprises dont le chiffre d'affaires est supérieur ou égal à 7630000 euros), le taux est alors augmenté d'une contribution exceptionnelle de 3 %.

Si le chiffre d'affaires est inférieur, le taux d'imposition dépend de conditions liées à son capital, comme le taux réduit à 15,45 % applicable sur une fraction du bénéfice imposable limité à 38120 euros.

Les organismes sans but lucratif soumis à l'IS ne versent pas d'acompte si le chiffre d'affaires du dernier exercice clos est inférieur à 84000 euros.

Pour le cas particulier des EURL, il est conseillé d'aller au centre des impôts pour faire des prévisions préalables au choix de l'IS ou de l'IR.

3. L'imposition forfaitaire annuelle (IFA)

Cet impôt est distinct de l'IS et exigible même en l'absence de bénéfices, le forfait est calculé sur le chiffre d'affaires hors taxes. La loi de finance 2009 (n° 2008-1425) a prévu la suppression de l'IFA sur trois années (2009-2011) pour les entreprises dont le chiffre d'affaires est inférieur à 1 500000 euros. Il est donc dû par toutes personnes morales passibles de l'IS à l'exception :

- des personnes morales dont le chiffre d'affaires majoré des produits financiers est inférieur à 1 500000 euros;
- des associations dont l'activité consiste à animer la vie sociale au profit d'une population d'une ou plusieurs communes voisines;
- des associations culturelles (c'est le cas entre autres des orchestres, théâtres, comités des fêtes...);
- des groupements d'employeurs;
- des centres et associations agréés de gestion (art. 223 octies du CGI);
- des collectivités sans but lucratif soumises à l'IS uniquement sur les revenus de leur patrimoine.

Cet impôt doit être spontanément déclaré, calculé et acquitté par l'association au plus tard le 15 mars. Depuis 2006, le montant de l'IFA est déductible du résultat imposable.

Calcul du résultat imposable :
Vente des marchandises - coût d'achat des marchandises - consommations en provenance des tiers - impôts et taxes - frais de personnel - amortissements +/- provisions = résultats d'exploitation + produits financiers - charges financières = résultat courant avant impôt + produits exceptionnels - charges exceptionnelles = résultat imposable

4. La taxe sur la valeur ajoutée (TVA)

Toutes les ventes et prestations de service sont soumises à la TVA, sauf exonérations particulières.

Il est à noter que les entreprises qui relèvent normalement du régime de franchise en base de la TVA peuvent se soumettre volontairement au paiement de cette taxe.

La TVA est calculée sur la base du prix hors taxes reçu en contrepartie du bien livré ou de la prestation réalisée selon un des trois taux suivants : 19,6 % (taux normal), 5,5 % (pour les spectacles par exemple) ou 2,1 % (certains spectacles par exemple).

Les entreprises assujetties à la TVA bénéficient d'une dispense de paiement sous certaines conditions. L'option pour le paiement de la TVA est possible dès la création de l'entreprise ou au cours de l'année.

Deux régimes coexistent pour le paiement de la TVA :

4.1. Le régime réel simplifié (imprimé CA 12)

Impose une déclaration annuelle qui détermine la TVA à payer au titre de la période considérée et des acomptes trimestriels à venir.

4.2. Le régime du réel normal (imprimé CA 3, régime de droit commun)

Impose une déclaration mensuelle ou trimestrielle des opérations réalisées au cours de la période.

Une déclaration de la TVA encaissée et de la TVA récupérable sera effectuée et c'est le solde entre les deux qui constituera le montant de TVA à payer.

Si le solde est négatif, l'assujetti dispose d'un crédit de TVA (remboursé ou reporté sur la déclaration suivante).

5. La CFE et la CVAE

Depuis le 1er janvier 2010, la taxe professionnelle est remplacée par une nouvelle contribution économique qui comporte deux composantes : la cotisation foncière des entreprises (CFE) et la cotisation sur la valeur ajoutée des entreprises (CVAE).

Les associations qui répondent aux critères de non-lucrativité, de gestion désintéressée et dont l'activité lucrative reste accessoire (moins de 60 000 euros/an) et qui bénéficiaient précédemment de l'exonération de la taxe professionnelle restent en principe exonérées de la CFE.

La CVAE concerne les entreprises dont le chiffre d'affaires est supérieur à 152 500 euros.

Les associations deviennent imposables dès que l'une de ces conditions n'est plus remplie.

6. La taxe sur les salaires

La taxe sur les salaires est due par les employeurs qui ne sont pas soumis à la TVA sur la totalité de leur chiffre d'affaires. Elle est calculée sur les rémunérations versées au cours de l'année par application d'un barème progressif. Selon son montant, elle peut être versée mensuellement, trimestriellement ou annuellement.

Les employeurs concernés ont un interlocuteur unique – le Service des impôts des entreprises (SIE) – pour leurs démarches de déclaration et de paiement de cette taxe.

À noter que les associations sans but lucratif bénéficient d'un abattement annuel de taxe.

Cette taxe est déductible de l'assiette de l'impôt sur les bénéfices (impôt sur le revenu ou impôt sur les sociétés).

Les versements seront effectués dans les 15 premiers jours du mois suivant celui du paiement des salaires.

7. La taxe d'apprentissage

Elle a pour but de financer le développement des premières formations technologiques et professionnelles. Elle est due principalement par les entreprises employant des salariés et exerçant une activité commerciale, industrielle ou artisanale. Son montant est calculé sur la base des salaires versés par ces employeurs.

La contribution au développement de l'apprentissage (CDA) est assise sur la même base que la taxe d'apprentissage. Elle est destinée à abonder les fonds régionaux de l'apprentissage et de la formation professionnelle. Elle est due par les entreprises redevables de la taxe d'apprentissage.

La contribution supplémentaire à l'apprentissage (CSA) est également assise sur la même base.

8. Le régime fiscal et social du dirigeant

8.1. Quel est le régime fiscal du dirigeant ?

C'est l'impôt sur le revenu pour une EI, une SNC.

Calculé sur les traitements et salaires (traitements, salaires, indemnités et émoluments perçus en contrepartie d'une activité salariale), il sera obtenu en déduisant du montant brut les cotisations sociales obligatoires pour une SARL, une SA, une SAS et une association (si rémunération versée).

À noter que pour une EURL, le régime fiscal peut être celui de l'IR ou l'IS.

Le chef d'entreprise se rémunère en effectuant des prélèvements qui permettent de déterminer le revenu réel imposable. À partir de ces rémunérations, les cotisations sociales sont calculées sur 41 % de la rémunération du chef d'entreprise. Il peut être intéressant en termes d'abattement que le chef d'entreprise adhère à un centre de gestion.

8.2. Quel est le régime social du dirigeant ?

Pour une EI et une SNC, c'est le régime des non-salariés.

Pour une EURL, si le gérant est l'associé unique, c'est le régime des non-salariés ; si le gérant est un tiers, il est assimilé salarié.

Pour une SARL, si le gérant est minoritaire ou égalitaire, il est assimilé salarié ; s'il est majoritaire, il est non-salarié (TNS : travailleur non-salarié).

Pour une SA et une SAS, le président est assimilé salarié.

Pour une association, le dirigeant est assimilé salarié sous certaines conditions.

Quel est le régime social des associés ?

Pour une EURL et une SNC, c'est le régime des non-salariés qui s'applique. Pour une SARL, une SA et une SAS, application du régime des salariés.

8.3. Pour les déclarations fiscales : BIC ou BNC ?

Les activités de type BNC (bénéfices non commerciaux) incluent les droits d'auteur, les produits de la propriété intellectuelle et dépendent de la forme de l'activité : si elle est exercée seule ou dans le cadre d'une société de personnes.

À noter : d'après l'article L. 762-2 du Code du travail, les royautés versées aux artistes-interprètes sont des BNC et ne sont pas soumises à la TVA (sauf si l'artiste est assujetti à la TVA) mais à la CRDS et à la CSG.

Le salaire touché par l'artiste pour l'enregistrement sera imposé en tant que « traitements et salaires ».

Aucune déclaration à déposer pour les BNC ; pour l'IR, il faudra mentionner le chiffre d'affaires sur la déclaration de revenu à déposer au plus tard le 1er mars et pour la TVA, aucune déclaration ni paiement (mais aucune déduction de TVA n'est possible sur l'achat de biens, services ou sur les immobilisations ; de plus, il faut fournir des factures avec la mention « TVA non applicable, art. 293 B du CGI »).

Il est cependant possible d'opter pour le régime de déclaration contrôlée avec maintien à la franchise en base TVA ou avec le régime réel simplifié TVA ou avec le régime réel normal TVA.

Si les recettes hors taxes ne dépassent pas 230 000 euros, ce sont le régime de déclaration contrôlée et le régime du réel normal en TVA qui s'appliquent.

Il faudra déposer une déclaration de résultat BNC avec ses tableaux annexes au centre des impôts avant le 30 avril.

De même avant cette date, pour l'IR, il faudra reporter le résultat sur la déclaration de revenu à déposer au centre des impôts de son domicile.

Pour la TVA, c'est le régime simplifié avec déclaration et versement d'acomptes trimestriels et régularisation annuelle.

Il est possible d'opter pour le régime de déclaration contrôlée avec le régime réel normal de TVA ou le dépôt de déclarations trimestrielles de la TVA.

Si les recettes annuelles hors taxes dépassent 230 000 euros, ce sont le régime de déclaration contrôlée et le régime du réel normal en TVA qui s'appliquent.

Les dates de dépôt de déclaration de revenus sont les mêmes que précédemment.

Quant à l'IR, il faudra reporter le résultat sur la déclaration de revenus à déposer au centre des impôts de son domicile avant le 30 avril.

Pour la TVA, il faut effectuer une déclaration à la recette des impôts chaque mois.

Il est cependant possible d'opter pour le régime de TVA avec dépôt de déclarations trimestrielles.

Le centre des impôts est à disposition pour tous renseignements complémentaires. D'ailleurs, en général, ils préfèrent les contribuables qui anticipent les problèmes et viennent les voir avec des questions.

Les activités de type BIC (bénéfices industriels et commerciaux) sont par exemple les rémunérations touchées par les producteurs provenant de la vente des phonogrammes.

Si le chiffre d'affaires annuel hors taxes s'élève (pour les ventes) au maximum à 76 300 euros, c'est le régime « micro » et de la franchise en base de TVA qui s'appliquent.

Ainsi, aucune déclaration, ni aucun paiement ne sera exigible pour la TVA (mais attention, il n'y a pas de possibilité de déduire la TVA sur les achats de biens, services et immobilisations) et aucune déclaration professionnelle ne sera à faire quant aux BIC.

Il est possible, dans ce cas, d'opter pour le régime réel simplifié avec le maintien de la franchise en base de la TVA ou avec le régime simplifié de TVA ou avec le régime réel normal de TVA ou d'opter pour le régime normal « bénéfices » avec maintien de la franchise TVA ou avec le régime réel normal de TVA.

8.4. Les assurances

Certaines sont obligatoires, d'autres sont conseillées, d'autres encore sont à envisager lorsque le label aura pris son essor. Voici un petit tableau récapitulatif qui n'empêche pas de prendre contact avec les assurances idoines.

Type d'assurance	
Responsabilité civile professionnelle	Obligatoire
Multirisque locataire	Obligatoire
Assurance perte d'exploitation	Pas dès le début, mais à envisager par la suite
Retraite et prévoyance salariés	À étudier par la suite mais conseillée
Retraite et prévoyance dirigeant	À étudier par la suite mais conseillée
Mutuelle salariés et dirigeant	Conseillée

Chapitre IX

La stratégie d'entreprise

Tout chef d'entreprise va forcément ressentir le besoin de se former sur toutes ou parties de ces pratiques. Le conseil important et le premier élément de la stratégie de l'entrepreneur est de ne pas rester seul. Il faut savoir s'entourer de conseillers qui permettront d'évaluer la mise en œuvre, le marché et ses propres capacités.

Un(e) bon(ne) expert-comptable est obligatoire. Cette personne doit connaître le mode de fonctionnement du milieu musical. Tout comme un(e) attaché(e) de presse qui sache qui contacter dans le milieu des médias, pour faciliter la promotion des œuvres. Surtout à employer au cas par cas pour ne pas grever son budget.

1. Le montant des capitaux propres

Pas moins de 7 500 euros pour la création de l'entreprise. Et surtout, des moyens de vivre sans dégager de bénéfices pendant au moins un an et demi, voire deux ans.

On peut augmenter ses capitaux propres en y intégrant des éléments en « nature ». Les apports en nature appartiennent à l'entreprise qui donnera en échange des parts sociales. C'est le commissaire aux apports, nommé par le tribunal de commerce, qui va déterminer cette valeur. Sa prestation est payante. Il existe une procédure simplifiée si les apports sont inférieurs à la moitié du capital et que leur valeur ne dépasse pas 7 500 euros.

La plupart des chiffres avancés par les producteurs eux-mêmes sont à prendre avec réserve : 38 000 euros minimum pour pouvoir lancer l'entreprise, des sommes moindres en hip-hop et en électro.

2. Quelques écueils à éviter pour assurer la pérennité du label

Ils sont et seront toujours nombreux... Hélas. Ci-dessous quelques problèmes passablement fréquents.

2.1. Le risque de créer son entreprise sans capitaux ou le leurre des SARL à 1 euro

Créer une entreprise sans capital (et un euro c'est vraiment pas beaucoup !) est une opportunité à laquelle il convient de réfléchir longtemps. Comme le dit Antoine Cocquebert, un banquier, en termes de prêt, ne mettra pas plus que ce que le label peut investir : « Si vous n'êtes pas capables de trouver 7 500 euros pour créer une société, il vaut mieux penser à se lancer dans une autre activité... »

D'où l'intérêt d'avoir des associés, même s'il est parfois difficile de travailler avec d'autres personnes, de bien réfléchir au plan de financement du projet et de ne pas se précipiter.

Les entreprises au capital de 1 euro ont été plutôt conçues pour les travailleurs indépendants souhaitant mettre leurs biens à l'abri (jamais, jamais, jamais de société de production en travailleur indépendant !).

Mais le fait de ne plus avoir de seuil minimum oblige à avoir 20 % des apports en espèces versés dès la constitution et le solde libéré dans les cinq ans.

On conseille donc de créer une entreprise de production et d'édition phonographique avec un capital minimum de 15 000 euros et de procéder rapidement à une augmentation de capital jusqu'à 40 000 euros.

2.2. Quelques conseils comptables

Le manque de capitaux propres rend tout projet extrêmement fragile dès que la croissance de l'entreprise n'a pas été anticipée : trop de stocks (SDRM à payer, gestion de retours magasins) ou pas assez de fonds de roulement pour faire face à des ventes importantes, et relancer une fabrication de disques, opportunité d'une campagne publicitaire, mais plus de budget. De même des frais fixes trop élevés (personnels, frais généraux, erreur sur le calcul du prix de revient) conduisent beaucoup d'entreprises à la cessation d'activités.

Il y a également un certain nombre d'obligations comptables à respecter quelle que soit la forme juridique, sachant que dans la musique, il n'y a pas d'instruction fiscale comme dans le cinéma (même si le Snep a publié un guide des obligations comptables dans les années 1980) :

- procéder à l'enregistrement comptable des mouvements sur son patrimoine à l'aide du plan comptable, en respectant codifications et libellés de comptes ;
- contrôler la valeur des éléments d'actifs et passifs du patrimoine par un inventaire au moins tous les 12 mois ;
- établir des comptes annuels à la clôture de l'exercice (bilan, compte de résultat ainsi que des annexes) découlant des enregistrements comptables et de l'inventaire.

Le problème principal de la vie du label est le financement : trouver « des sous » pour avancer, savoir convaincre les gens de vouloir suivre ce produit, autant le public que les professionnels.

Un exemple théorique qui se vérifie dans la pratique : comptablement et fiscalement, quand on produit un disque, tous les frais d'enregistrement jusqu'à ce qu'on ait le *master* (les frais de studio, les cachets d'artistes, etc.), tout ce qui intervient au moment de l'enregistrement, doivent être immobilisés. Si l'on ne fait pas cela, les fonctionnaires du fisc peuvent dire : « Vous auriez dû amortir. » Or, la condition de déductibilité d'un amortissement est que ce soit comptabilisé, sinon la charge n'est pas déductible. Et l'entreprise se retrouve imposée sur ses frais de production. L'erreur vient du fait que l'expert-comptable ne connaissait pas le mode de fonctionnement et les rares textes fiscaux spécifiques au disque.

Il y a des risques fiscaux et sociaux démesurés. Une erreur courante consiste trop souvent à céder très facilement à la tentation courante ne pas payer la TVA.

De même, un des cas fréquemment rencontré est le suivant : les producteurs négocient une avance auprès du distributeur sur une licence qui leur permet de couvrir les frais d'enregistrement et un peu de promotion. Mais après, ils n'ont plus d'argent pour assumer les frais supplémentaires. Et ainsi, leur catalogue ou leur société risquent d'être rachetés par des *majors*.

Voici quelques conseils :

- les retours sur investissement sont tardifs, aussi, le but du jeu est de se salarier le plus tard possible ;
- il faut lancer suffisamment de projets pour trouver le bon rythme de sorties de disques (entre trois et cinq en moyenne par an), sans risquer de « couler » le label. Si l'on doit tout faire pour un album, ce rythme doit être revu à la baisse ;
- combien le salaire du dirigeant représente-t-il de disques vendus : en moyenne, au plus bas, un salaire sans autres frais représente plus de 600 ventes (le salaire moyen dans l'industrie phonographique, c'est le Smic) ;
- il n'est pas obligatoire de chercher à fabriquer des disques surtout si l'on n'est pas certain de les vendre. Une distribution numérique permet de faire connaître des titres et de toucher d'autres canaux de promotion pour ensuite envisager le pressage ;
- « La règle d'or quand on monte un label : diminuer les coûts. On n'a pas besoin d'un bureau, c'est un luxe : on a besoin d'un ordinateur et d'un téléphone[9]. »

3. Que faire en cas de problèmes ?

Quand bien même la situation financière deviendrait très critique, il reste toujours des recours pour pouvoir redresser la barre et continuer le projet : emprunt, prises de participations, voire dépôt de bilan.

3.1. Les emprunts

L'Adie, l'Ifcic, France active sont des organismes à connaître pour les prêts sur l'honneur. Les prêts à moyen et long terme à l'entreprise sont principalement le fait d'organismes bancaires.

3.2. Les prises de participation

Certains organismes bénéficiant d'avantages fiscaux peuvent effectuer des prises de participation : i. e. entrer dans le capital de créateurs d'entreprise.

Ces structures qui mettent en relation créateurs d'entreprise et investisseurs privés sont des sociétés de capital-risque, des clubs Cigale, des sociétés de développement régional, des *business angels* (investisseurs particuliers), etc.

Tout investisseur intéressé par un projet peut proposer une entrée dans le capital, des prêts, voire un cautionnement.

9. Jean-Marie Perbost.

3.3. Le dépôt de bilan

Nous souhaitons bien évidemment à tout créateur de ne pas connaître cette étape douloureuse pour le moral et les finances. Néanmoins, le dépôt de bilan n'est pas si catastrophique à partir du moment où le gérant du label a su prendre à temps les mesures nécessaires.

C'est l'action par un dirigeant d'entreprise ou de société (et de lui seul) de déposer au greffe du tribunal une déclaration de cessation des paiements (DCP).

On doit déposer le bilan dans les 45 jours où l'on constate la cessation de paiement.

Ce document est un imprimé remis au greffe du tribunal de commerce qui contient des informations sur les éléments d'actifs, de passifs (coordonnées des créanciers) et des éléments sur l'identité de l'entreprise.

Même si déposer le bilan est une épreuve pénible, il faut le faire au plus tôt, au risque de se retrouver dans une posture encore plus fâcheuse, puisque lorsque la situation de l'entreprise est au plus mal, c'est la responsabilité directe du dirigeant qui est engagée.

La prise de risques pour son capital est minimisée et l'on préserve les chances que l'entreprise puisse continuer son activité. Cela permet également au tribunal d'apprécier la situation financière de l'entreprise en vue de trouver des solutions.

L'ouverture de redressement judiciaire entraîne une période d'observation d'une durée variable allant de quatre à vingt mois, pendant laquelle l'activité est poursuivie.

L'ouverture de la procédure collective permet en outre d'informer les fournisseurs.

Le jugement de redressement judiciaire donne lieu à un plan de redressement. Et donc permet de chercher, malgré la pression énorme, des moyens de remonter la pente. Une provision de 450 euros est à effectuer lors du dépôt, ainsi que la fourniture d'un certain nombre de documents.

Chapitre X

Le développement

Il nous semble primordial d'insister sur l'action de développer l'entreprise en cherchant à anticiper les futurs courants musicaux ou les demandes du marché.

De même, lorsque l'on travaille sur un créneau bien défini, chercher de nouveaux débouchés semble un choix judicieux, sachant que, en fonction d'un genre musical, le marché ne pourra pas absorber plus qu'un certain nombre de disques.

Donc comment faire pour développer ses ventes, la visibilité de ses artistes, ou tout simplement la qualité de son catalogue ?

De plus en plus, le disque est un support pour trouver des concerts ou développer un artiste.

« Les gens qui accompagnent et développent les artistes ont des compétences qu'il faut rémunérer[10] », jusqu'à créer un écosystème autour de l'artiste.

1. L'acquisition de nouvelles compétences

C'est aussi ce qui fait la beauté de ce métier. On ne cesse jamais d'apprendre. Et tant mieux !

1.1. L'édition

« L'éditeur est l'avenir du disque ; il va développer la carrière de l'artiste. Il ne gagne pas beaucoup d'argent : pour un titre qui marche, combien y en a-t-il qui ne gagnent rien ? Certes, un éditeur gagne environ 7 % sur le prix d'un disque. Mais il faut prendre conscience des risques, comme le chantage aux éditions et à la cocomposition. Cela tue la création. On ne peut plus placer de titres sur un artiste connu. Une des causes de la baisse de ventes de disques est aussi la faiblesse de la création artistique, où l'on retrouve toujours les mêmes équipes. On n'a pas fait rentrer de sang neuf[11]. »

Si la création est un ensemble dont les bases sont l'association d'idées et la rencontre humaine, alors le travail d'éditeur prend tout son sens puisque, *via* le *songplugging*, il va faire vivre son écurie d'auteurs, de compositeurs et d'artistes.

Attention aux abus des producteurs qui signent des artistes également en édition musicale, pour diminuer leur prise de risques et s'assurer un contrôle sur les titres. Si le producteur n'a plus les moyens financiers de développer l'artiste, vers quel autre partenaire va-t-il pouvoir se tourner s'il n'y a aucun éditeur ? Et le développement des contrats 360° fait penser à ce genre de risques potentiels...

10. Hervé Rony, DG du Snep dans le compte-rendu de *Musique et diversité, la filière musicale au service de la diversité culturelle*, journée organisée par le Bureau export le 04/09/07.
11. Vincent Carpentier.

On peut envisager ces missions comme une suite à la relation entre artiste et producteur car « à un moment donné, on est trop petit pour le retenir. Le travail d'éditeur permet de continuer à développer le catalogue d'œuvres qu'on a fait avec l'artiste et de ne pas tout perdre [12] ».

Un contrat d'édition représente soixante-dix ans d'aventure humaine ! Alors comment faire pour devenir éditeur ?

Pour devenir éditeur et faire valoir ses droits sur le territoire français, mieux vaut adhérer à la Sacem. Pour cela, il faut présenter « [...] les contrats d'édition d'au moins dix œuvres originales faisant partie du répertoire de la société ou d'une société d'auteurs qui lui a donné mandat de la représenter, qu'il a édité graphiquement et dont il justifie qu'elles font l'objet d'une exploitation publique » (source Sacem).

Pour se rémunérer et faire valoir ses droits, l'éditeur signe avec ses auteurs, œuvre par œuvre, des contrats de cession. Sur la durée, et pour valoriser leur collaboration, il peut mettre en place un pacte de préférence.

On se rapportera à l'ouvrage de l'illustre Jean-François Bert, *L'Édition musicale*, paru aux éditions Irma en 2011.

1.2. La licence d'entrepreneur de spectacles

Demander une licence en tant qu'entrepreneur de spectacles devient un des moyens pour les labels d'obtenir une meilleure visibilité et de créer de l'événement autour des artistes promus. Et ce afin de pallier à la difficulté de la diffusion des œuvres. D'ailleurs, c'est la nouvelle tendance, l'arrivée de responsables de tournée au sein des labels.

Voici quelques éléments de compréhension concernant la licence :

- l'exercice de l'activité d'entrepreneur de spectacles vivants est soumis à la délivrance d'une licence ;
- est entrepreneur de spectacles vivants : « Toute personne qui exerce une activité d'exploitation de lieux de spectacles, de production ou de diffusion de spectacles, seul ou dans le cadre de contrats conclus avec d'autres entrepreneurs de spectacles vivants, quel que soit le mode de gestion, public ou privé, à but lucratif ou non, de ces activités. »

Il existe trois catégories de licence :

- **licence de 1re catégorie :** exploitants de lieux de spectacles aménagés pour les représentations publiques. L'entrepreneur doit être propriétaire, locataire ou titulaire d'un titre d'occupation du lieu qui fait l'objet de l'exploitation. Il doit, en outre, avoir suivi un stage de formation à la sécurité des spectacles ou justifier de la présence d'une personne qualifiée ;
- **licence de 2e catégorie :** producteurs de spectacles ou entrepreneurs de tournées, qui ont la responsabilité d'un spectacle et notamment celle d'employeur à l'égard du plateau artistique ;
- **licence de 3e catégorie :** diffuseurs de spectacles qui ont la charge, dans le cadre d'un contrat, de l'accueil du public, de la billetterie et de la sécurité des spectacles, et les entrepreneurs de tournées qui n'ont pas la responsabilité d'employeur à l'égard du plateau artistique.

12. Philippe Conrath.

La licence est personnelle et incessible. Lorsque l'activité est exercée directement par une personne physique, la licence est attribuée sur justification de l'immatriculation au registre du commerce et des sociétés ou, le cas échéant, au répertoire des métiers.

Lorsque l'activité d'entrepreneur de spectacles vivants est exercée par une personne morale, la licence est accordée à des :

- entreprises commerciales : président du conseil d'administration ou directeur général pour les SA ou les Scop et gérants pour les SARL ;
- associations et établissements publics : dirigeant « désigné par l'organe délibérant prévu par les statuts » ;
- salles de spectacles exploitées en régie directe par les collectivités publiques : « personne physique désignée par l'autorité compétente ».

À noter qu'un mandataire peut être titulaire de la licence dès lors qu'il est détenteur d'une délégation de pouvoir du président et désigné par délibération du conseil d'administration.

Les dossiers de demande de licence sont à retirer auprès de la Direction régionale des affaires culturelles (Drac) de sa région.

La demande de licence doit être adressée par lettre recommandée avec accusé de réception au préfet du département du siège de l'entreprise.

À partir du moment où le dossier est complet, la décision doit intervenir dans un délai de quatre mois après sa réception. En l'absence de réponse dans ce délai, l'autorisation est réputée accordée.

La licence est délivrée pour une durée de trois ans renouvelable par le préfet après avis d'une commission régionale consultative et cette procédure est gratuite.

L'attribution de la licence « est subordonnée à des conditions concernant la compétence ou l'expérience professionnelle du demandeur » (être majeur, être titulaire d'un diplôme d'études supérieures ou justifier d'une expérience professionnelle de deux ans ou avoir bénéficié d'une formation professionnelle dans le secteur d'au moins cinq cents heures, justifier de la capacité juridique pour exercer une activité commerciale).

La licence peut être retirée si l'entrepreneur n'a pas respecté ses obligations en matière de droit du travail et de propriété intellectuelle.

Mais, parmi les producteurs, certains ne partagent pas l'idée de la licence : « Les médias sont la véritable visibilité dans ce métier. Pas les entrepreneurs de spectacles, à part Camus ou Thierry Suc. Combien d'entrepreneurs de spectacles nous ont vraiment permis, en produisant un disque, de faire un carton ? Quasiment aucun[13]. »

Et il n'est plus rare désormais de voir dans les labels une cellule dédiée à la production de spectacles et à la tournée. Les temps changent et les labels s'adaptent à la situation.

Pourtant, dans un contexte de contrats d'artistes rendus, c'est une solution adoptée par beaucoup de producteurs de spectacles qui signent des artistes en production, persuadés de la valeur artistique et désireux de donner une chance supplémentaire à leurs protégés.

13. Vincent Carpentier.

1.3. La gestion de services pour les artistes

Contrats d'artistes rendus, artistes connus qui s'autoproduisent, difficultés de rentabiliser les investissements, précarité des structures, marasme économique, etc.

Les raisons évoquées sont nombreuses pour que les producteurs de disques en viennent à valoriser leurs acquis et leur expérience d'une manière différente.

Les attachés de presse sont souvent engagé(e)s par les maisons de disques pour faire de la promotion pendant un certain temps. Les compétences des directeurs de maisons de disques pourraient être elles aussi employées sur des projets précis, de courte ou de longue durée, en tant que prestataires de services.

De nouveaux modèles économiques se mettent en place. Certains importés des pays de *copyright*. D'autres directement inventés sur place, dans un pays où les droits d'auteur ont toute leur importance.

Ce développement de services nous semble être une des conséquences de l'autoproduction, qui a amené sur le marché de nombreux artistes ou structures affiliées à se positionner en tant que producteurs, alors que la situation économique est difficile.

Quoi de plus normal alors, que de faire appel à des consultants et des prestataires de services ?

Attention à ne pas tomber dans le travers que relèvent certains producteurs de disques, comme le *profit sharing*, sorte de mauvaise coproduction où l'on aboutit à une propriété indivise de fait qui n'est pas pratique dans les suites de l'exploitation commerciale et qui est répartie au prorata (en général) de un tiers artiste et deux tiers label.

Producteur et manager, producteur et merchandiser, producteur et marques… Les nouvelles pistes pour faire rentrer des fonds impliquent toutes de chercher des revenus ailleurs que dans la musique directement. Ce qui tend à diluer la valeur de l'œuvre phonographique dans des faux-semblants ou des faire-valoir. « Il va falloir donner au CD une nouvelle valeur, une nouvelle image, un nouveau contenu » avait déclaré Jean-François Cécillon, ex-PDG de EMI Music Europe continentale[14]. Mais le risque n'est-il pas d'échouer si l'on vend d'abord des T-shirts pour faire de la musique ?

2. L'exploration de nouveaux marchés

Le travail de chef d'entreprise consiste en la recherche de nouveaux créneaux, en réaction opportuniste face à des possibilités qui vont s'offrir au label.

2.1. L'import de licences

Difficile, long, parfois fastidieux et concurrentiel, l'import est néanmoins une réalité, notamment dans certaines esthétiques musicales de niche.

Pour le label, l'import consiste à aller chercher un accord avec un autre producteur à l'étranger, afin de diffuser ses œuvres sur un territoire.

14. In *La vie des médias* du 19 novembre 2006 (TF1), rapporté par *GL Connections*, n° 16 du 29/11/06.

Dans le cadre d'achat de bandes, que l'on ne pourra accepter de facture (donc pas de fiche de paie) que dans le cadre d'une coproduction, où l'artiste coproducteur est alors inscrit au registre du commerce et dispose d'un numéro de TVA intracommunautaire.

Pour les artistes hors Communauté européenne, on peut accepter une note d'honoraires ou une facture, seulement si ceux-ci ont une activité régulière déclarée dans leur pays et qu'ils y payent les charges sociales.

Sylvain Gandilhon nous explique sa façon de procéder en terme de licence à l'étranger (hors Union européenne) : « Comme les titres de ces artistes sont signés par d'autres labels, on fait un contrat de licence avec les labels où l'on a l'autorisation de vendre le disque et de le presser en France puis de le vendre à l'export partout dans le monde, mais avec l'obligation de presser le disque en France. Ce qui est un problème avec le taux de change. »

2.2. L'export de disques

L'opportunité de pouvoir développer des marchés à l'étranger est plus qu'intéressante. Puisqu'elle permet de trouver de nouveaux débouchés et de signer des licences avec des labels à l'étranger.

Ça ne rapporte peut-être pas beaucoup, mais c'est une véritable garantie de promotion internationale. Et ça fait plaisir aux artistes et au label de savoir qu'on les écoute jusqu'à Bismarck, capitale du Dakota du Nord !

Un des conseils que l'on a pu nous donner est le suivant : il vaut mieux commencer par exporter du maxi-vinyle. Le problème étant surtout le coût de distribution et la récupération des *royalties*.

Ou alors on peut directement réfléchir à une sortie numérique sur certains territoires avec une mise en avant spécifique liée, encore une fois, à des tournées…

Trois modes de fonctionnement pour l'export :

2.2.1. Le travail avec des exportateurs

Le travail de l'exportateur fait que le disque arrive en petites quantités dans certains magasins, et cela va avoir comme conséquence de mettre la puce à l'oreille aux distributeurs locaux. Si un disque se vend bien, comme les vendeurs et les commerciaux se parlent beaucoup, de là, les distributeurs peuvent être intéressés, mettre plus de disques en magasins, et faire un travail de promotion et de mise en avant.

Un exportateur va juste envoyer des CD directement au magasin, sans travail de promotion ni de commercial. Auparavant, il aura envoyé des feuilles d'informations, sorte de bons de précommande et des dossiers de presse.

Il se passera environ un mois entre le moment de la commande et la réception des disques chez le client.

La quantité dépend de beaucoup de facteurs, cependant, comme les disques sont en vente ferme, ils sont la plupart du temps commandés en petite quantité. Car les magasins n'ont pas la possibilité de faire des retours sur ce genre de commandes, ce qui leur déplaît énormément.

Attention également à la combinaison hasardeuse exportateur + distributeur sur un même pays ; parfois certains disques peuvent arriver sur un territoire où il y a déjà un distributeur pour les œuvres.

2.2.2. Le travail avec des labels étrangers

Basiquement, c'est la signature d'une licence avec le label étranger pour l'exploitation d'un ou de plusieurs titres.

Le prix de cette licence dépend grandement de la célébrité de l'artiste et de l'investissement qui a été fait en promotion. Il n'y a pas vraiment de grilles de tarifs. Même si des sommes allant de 500 à 3 000 euros semblent être couramment admises pour l'exploitation sur un territoire donné d'un titre du catalogue. C'est le principe de la licence *flat fee* : x dollars pour un titre et une proportion de ce que l'on encaisse.

Les labels à l'étranger sont souvent des petites structures : les négociations se font avec le *label manager*, parfois avec l'artiste, parfois avec la personne qui s'occupe de faire les licences comme le responsable des licences, l'avocat.

La principale demande des labels est que leur titre soit utilisé sur un produit de qualité. Donc ils demanderont le *tracklisting* (la liste des titres mis sur le disque). D'autres se préoccuperont seulement de savoir combien cela peut leur ramener.

La négociation des avances va porter sur le territoire : vendre sur quel pays avec quel potentiel de ventes. Ce qui fait que le label français aura potentiellement à verser des avances très fortes (qui pour autant sont toujours négociables) et, tous les six mois, il devra envoyer des relevés de *royalties* aux labels. En cas de recoupement de l'avance versée, un versement de *royalties* aura alors lieu.

2.2.3. Le travail avec des distributeurs

Comme en France, un distributeur est implanté sur un territoire et va faire un travail de promotion sur ce territoire.

La difficulté du travail avec un distributeur à l'étranger est le contrôle effectif des ventes. Sachant également que la tendance est de percevoir une avance et d'oublier de renvoyer le chèque de *royalties*.

2.3. Proposer des offres inédites

Il y a peu, Le Peuple de l'Herbe a lancé, à l'occasion de la sortie de son nouvel album le concept « une place de concert + album en numérique » en partenariat avec son label Discograph et son tourneur À Gauche de la Lune. L'auditeur, *via* la Fnac, pouvait réserver une place pour la tournée 2010 puis télécharger en intégralité le nouvel album en numérique, et ce à un prix qu'ils avaient qualifié de démocratique.

L'attrait de ce procédé étant la possibilité de travailler en bonne intelligence avec tous les partenaires et tenir un discours commun auprès du public.

3. Créer son label à l'étranger ?

La tentation est grande de créer une structure à l'étranger ou d'enregistrer dans des studios en dehors du territoire national. Seulement tout cela a un prix et représente un coût financier et de gestion à bien prendre en compte.

La grande tendance que l'on a pu entendre ces dernières années est la création d'un label sur le territoire britannique : ce qui n'est pas sans poser de problèmes, car le fisc imposera de toute façon sur les activités réalisées en France. En outre, il faudra de toute façon avoir un « indigène » sur place pour donner des informations sur le mode de fonctionnement du milieu du disque en Angleterre.

Conclusion

« J'ai pétri de la boue et j'en ai fait de l'or »,
Charles BAUDELAIRE, « Orgueil », Les Fleurs du mal, *1857.*

Doit-on vraiment créer son entreprise phonographique à l'heure où les disques se vendent de moins en moins et lorsque partout les chiffres concernant le secteur du disque sont alarmants ?

La réponse est oui, car le futur de la musique passera par les indépendants, et par des structures capables d'adaptation au secteur. Chaque révolution technologique s'accompagne de soubresauts et de phases d'accommodation.

Marsu rappelle que ce qui est important est la musique et pas le support. Développer de beaux produits, sortir moins de disques, les *marketer* mieux et plus longtemps semble être le mot d'ordre de la plupart des indépendants qui, pour beaucoup, considèrent que la crise du disque est plus une crise du support CD que de la musique. On n'a jamais autant produit de musique (mais dans quelles conditions), exploité des œuvres de façon industrielle sur si peu de temps (quel paradoxe !) et pour aussi peu d'argent.

On peut se poser la question de savoir si l'ambiguïté ne vient pas également du fait que les retours sur investissement sont tellement longs que les producteurs se voient obligés de sortir x disques par an, pas toujours dans les meilleures conditions, afin de générer un *cash flow* continu. Catalogue à crédit ou fuite en avant ? Sachant également que les relations médias/disques, parfois contre nature, et la situation d'étranglement en distribution ne sont pas faites pour aider la concurrence libre et parfaite.

Où situer les producteurs indépendants dans ce paysage lorsqu'ils ont tellement de difficultés à trouver une place pour leurs disques dans les moindres rayons ?

Bien évidemment la suite logique à ces problématiques est la question de l'avenir du disque. Dans un milieu où déréférencement et déstockage ont porté un rude coup aux labels, et où la création artistique, bien que très vivace, cherche désespérément des moyens de rencontrer son public. Qu'en sera-t-il des producteurs indépendants de demain ?

Pour beaucoup, la réponse est un futur compliqué et souriant. Le marché oblige à rationaliser. Ce qui veut dire la disparition de certaines grosses compagnies au profit de plus grosses structures et d'artistes à qui on rend des contrats ; ce qui va profiter aux indépendants qui devront aussi s'adapter à d'autres métiers pour pouvoir rester compétitifs sur le marché en ayant les outils nécessaires, car développer des artistes ou des labels devient de plus en plus difficile.

Christian Bordarier voit : « Une dissociation entre des artistes hypermédiatisés et des artistes de terrain qui continueront à vendre. Il y aura besoin de gens qui feront le lien entre la production de disque et la scène. De plus en plus on aura besoin du meilleur album possible et du groupe qui continuera à tourner avec cohérence. Les maisons de disques qui arriveront à faire ce lien survivront. Comme tout est *surmarketé*, il y aura toujours des modes et de l'autre côté des artistes qui passeront par la scène. C'est aux labels de s'adapter à l'évolution. Car les ventes de disques vont continuer à diminuer. »

D'aucuns voient l'avenir ainsi : les labels indépendants qui vont réussir à passer le cap de la crise vont devenir de plus gros labels et les *majors* deviendront uniquement des boîtes de distribution. Les *majors* feront beaucoup moins de découvertes de talents. Elles disposent de meilleurs réseaux de distribution et d'une grande force de promotion, dans lesquels elles se cantonneront, notamment au travers de licences de par le monde.

Les indépendants seront des développeurs d'artistes. Les labels depuis des années font du travail de recherche et de développement avec de faibles budgets. Paradoxalement, le développement de catalogue concerne les passionnés de musique, qui cherchent à découvrir un artiste talentueux et à le faire connaître.

L'essence de la musique est de pouvoir toucher tout le monde. La musique reste le premier élément artistique fédérateur, créateur de tendances car au centre de la vie des gens. Musique populaire et/ou consommation de masse ? Pour autant les cartes changent de main, et on peut penser que les *majors* de demain ne sont pas celles que l'on croit. Apple sera peut-être un des grands fournisseurs de contenus de demain, (les avancées technologiques entraînent de nouveaux réflexes de consommation), mais Apple ne proposera jamais de *deals* avantageux à des indépendants et ne se risquera jamais sur le terrain de la production.

Et plutôt que parler de conclusions, ne devrait-on pas plutôt parler de perspectives ?

Reprendre goût à l'ouvrage bien fait

Il devient primordial de faire des albums où tout est bon pour inciter l'acheteur à l'achat. Christian Bordarier rappelle qu'il faut revenir sur les fondamentaux. Car on est arrivé à une politique de remplissage où les artistes n'ont plus le temps de créer, où la logique économique prime au détriment de la création, alors que ce doit être un équilibre. En outre, le développement pour les producteurs indépendants passe par la scène. Et il convient d'aider les groupes à faire le meilleur album possible, avec en parallèle les meilleurs spectacles possibles.

Une prise de conscience politique ?

La prise de position des pouvoirs publics manque cruellement de fermeté dans la compréhension de tous les enjeux inhérents au milieu du disque. Un artiste qui vend un disque représente un maillon d'une longue chaîne mise en place lorsqu'il a décidé d'acheter son instrument et de trouver des enseignants, ce qui a impliqué, à un moment donné, le service public, le service au public, le tissu social, local. Les indépendants parlent beaucoup de prix unique du disque, de soutien à la distribution locale, et bien évidemment de baisse de la TVA sur le disque ! Pourtant, les collectivités territoriales doivent aussi y jouer leur rôle. C'est ce que l'Irma et le Mila ont montré lors de la rencontre intitulée « Collectivités territoriales, labels et industries musicales » le 20 septembre 2007. La priorité des artistes et des labels est paradoxalement la formation : aider les artistes à prendre conscience de leurs responsabilités et à assumer leurs choix. Il y a un manque de moyens au niveau local pour accompagner les artistes, les producteurs, afin d'asseoir leurs activités économiques. Ces enjeux, véritables moteurs d'une industrie culturelle, dépassent largement le cadre national et s'inscrivent dans la nécessité de trouver des modèles rationnels pour assurer la pérennité des milliers d'emplois directs et indirects générés.

La filière phonographique est un secteur marchand qui bénéficie traditionnellement de peu de soutien public. Avec la « crise du disque », cette économie s'essouffle et accélère sa concentration, au péril du renouvellement des créations et de la diversité culturelle. Certaines collectivités territoriales s'en inquiètent et différents dispositifs d'aide aux labels indépendants locaux ont vu le jour. Les labels y trouvent un appui pour poursuivre leur activité de repérage d'artistes et de production. Les collectivités, en soutenant la vitalité artistique locale, protègent aussi un bassin d'emploi et enrichissent l'attractivité de leur territoire. Elles bousculent également de la sorte les logiques de l'intervention publique en matière de culture, frileuses à l'égard du marché du disque.

De nouveaux modèles économiques à créer ?

Les divergences sont évidentes au niveau des points de vue, notamment financiers, entre artistes et producteurs. Mais de nouvelles possibilités se créent.

Magnatune ou Jamendo offrent des licences ouvertes et laissent le choix aux auditeurs de fixer un prix pour les titres qu'ils souhaitent télécharger. L'*open music*, analogie avec l'*open source* informatique, encourage une approche plus libre (mais jusqu'où ?) de la consommation de la musique. L'intérêt ? Développer une relation privilégiée avec les acheteurs, montrer la face humaine de toute entreprise artistique. Cdbaby (www.cdbaby.com) pèse lourd aux EUA, et Amazon.com vient d'y lancer son service de stockage en ligne et de *streaming*. Gildas Lefeuvre raconte dans *GL Connections* d'avril 2011 : « L'enseigne a pris tout le monde de vitesse. Apple, Google (dont le service concurrent doit être lancé dans les semaines à venir), Deezer (qui propose un système de stockage en premium pour 9,90 euros par mois) et l'industrie musicale... Les *majors* sont furieuses d'avoir été prévenues au dernier moment, l'annonce d'Amazon intervenant avant même d'avoir négocié la moindre licence pour le *streaming* de musique. »

Philippe Astor écrivait sur Electronlibre.info[15] : « Les labels indépendants sont aujourd'hui directement sous la coupe d'iTunes. Si la plateforme décide de changer ses conditions de vente, les producteurs seront tout de suite soumis à ces changements, et verront leur modèle économique fortement bouleversé. Jusqu'à présent, Apple n'a pas cherché à trop modifier ces conditions. [...] *A contrario*, cette situation d'unification de la source de revenus des producteurs permet de ne pas multiplier les stratégies commerciales ou marketing. La vente d'un nouvel album se fait toujours par le même vecteur, sans risque d'un trop fort éparpillement. Le chef produit pense avant tout iTunes, ce qui pourrait d'ailleurs gêner aussi les concurrents de la pomme, qui sont pour l'instant les laissés-pour-compte, malgré la *hype* qui accompagne ces plateformes. »

15. http://electronlibre.info/iTunes-85-des-revenus-des,01155.

Et l'on se rend compte que les enjeux financiers échappent aux producteurs de disques et aux labels en général. Amazon retente le même coup de poker qu'Apple qui avait imposé un prix de vente selon ses propres normes et pas celles de la filière musicale. Éternel recommencement qui profite aux fabricants de matériel, aux fabricants d'interface, aux fournisseurs d'accès, mais sûrement pas à ceux qui amènent la matière musicale. La solution est probablement dans le fait de réfléchir en termes d'opportunités de développement *via* tous les réseaux de la toile et plus seulement par rapport à un distributeur physique ou numérique… ou un fournisseur d'accès qui réfléchit par rapport aux intérêts de ses clients et pas de ceux de ses fournisseurs.

Est-ce que le consommateur va rester longtemps producteur ? misant (comme à la loterie) sur les possibles succès d'artistes et en participant au sens financier du terme : My Major Company (premier label musical participatif) et feu Spidart (artistes et fans producteurs) sont des initiatives en ce sens. Mais finalement, elles proposent des taux pas forcément intéressants pour les producteurs participatifs et favorisent l'arrivée de talents très grand public pour pouvoir rembourser les frais engagés.

Le grand renouveau du *direct-to-fans* comme méthode de marketing laisse pourtant entrapercevoir une nouvelle façon de toucher un public avide de relations privilégiées avec l'artiste.

Ce qui est intéressant, c'est de voir que les labels se positionnent aussi sur de la prestation de services.

Cependant, ces nouveaux modèles de développement économique n'excluent pas les modèles traditionnels. Ils sont, bien au contraire, complémentaires. On achètera toujours des disques « vus à la télé » au supermarché, on ira toujours dans les magasins de disques pour pouvoir écouter, faire des cadeaux, (Frédéric Venant : « Je me vois mal, à Noël, offrir un fichier MP3 dans un joli paquet cadeau à ma petite cousine ! »), fouiner dans les bacs à fouille, bénéficier d'offres spéciales… Épicerie fine et grande distribution… Entre curiosité et standardisation ! Reste qu'il semble difficile de garder des rayons de disques à l'année dans lesdits magasins.

Des modes de fonctionnement différents

De plus en plus de labels signent des distributions au cas le cas en fonction des projets, et les artistes tendent à souhaiter garder les droits d'exploitation de leurs œuvres dans le cas de la distribution dématérialisée. L'installation du MP3 comme mode de consommation de la musique donne de plus grandes possibilités pour certains labels de distribuer, depuis leur site, des titres qui ne sont plus réédités dans le commerce et dont l'exploitation demanderait un investissement beaucoup trop important pour justifier un pressage. En outre, comme bon nombre de labels managers sont musiciens, ou disposent au moins d'un studio d'enregistrement numérique, ils peuvent ainsi proposer des titres « plus » à télécharger : remix, version inédite, remasterisation…

Nous recommandons la lecture de l'article de *Wired* intitulé « Stratégies de survie pour les artistes en développement et les *Megastars*[16] » par David Byrne, paru le 18 décembre 2006, pour savoir ce qu'il en est des développements de la musique depuis le point de vue des artistes, dans un contexte international.

16. « David Byrne's Survival Strategies for Emerging Artists – and Megastars ».

Schématiquement, avant, voici ce que les maisons de disques faisaient :

- financer les sessions d'enregistrement ;
- manufacturer les produits, les distribuer et les *marketer* ;
- prêter et avancer de l'argent pour les dépenses (tournées, vidéos) ;
- conseiller et guider les artistes sur leur carrière et leurs enregistrements ;
- s'occuper des comptes.

Maintenant, tout artiste doit prendre conscience qu'il a six possibilités :

- le 360, où il devient une marque ;
- le contrat de distribution standard ;
- le contrat de licence ;
- le contrat de partage des profits (*profit-sharing deal*) ;
- le contrat de fabrication et de distribution ;
- le modèle d'autodistribution.

Les enjeux en cours portent aussi sur la durée des droits liés à l'exploitation des œuvres, et leur pourcentage de répartition. Est-ce que cette gestion de droits doit être collective ou individuelle ? Il y a déséquilibre entre les droits d'auteur (70 ans), une licence (3-5 ans) et les droits du producteur (50 ans après la première production). C'est l'intérêt de l'éditeur graphique de faire un titre qui va bien marcher, car certains morceaux passent sur des radios et ne vendent plus un disque ; donc ne rapportent quasiment plus rien au producteur originel, mais génèrent par contre des revenus éditoriaux. Les différents ayants droit et l'éditeur ont plus intérêt au succès.

Plus que la crise du contenu, c'est la crise du support et de l'industrie qui l'utilise qui est en jeu. Les producteurs de disques n'ont jamais anticipé un progrès technique, ils l'ont subi, puis ont su retourner le problème technique à leur avantage. Donc, fondamentalement, l'activité de producteur restera la même : développer des artistes et les faire rencontrer leur public. Ce ne sera peut-être pas avec des CD, mais un autre support. En attendant que ces nouveaux modes de consommation de la musique se mettent en place (aussi bien du côté des utilisateurs que des producteurs), voici quelques pistes pour que les utilisateurs d'Internet cessent de dire que tout est gratuit sur le web, et que les producteurs, et les artistes, et les maisons de disques en général, puissent continuer leurs actions :

- **poursuivre les pirates en justice.** Arsenal de dispositifs anticopie, actions de lobby sur les gouvernements pour faire évoluer les lois, procès contre des utilisateurs de *peer to peer* ; avec pour conséquences une diminution de l'utilisation des réseaux P2P (au profit d'autres systèmes type Megaupload et Rapidshare) ;
- **des fichiers vendus en ligne, mais protégés ;**
- **des fichiers vendus en ligne, mais non protégés.** Comme de la VPC, avec du téléchargement en ligne et vendus plus chers, car permettant d'être utilisés sur de nombreux appareils de lecture. Pour aller à l'encontre des systèmes de lecture propriétaires qui empêchent la lecture du fichier sur d'autres supports numériques ; et qui font que l'internaute va alors

les télécharger illégalement ailleurs. Après la guerre des DRM, la plupart des fichiers sont désormais vendus sans système de gestion de droits numériques. D'ailleurs Apple qui tenait au prix unique de vente des fichiers en lignes a cédé devant l'insistance des *majors* et les nouveautés sont vendues plus chères, à 1,29 euro, alors que le fonds de catalogue passe de 99 à 69 cents ;

- **des abonnements pour disposer de la musique « comme de l'eau ».** Un accès illimité permet d'écouter et de télécharger toute la musique que l'on souhaite. Pratique, particulièrement parce que les modes de consommation de la musique changent : écouter de la musique partout, tout le temps ;
- **prélever une taxe sur les abonnements Internet.** Pour l'instant, c'est le cinéma avec le Cosip qui y a réussi et pas la musique (on attend la mise en place du Centre national de la musique pour avoir plus d'informations) ;
- **taxer le *upload* (mise à disposition de contenu sur le web).** Facile à contrôler, cette taxe permettrait de favoriser les offres payantes et de cesser de faire croire que la musique est gratuite. Une solution à mi-chemin entre la chasse aux pirates et la licence légale ;
- **proposer des CD avec bonus.** Faire de beaux objets, qui plaisent aux consommateurs et qui fassent que l'achat de disque devienne un achat de collectionneur : *digipacks*, livrets travaillés, photos, ainsi que le son retravaillé aux normes du SACD (seules certaines *majors* font néanmoins ce pari). Cette solution de belle ouvrage comme alternative contre la piraterie, semble être adoptée par le plus grand nombre de producteurs à un moment où le téléchargement payant se met en place.

Adapter ses stratégies à la réalité de la filière : faire des sorties numériques et envisager de ne plus sortir de disques en physique, en devenant un *netlabel* qui se concentre sur peu d'artistes et cherche plutôt à multiplier la visibilité des artistes sans forcément gagner de l'argent.

Pour mémoire :

1807, Thomas Young, en utilisant un cylindre rotatif enduit de noir de fumée, réussit à inscrire la vibration d'un diapason sur la surface dudit cylindre.

1857, Léon Scott de Martinville invente le phonautographe, première machine qui enregistre les ondes acoustiques.

Le 30 avril 1877 Charles Cros dépose le brevet du phonographe.

Le 12 août 1877, Thomas Edison présente son phonographe, qu'il améliore en 1888.

1885, A. G. Bell et Charles Tainter déposent le brevet du graphophone utilisant un cylindre de cire qui sera commercialisé par la Colombia Phonograph Cie.

En 1887, Emil Berliner dépose une demande de brevet pour son gramophone remplaçant le cylindre par un disque.

En 1888, Berliner permet enfin la duplication en nombre de ses disques par galvanoplastie.

En 1896, des gramophones sont dotés d'un moteur électrique.

En 1912, les disques à deux faces enregistrées se généralisent. Développement de l'industrie phonographique.

1947, Peter Goldenmark de CBS invente le microsillon.

1979, Philips et Sony inventent le disque compact à gravure numérique.

1987, le Fraunhofer IIS commence à travailler sur le format MP3.

1998, Shawn Fanning invente Napster.

2001, Musicnet, 1re plateforme de téléchargement légal, soutenue par BMG, Warner Music, EMI et RealNetworks.

2003, Tom Anderson et Chris DeWolfe créent MySpace. Lancement d'iTunes.

2004 fusion de Sony et BMG (excluant la division japonaise de Sony Music et la division Publishing de BMG qui appartient encore à Bertelsmann).

2006, évolution des offres de musique en ligne. Universal Music Group rachète BMG Music Publishing 1,63 milliard d'euros. Sony BMG devint Sony Music Entertainment.

2007, Radiohead propose son album en téléchargement sur son site, sans maison de disques (mais pas très longtemps…). Madonna confie ses intérêts à un producteur de spectacles… et non plus à un producteur de disques.

2008, création de BMG Rights Management en *joint-venture* avec le fonds britannique KKR.

2009, loi Hadopi ou loi Création et Internet. La France est saluée dans le monde par l'industrie musicale pour avoir mis en place un système répressif en vue de lutter contre la piraterie. Qobuz apparaît sur le marché, plateforme développée par un indépendant. BMG Rights Management rachète Cherry Lane Music Publishing.

2010, première évocation du Centre national de la musique. X5 Music Group lève 7 millions d'euros auprès du fonds de capital-risque NorthZone Ventures (principal actionnaire de Spotify). X5 Music Group ne produit pas de phonogrammes, ne signe pas de nouveaux artistes, mais acquiert des masters sur des compilations de fond de catalogue qu'il licencie à différentes plateformes de musique en ligne et à des agrégateurs pour les exploiter en ligne [17].

2011, Facebook se lance sur le marché de la musique avec Moontoast Impulse. Amazon aussi avec son Cloud Player (les discussions avec les acteurs de la musique donnent du fil à retordre aux deux géants du net). iTunes, Spotify et Amazon représenteraient 94,4 % des revenus des labels indépendants (dont 85 % pour iTunes).

17. Source Philippe Astor sur www.zdnet.fr/blogs/digital-jukebox/.

L'histoire de la musique enregistrée est faite de lutte entre supports, autour desquels s'articulent des stratégies industrielles et culturelles : on se souvient de la lutte acharnée au début du siècle, entre le cylindre d'Edison et le disque plat de Berliner. Aux alentours de 1930, la radio met en péril l'industrie du disque, dont elle se nourrit abondamment[18]. Désormais, c'est de l'ordre de la fracture entre usages et industries. Pour bien comprendre les enjeux de société et l'histoire des musiques enregistrées, nous renvoyons sur le blog de Gilles Rettel[19].

Le secteur du disque a une courte histoire, mais a toujours su répondre à tous les défis par des capacités d'adaptation, d'inventivité et de créativité.

L'évolution des différents supports reflète bien les échanges, alliances, combats et luttes diverses illustrant son histoire.

Les enjeux à venir sont artistiques, parce que de création, mais aussi financiers, puisqu'industriels.

Nous vivons une période qui entraînera probablement une décroissance de la galette « physique » à terme, mais qui permet une accélération incroyable de la production musicale. Et qui dit production musicale, dit producteurs, catalogues et patrimoine. Mais dans un nouveau contexte, avec de nouveaux partenaires et des sources de revenus différentes.

Aussi, la vraie question finalement est plutôt : qui va payer pour développer de nouveaux talents ?

18. André LANGE, *Stratégies de la musique*, Bruxelles, éd. Pierre Mardaga, 1986, p. 161.
19. http://blog.formations-musique.com, et tout particulièrement sur son intervention à Toulouse le 1er avril 2008.

ANNEXES

Annexe I

Labels en ville

Les dispositifs locaux de soutien à la filière discographique

La filière phonographique est un secteur marchand qui bénéficie traditionnellement de peu de soutien public. Avec la « crise du disque », cette économie s'essouffle et accélère sa concentration, au péril du renouvellement des créations et de la diversité culturelle.

Certaines collectivités territoriales s'en inquiètent et différents dispositifs d'aide aux labels indépendants locaux ont vu le jour, comme en Rhône-Alpes, en Aquitaine, en Paca ou à Paris. D'autres sont en gestation... Les labels y trouvent un appui pour poursuivre leur activité de repérage d'artistes et de production. Les collectivités, en soutenant la vitalité artistique locale, protègent aussi un bassin d'emploi et enrichissent l'attractivité de leur territoire. Elles bousculent également de la sorte les logiques de l'intervention publique en matière de culture, frileuses à l'égard du marché du disque. [...]

Les initiatives existantes en matière de financement public des labels de musiques actuelles sont rares. Dans le cadre du Plan rock du ministère Lang, un Plan labels avait vu le jour de 1989 à 1992, aidant plus d'une cinquantaine d'entreprises pour un montant global de 8,1 millions de francs, soit plus d'1,2 millions d'euros. De nombreux groupes ont ainsi percé, accompagnés par des labels comme Boucherie, Bondage, Rosebud, Black & noir...

Cependant, le dispositif n'avait pas duré et s'était même conclu sur un constat d'échec : alors que le but avoué du ministère était la transformation des labels aux méthodes encore « artisanales » en véritables entreprises structurées, les labels vont surtout utiliser l'argent pour produire plus de disques ou pour rembourser leurs dettes. Mais en ne retenant que la forme de la subvention directe parmi six préconisations (voir encadré), le ministère a appliqué ses méthodes habituelles sans contribuer à créer les conditions de diffusion des œuvres produites. Le Plan labels ne parviendra de la sorte ni à structurer, ni à pérenniser les activités des labels. Le temps du politique et le temps de l'entreprise ne sont pas les mêmes ! Et ils ont parfois du mal à se comprendre...

Depuis, en dehors de mesures fiscales (crédit d'impôts, fonds d'avances Ifcic, fonds d'aide Fisac à la création de disquaires) et d'un soutien aux productions de musiques classiques et jazz (*via* le MFA), l'État n'est plus réellement intervenu, notamment financièrement, dans le domaine du disque.

Aujourd'hui, ce sont les collectivités territoriales qui, comme elles l'ont fait pour le cinéma, se positionnent sur cette forme de politique.

La crise du disque et ses conséquences sur la diversité culturelle

Si en 1989, le cabinet Argos (missionné pour une « Étude-action sur les labels discographiques indépendants » préalable au Plan labels) estimait que « les difficultés des labels sont exacerbées depuis un an » et que le projet d'aide allait « rencontrer une attente extrêmement forte due à cette situation d'urgence », que dire de la situation aujourd'hui ?

Rappelons que depuis quatre ans, le Snep estime que le marché français du disque a perdu près de 34 % de sa valeur, revenant à son niveau du début des années 1990.

Cette crise a entraîné une restructuration du marché : des *majors* ont fusionné, des labels et des distributeurs indépendants ont disparu, le nombre d'emplois et de nouvelles signatures d'artistes a chuté. [...]

Dans ce contexte économique fragile, les petites structures aux ressources modestes sont les premières touchées. Or les labels indépendants sont aux premières loges pour accompagner les créations naissantes et les artistes en voie de professionnalisation. Leurs difficultés ont un impact direct sur l'émergence de nouveaux talents et sur la diversité culturelle. Cette diversité peine d'autant que les ventes de disques, comme les *playlists* des radios, restent concentrées sur un petit nombre de produits. [...]

1. Panorama de quelques dispositifs de soutien aux labels indépendants

On peut distinguer deux catégories de dispositifs mis en place par les collectivités locales : ceux où elles interviennent de manière directe auprès des acteurs, et ceux où elles délèguent la gestion à un opérateur intermédiaire. Chaque dispositif a ses propres règles et modalités d'action, les uns soutiennent financièrement un projet au cas par cas, d'autres aident la structuration des entreprises ou à la mise en place d'opérations communes...

1.1. Les dispositifs de soutien direct

Nous présentons ici cinq dispositifs directement pilotés par une collectivité. Ils ne sont pas tous au même niveau de développement et suivent des modèles d'accompagnement différents.

Rhône-Alpes : dispositif d'aide à la filière phonographique

Ce dispositif se décompose en plusieurs volets d'actions :
- une aide au projet qui peut concerner la production, la distribution ou la promotion d'un phonogramme produit dans la région (la structure qui bénéficie de ces aides doit être domiciliée en Rhône-Alpes). Cette aide ne peut excéder 30 % du budget total et est plafonnée à 15000 euros par projet. Entre 2004 et 2006, ce sont 72 productions portées par 44 labels qui ont été subventionnées, pour une enveloppe globale de 660000 euros ;
- l'accompagnement des producteurs sur des salons internationaux, qui se traduit par la mise en place d'un stand Rhône-Alpes au Midem. Entre 2005 et 2007, 49 structures ont été accueillies sur 3 ans avec une moyenne de 25 structures par an, pour une enveloppe globale de 245 000 euros. Ce dispositif est intégralement financé et piloté par la région Rhône-Alpes, hormis l'organisation du stand Rhône-Alpes au Midem confiée à l'Amdra. [...]

Provence – Alpes – Côte d'Azur : Phonopaca (groupement des acteurs de l'industrie musicale en Paca)

[...] Les actions menées par le groupement relèvent en partie de la promotion des acteurs et de leurs catalogues mais également de la diffusion des supports et des œuvres :
- présence des entreprises sur les salons internationaux (Womex, Amsterdam Dance Event, Musicora, Sonar, Popkomm, Babel Med Music, Midem, etc.);
- mise en place d'outils promotionnels : une lettre d'information, une compilation, un site Internet, une revue de presse, etc. ;
- organisation de rencontres-débats ;
- pilotage du prix Labels Sud remis lors du salon Babel Med Music et qui a pour vocation de récompenser un artiste ou producteur de la région.

[...]

Aquitaine : dispositif d'aide aux entreprises de production et d'édition phonographiques

[...] Le dispositif est réservé aux entreprises indépendantes ou aux associations domiciliées en Aquitaine, dotées de moyens humains et logistiques, et dont le catalogue comporte au minimum trois productions distribuées commercialement sur les trois dernières années. Il est construit pour aider un label pour un minimum de deux productions dans l'année. Le financement peut aller de 1 500 à 8 000 euros par structure sur l'année, mais ne peut excéder 5 000 euros par production et 50 % du budget total du programme de productions de l'année. [...]

Mila : Marché des labels indépendants du XVIIIe arrondissement de Paris

[...] Il s'agit d'une pépinière d'entreprises qui regroupe une vingtaine de membres (labels, distributeurs, médias spécialisés...). [...] Ce dispositif ne consiste pas à subventionner directement des projets, mais offre la possibilité aux membres de bénéficier, à des tarifs très avantageux, d'une location de bureaux au sein du pôle, mais également de profiter d'une aide logistique (un poste de coordinateur, une salle de réunion, une photocopieuse, un kiosque à journaux...) et d'une aide à la promotion (tarifs préférentiels dans le magazine *Longueur d'ondes*, compilation, partenariat avec le festival 18 en Scènes...).

[...] Ici, le dispositif est ouvert aussi bien aux labels locaux en demande de soutien, qu'à tous les labels indépendants souhaitant s'implanter (ou implanter une filiale) sur Paris. [...]

1.2. Les dispositifs de soutien indirect

On peut aussi repérer d'autres modalités de soutien que les collectivités ont validées, la gestion des dispositifs étant assurée la plupart du temps par les pôles régionaux de musiques actuelles.

Poitou-Charentes : Réseau d'accompagnement à la distribution des autoproduits régionaux (Radar)

Contrairement aux autres dispositifs, Radar n'a pas vocation à structurer l'activité d'une entreprise sur le marché du disque, mais s'adresse spécifiquement aux artistes régionaux non signés et autoproduits. [...] [Ce dispositif leur permet] de diffuser et de vendre leurs œuvres en ligne, avec comme seuls critères d'admission le respect de la législation en matière de droits d'auteurs et la qualité de l'enregistrement. Pour aider à la promotion, le magazine du pôle (*Lignes de Mir*) consacre également quatre pages de chaque numéro à la présentation de ces références discographiques. [...]

Pays de la Loire : Trempo Fabric', Trempo Distrib', Trempo Garantie

Pour accompagner les artistes dans la production discographique, Trempolino (pôle des musiques actuelles en Pays de la Loire soutenu par la région, le département de Loire-Atlantique, la ville de Nantes, plusieurs communes de l'agglomération ainsi que le ministère de la Culture) a mis en place, depuis 1993, trois dispositifs indépendants et complémentaires [...] qui permettent aux artistes locaux de s'inscrire dans la chaîne économique du disque. À noter que ces dispositifs peuvent être sollicités par les labels comme par les musiciens. Ils sont donc ouverts aux artistes signés comme aux autoproductions (à condition que les groupes aient une activité régulière). Chaque projet aidé bénéficie par ailleurs d'un accompagnement et de conseils. [...]

Nord – Pas-de-Calais : Score

[...] [Score est] un dispositif de prêt bancaire proche de Trempo Garantie. Les prêts ont des montants unitaires compris entre 3 000 et 8 000 euros et se remboursent sur une durée de 1 à 3 ans. Les projets présentés devront émaner d'acteurs du champ des musiques actuelles domiciliés dans la région. Ils doivent également participer au développement conjoint de la création artistique et de l'activité économique. [...]

La liste des dispositifs ici évoqués n'est pas exhaustive. De nombreuses collectivités sont susceptibles de subventionner ou de mener des actions de soutien auprès des labels. Nous avons surtout listé ici les systèmes d'aide conventionnés qui ne fonctionnent pas au cas par cas, mais sur la durée. [...]

2. Quelles sont les conséquences de cette intervention publique ?

Elles sont multiples et de plusieurs ordres.

Pour les collectivités territoriales, en aidant un secteur en difficulté économique, il s'agit de soutenir un bassin d'emplois : les producteurs, mais aussi les artistes, les disquaires, les tourneurs… qui profitent par ricochet du développement du disque. Les collectivités (déjà impliquées dans l'enseignement et la diffusion des musiques actuelles) accompagnent de la sorte la vitalité artistique locale, et participent à la mise en valeur de la diversité culturelle sur leur territoire. […]

Pour les labels aidés, l'intervention des collectivités leur permet de poursuivre une politique artistique exigeante et à risque, à la recherche des artistes et des formes émergentes. Cependant, sans distribution et sans mises en bacs chez les disquaires (ou vente en ligne), l'aide pour les labels se retrouverait limitée. Si les dispositifs d'aide à la distribution deviennent opérationnels, cela pourrait permettre de structurer localement une « filière du disque indépendant », comme une alternative au circuit des multinationales et du *music business* autour duquel se concentre le marché du disque.

Mais pour ne pas reproduire les erreurs du passé, les dispositifs doivent associer de manière complémentaire les aides à la production, à la distribution et à la promotion. Il s'agit d'envisager la chaîne du disque dans son ensemble, en prenant aussi en compte les comportements d'écoute, de consommation et de recommandation. Ainsi, la réflexion sur les labels en appelle une sur les disquaires de proximité et sur la distribution en ligne, mais également sur la présence et le rôle des médias locaux (radios, fanzines). Pour aider les labels, il s'avère qu'il ne suffit pas « d'envoyer la sub ». Il s'agit au contraire de penser une ingénierie nouvelle, capable de coupler des dispositifs de manière cohérente, permettant aux populations d'accéder à une offre diversifiée et favorisant le développement économique des productions et des structures.

Enfin, cette intervention modifie les logiques traditionnelles de l'intervention publique en matière de culture, frileuses à l'égard du disque, produit façonné par le marché, et par conséquent sur lequel ni les pouvoirs publics ni les élites culturelles n'ont le pouvoir de décider de sa valeur esthétique. Si, dans les années 1980, l'entrée des musiques actuelles dans le champ des politiques culturelles avait déjà été vécue comme une « transgression », la prise en compte du disque relève au moins autant du même état d'esprit.

C'est pourtant ce que certaines collectivités mettent en œuvre, s'appuyant sur la convention de l'Unesco pour affirmer « la complémentarité des aspects économiques et culturels » et justifier le « développement de partenariats novateurs entre les secteurs public et privé ». Elles contribuent ainsi à modifier le rôle des décideurs publics, à la fois dans leurs méthodes (concertation des acteurs) et dans leurs intentions : intervenir dans un secteur longtemps laissé à la marge des politiques culturelles.

Comme le dit Philippe Couderc, *label manager* de Vicious Circle, « ne pas aider les labels, c'est construire une politique des musiques amplifiées sans tête, et donc ni jambes ». Car les labels indépendants, devenus « économiquement capables et juridiquement carrés », sont des porteurs naturels et militants de l'émergence et de la professionnalisation des artistes. Ils sont au cœur d'un système qui mêle les logiques privées et publiques, artistiques et commerciales…

Alors que les pouvoirs publics aident depuis longtemps des filières marchandes comme la sidérurgie ou l'agriculture, qu'ils n'ont pas de craintes à investir dans des industries culturelles telles que le livre ou le cinéma, il semble que les dispositifs des collectivités en faveur du disque soient un premier pas vers une attitude nouvelle des élus. Qui reste, pour l'heure, expérimentale et symbolique… À poursuivre.

Annexe II

Les aides de la SPPF

	Calendrier				
	Disques	**Vidéomusiques**	***Tour supports***	**Promotion/marketing**	**DVD musicaux**
Nombre d'aides	12 aides par an et par demandeur	12 aides par an et par demandeur	12 aides par an et par demandeur	12 aides par an et par demandeur	4 aides par an et par demandeur
Demandeur	le demandeur doit être le producteur du CD. Il peut être membre de la SPPF ou licencié avec un membre de la SPPF	le demandeur doit être le producteur du CD associé à la SPPF ou licencié à titre exclusif avec un associé à la SPPF	le demandeur doit être le producteur du CD associé à la SPPF ou licencié à titre exclusif avec un associé à la SPPF	le demandeur doit être le producteur du CD associé à la SPPF ou licencié à titre exclusif avec un associé à la SPPF (seules les sociétés sont concernées par ce programme d'aide)	le demandeur doit être le producteur du DVD. Il peut être membre de la SPPF ou licencié avec un membre de la SPPF
Dossier à présenter	avant la fabrication et la sortie commerciale	avant la 1re diffusion (ou dans les 1ers temps de la diffusion)	avant le début de la tournée	avant ou après réalisation (jusqu'à 12 mois)	avant la fabrication et la sortie commerciale
Délai de réalisation du projet	1 an	1 an	1 an	1 an	1 an
Montant maximum de l'aide	40 % du cadre subventionnable (rémunérations, enregistrement et postproduction)	40 % du budget total	le montant de la subvention ne pourra pas dépasser 50 % de l'apport du producteur phonographique	40 % des dépenses effectives (budget total)	30 % du budget total
Plafond de l'aide	25000 €	25000 €	12000 €	20000 €	15245 €
Apport du demandeur exigé	50 % du cadre subventionnable (rémunérations, enregistrement et postproduction)	un minimum	un minimum	minimum des dépenses : 15245 €	50 % du cadre subventionnable (rémunérations, enregistrement et postproduction)
Versement de la subvention	après réalisation du projet sur présentation du CD avec le logo SPPF	après réalisation du projet sur présentation de la vidéo	– 50 % avant la réalisation du projet et 50 % après sur présentation des justificatifs – logo SPPF sur supports promotionnels	– après réalisation du projet sur présentation des justificatifs – logo SPPF sur supports promotionnels	après réalisation du projet sur présentation du DVD avec le logo SPPF
Autres critères	le demandeur doit avoir déjà produit et commercialisé 1 CD antérieurement		– minimum 8 dates en France (dans des régions et des lieux différents et hors festivals)	dépenses concernées : espaces pub radio et TV, affichages hors *tour support*, insertions pub presse, PLV, supports audio/vidéo promo, *street marketing*, attaché de presse	
Règlements	les règlements interviennent dans un délai de 15 jours à réception de TOUS les justificatifs.				

Les aides de la SPPF (suite)

	Calendrier	
	Conventions salles	**Formation artiste**
Nombre d'aides	4 aides par an et par demandeur	2 aides par an et par demandeur
Demandeur	le demandeur doit être le producteur ou le licencié	le demandeur doit être le producteur de l'artiste ou le licencié à titre exclusif
Dossier à présenter	3 semaines minimum avant le concert promotionnel	envoyer un email au service subvention avant le début de la formation pour accord
Délai de réalisation du projet	1 an	1 an
Montant maximum de l'aide	60 % du tarif de location de la salle (voir liste des salles conventionnées)	15 h de formation, soit 1 595 € HT
Plafond de l'aide		
Apport du demandeur exigé	facture acquittée de la salle de spectacles	facture acquittée du Studio des variétés
Versement de la subvention	après le concert promotionnel sur présentation des justificatifs	après la formation sur présentation des justificatifs
Autres critères	– l'album promotionné doit être commercialisé depuis moins d'une année à la date du concert – le logo SPPF doit absolument figurer sur les outils promotionnels	
Règlements	les règlements interviennent dans un délai de 15 jours à réception de TOUS les justificatifs.	

Annexe III

Carnet ATA

« Le carnet ATA est utilisable dans les échanges avec les États ayant adhéré à la Convention ATA de Bruxelles (6 décembre 1961) et à la convention d'Istanbul (26 juin 1990) pour couvrir l'admission temporaire des marchandises. Il n'a pas lieu d'être dans les échanges intracommunautaires, sauf pour les opérations effectuées entre la métropole et les DOM-TOM (et inversement) et pour les marchandises qui transitent par un pays tiers (cas de la Suisse pour se rendre en Allemagne ou en Autriche)[1]. »

Les États membres de l'Union européenne constituant un seul territoire douanier		
Allemagne Autriche Belgique Bulgarie Chypre Danemark Espagne Estonie Finlande	France Grèce Hongrie Irlande Italie Lettonie Lituanie Luxembourg Malte	Pays-Bas Pologne Portugal République slovaque République tchèque Roumanie Royaume-Uni Slovénie Suède
Parties de territoires acceptant le carnet ATA		
Dom-Tom, îles Canaries, Ceuta et Melilla		
Pays signataires d'une convention sur l'admission temporaire (Convention de Bruxelles et/ou convention d'Istanbul)		
Afrique du Sud (inclus Botswana, Lesotho, Swaziland, Namibie) Algérie Andorre Australie Bélarus Canada Chili Chine Chypre (partie turque) Corée du Sud Côte d'Ivoire Croatie États-Unis	Gibraltar Hong Kong, Chine Inde Iran Islande Israël Japon Liban Macédoine Malaisie Maroc Maurice Mongolie Monténégro	Norvège Nouvelle-Zélande Pakistan Russie (Fédération de) Sénégal Serbie Singapour Sri Lanka Suisse-Liechtenstein Thaïlande Tunisie Turquie Ukraine
Taïwan : les exportateurs doivent se munir d'un modèle spécifique, le carnet CPD Chine-Taïwan		
Le carnet tous pays : En application d'un règlement douanier français, BOD n° 6123 du 13/9/1996, l'utilisation du carnet ATA en tant que procédure d'exportation à destination de tous pays – y compris les pays non signataires de la convention ATA – est autorisée. Pour autant, cette facilité accordée aux frontières françaises ne dispense pas les titulaires d'effectuer les formalités d'admission temporaire à l'étranger en respectant la réglementation nationale du pays de destination. Dans la pratique, les carnets ATA tous pays sont régulièrement acceptés comme formalités douanières suffisantes à destination.		
Pays susceptibles d'adhérer ou de réintégrer prochainement le dispositif ATA		
Brésil, Mexique, Vietnam, Zimbabwe		

1. Source : www.entreprises.ccip.fr.

Annexe IV

Label Copy

Remerciements à Danièle Molko et Nathalie Ashwell d'Abacaba, pour ces exemples de *label copy* :

Label copy				
Artiste	Titre album	Format	Code prix	N° support
Production	Éditions	Distribution	Minutage	Réalisateurs
Studio anglais	Studio français	*Mastering*	Presseur	Maquette
Titre (auteur/compositeur)		ISRC	Éditeurs	

LABEL COPY | DATE | TYPE SUPP. | SUPPORT COMPACT DISC AUDIO 12 CM | CODE STAT | CODE TARIF | BARRE CODE

DATE COPYRIGHT | PRESENTATION COMMERCIALISE | RESPONSABLE | PREFIXE N° CAT. CLE

STEREO | COLLECTION | GENRE | GENRE 2 | NB ROND

PROPRIETAIRE REPERTOIRE PRINCIPAL | ORIGINE REPERTOIRE | LABEL INFERIEUR (ETIQ)

REFERENCE CENTRALE : | TYPE D'ENREGISTREMENT | LABEL SUPERIEUR (SDRM)

ARTISTE / TITRE :
LIBELLE FICHE CONTENU :

RONDELLE 001 N°

FACE 001 N° MATRICE SDRM | MINUTAGE | MODE ENR. | LIEU ENR. | DATE PUBLIC

INTERPRETE PRINCIPAL
INTERPRETE VOCAL
CHEF D'ORCHESTRE
ADAPTATEUR
AUTEUR/COMPOSITEUR
AUTEUR/COMPOSITEUR

ADMIN ROYAUTES / SCP
PROPRIETAIRE SON
EDITEUR PAYS DE VENT

Annexe V

Dépôt légal à la BNF

{BnF **déclaration de dépôt légal** - phonogrammes

cerfa
n° 10064*04

Code du patrimoine art. L. 131-1 à L. 133-1 - Décret n° 93-1429 du 31 décembre 1993 (arrêté du 12 janvier 1995)

réservé à l'administration

A

téléphone

courriel
site web

nom du correspondant

signature du déposant
à
le

1 Nom (ou raison sociale) et adresse*

☐ * *La loi N° 78-17 du 6 janvier 1978 relative à l'informatique, aux fichiers et aux libertés s'applique aux données nominatives portées sur ce formulaire. Elle garantit un droit d'accès et de rectification pour ces données auprès de la Bibliothèque nationale de France.* ***Si vous ne souhaitez pas que votre adresse personnelle apparaisse dans les produits bibliographiques diffusés, en particulier sur le site Internet de la BnF, veuillez cocher la case ci-contre***

2 fonction ☐ éditeur ☐ producteur ☐ commanditaire ☐ distributeur ☐ importateur

B **Descriptif du document déposé** **dépôt obligatoire en 2 exemplaires**

3 n° international normalisé (ISRC) *(s'il y a lieu)*

titre du document

4 nom et prénoms des interprètes (formations et solistes)

5 marque

numéro de référence dans la marque

nature du support

durée de l'enregistrement

6 nom (ou raison sociale) et adresse du producteur

nom (ou raison sociale) et adresse de l'éditeur/maison de disque

nom (ou raison sociale) et adresse du distributeur

nom (ou raison sociale) et adresse de l'importateur

7 **édition** ☐ nouveauté ☐ nouvelle édition

8 nb d'exemplaires déposés ☐1 ☐2

9 chiffre déclaré du tirage ou de l'imporation

date de mise à disposition du public

C **Lieu de dépôt**

10 Bibliothèque nationale de France
Dépôt légal - Phonogrammes T3N2
Quai François Mauriac - 75706 Paris Cedex 13

Téléphone : 01 53 79 88 17 / 53 26 / 53 90
Télécopie : 01 53 79 83 39
depotlegal.sons@bnf.fr

Déclaration à compléter et à joindre ***à chaque document déposé*** **T. S. V. P.**

Annexe VI

Exemple de bon de précommande

Date de début de précommande: 09/03

Date de livraison : 01/04

Rayon: Techno

Genre: Növö Dub

Label : Skizo Productions

PR: 1500

OBJECTIF :

PROMOTION - MARKETING

Marketing :
½ page **Ragga Mag**,
½ page **Trax**,
½ page **Cod@**,

Presse - Articles / Interviews :
Rock n'Folk - Libération - Télérama
Le Figaro - Nouvel Observateur -
Cod@ - Trax - Les Inrockuptibles
Chronic'Art - Technikart - 491 -
Presto - Ragga - Rolling Stone -
Open Mag - L'Hebdo Virgin ...

Radio :
Radio Nova - FG - Le Mouv' -
Réseau Campus - Ferarock - Fédémag.

Web :
>>>>> : www.ez3kiel.com
Webzines : bokson.com -
Infratunes.com - W-fenec.org...
mailing fans à + 1500 contacts

EZ3kiel

EQUALIZE IT [04 Version]

La première brèche ouverte par **Ez3kiel** date de 1999, les trois tourangeaux, Joan Guillon (machines), Yann Nguema (Basse/graphisme) et Matthieu Fays (batterie), livrent alors " **equalize it** " 6 titres prometteur, prémices d'une période faste en créativité.
Cette même année la création du site **www.ez3kiel.com** par Yann fournira des indices quand à la volonté artistique du groupe, d'approfondir l'aspect visuel de leur musique.

En 2001 avec "**Handle with care**" (Jarring Effects) l'idée est là !
Le décalage des compositions, leur collaboration avec **Yann Tiersen**, **Sylvestre** de **Dit terzi** ou **Sir Jean** de **Meï Teï Sho**, intrigue le public. Cet album, riche de trouvailles et d'alliances, confirme l'éclectisme et le style très personnel du groupe.

En 2003 **Ez3kiel** reviens avec "**BARB4RY**" (Jarring Effects). Plus affiné et plus mature, ce 2ème album réaffirme l'identité du groupe faite de mélanges, d'anachronismes, de décalages et d'expérimentations musicales.
Poursuivant leur recherche à travers le hip hop, le dub et l'électro, **EZ3kiel** crée une dimension où la beauté et la mélancolie se laissent facilement bousculer avec violence, dureté et barbarie !
Des personnalités aussi différentes qu'uniques interviennent sur cet album : **Angélique Willkie** (**Seven dub**, ex-**Zap Mama**), **Angelo Moore** (**Fishbone**), le quatuor belge **DAAU**, **Black Sifichi** (Dj-Spoken Word- **SuperStone**), etc...

Aujourd'hui **EZ3kiel** propose la réédition de "**Equalize It**" augmenté de **2 titres inédits** (enregistré en 2000) **Remasterisé** - en **digisleeve de luxe**, à l'ocassion de leur tournée de printemps 2004.

3 481574 028138

Code-prix : TF440-2
Code-CD 402 813

."Equalize It .04."-Tour-.

AVRIL	MAI
01 LILLE / L'Aeronef	01 LE CREUSOT (71) Fet. Des Giboulées
02 ST LO (50) Le Normandy	07 ANNECY / Le Brise Glace
03 LES HERBIERS (85) Salle Herbauges	08 VIVIERS (07) Centre culturel
09 SAINT ETIENNE / Hall C	11 TOURS / MJC Joué les Tours
10 SAINT NAZAIRE (44) Le VIP	12 TOURS / MJC Joué les Tours
15 TOULOUSE / Le Havana Café	13 STRASBOURG / La Laiterie
17 DIJON / La Vapeur	**14 PARIS / Telerama Dub Fest. .**
20 PRINTEMPS DE BOURGES	**Le Divan du Monde**
23 MONTPELLIER / Le Victoire 2	Un événement Télérama
24 AGEN / Le Florida	
29 LAVAL / Salle Polyvalente	
30 SAVIGNY (77) L'Empreinte	

TRIPSICHORD DISTRIBUTION
70 rue de Strasbourg 94300 Vincennes
Tel: 01 53 66 97 20 - Fax: 01 41 74 0042

Annexe VII

Liste des instituts de sondage, des tops, classements et rotations

Instituts de sondage	
CSA (www.csa-fr.com)	**Services fournis :** études quantitatives face à face et par téléphone, études *ad hoc,* omnibus 2 ou 3 fois/mois, études qualitatives.
GFK Retail and technology France (www.gfk.com)	**Services fournis :** analyse du marché du CD audio en France. **Types de produits ou services traités :** panel distributeurs CD audio portant sur l'exhaustivité des références vendues. **Fréquence des résultats :** mensuelle et hebdomadaire.
Médiamétrie (www.mediametrie.fr)	**Services fournis :** mesure d'audience de la radio, TV, cinéma, Internet, multimédia et autres médias, audience de la télévision (Médiamat, MédiaCabSat, etc.), Internet (Médiamétrie/ Netrating, Médiamétrie-eStat), le cinéma (75000 Cinémas, Cinépro avec Nidsen EDJ); études d'environnement (Media In Life, la référence des équipements multimédia avec GFK, etc.); l'audience de la télévision dans plus de 80 pays avec Eurodata TV Worlwilde. L'étude Cross Médias. **Types de produits enquêtés :** 126000 radios : mesure permanente de l'audience des dernières 24 h de la radio en France, panel radio (connaître en profondeur le comportement d'écoute); médias locales : mesure permanente de l'audience de la radio des 15 ans et +, sur 91 agglomérations, 58 départements et 20 régions. **Mode de sélection :** mesure et description selon des critères sociodémographiques de consommation et de possession. **N.B. :** études et enquêtes *ad hoc* pour répondre à tout type de problématiques spécifiques : auditorium, test de programmation, test de concept, etc.
Kantar Media (www.kantarmedia.com)	**Services fournis :** Kantar Média explore tous les médias (presse, radio, TV, Internet, cinéma, affichage extérieur, téléphonie mobile, média courrier, média tactique et de proximité) à l'échelle internationale, 24 h/24, 7 j./7, et offre une gamme complète d'outils et de diagnostics : veille des investissements et des créations publicitaires, revue de presse et analyse des couvertures médiatiques, mesure d'impact et d'efficacité des actions de *sponsoring*; études média-consommation. **Types de produits enquêtés :** tous. **Références :** prestataire du Snep pour la gestion et la commercialisation de sa base de données; prestataire du CSA pour la mesure des quotas de diffusion de chansons françaises sur les stations de radio. **Fréquence des résultats :** quotidienne, hebdomadaire, mensuelle.
TNS Sofres (www.tns-sofres.com)	**Services fournis :** la Sofrès réalise des études de mesure d'audience, de satisfaction des mesures d'impacts publicitaires pré et post-tests de campagne, et propose des mesures d'image institutionnelle (département *sponsoring*), des analyses de retour image (département sémiométrie), etc.
Yacast France (www.yacast.fr)	**Services fournis :** analyse des diffusions musicales et publicitaires en radio et TV, *streaming* radio, discothèque, vidéo musicale en ligne. **Types de produits enquêtés :** Muzicast, Muzicast Web (en partenariat avec Dailymotion). **Mode de sélection :** service B to B. **Fréquence des résultats :** données en temps réel. **N.B. :** prestataire officiel de l'industrie musicale.
Easyscore (www.easyscore.fr)	**Services fournis :** études et recherches musicales, études *online*. **Types de produits enquêtés :** *consulting radio, focus group*.
Media Forest (www.mediaforest-france.com)	**Services fournis :** spécialiste de la pige musicale, propose toute une série d'outils *online* destinés aux professionnels de la musique et aux artistes leur permettant d'obtenir des informations personnalisées et précises, en temps réel et à un moindre coût, sur leur diffusion musicale, classement top 100. **Types de produits enquêtés :** 40 radios et 20 chaînes de télévisons. **Mode de sélection :** *tracking* en temps réel. **Fréquence des résultats :** temps réel.

Tops, classements, et rotations	
La Funlist (www.funradio.fr)	**Type de classement :** les « meilleurs titres *dancefloor* ». **Description :** classement effectué par les auditeurs de Fun Radio. **Système de sondage et compilation des résultats :** SMS, Internet et tél. au 3228. **Liste des radios/points de vente :** Fun List quotidienne 19 h-21 h classement titres *dancefloor*; Radio Ne York dit RNY quotidienne minuit-01 h le son de New York tous les soirs sur Fun Radio mixé par Dario; Radio Ibiza quotidienne minuit-06 h les meilleurs DJ français électro en *live* chaque soir. **Support de publication :** compilation mensuelle.
Féraliste (www.ferarock.org)	**Description :** *airplays* généraux des radios Férarock. **Système de compilation des résultats :** compilation des *airplays* des radios Férarock. **Fréquence de réalisation du classement :** bimensuel/mensuel. **Liste des radios/points de vente :** 103 (Périgueux), 666 (Caen), Arverne (Clermont-Ferrand), Ballade (Esparaza), Beaub FM (Limoges), Béton (Tours), Canal B (Rennes), Chuo FM (Ottawa), CIBL (Montréal), Coloriage (Fain les Moutiers), Coteaux (Auch/Tarbes), C'Rock (Vienne), Dio (St-Etienne), Équinoxe (Namur), Eko (Montpellier), FMR (Toulouse), Fréquence Mutine (Brest), Graf'Hit (Compiègne), Gresivaudan (Grenoble), Jet FM (Nantes), P.F.M (Arras), Panik (Bruxelles), Primitive (Reims), Radio en construction (Strasbourg), RCN (Nancy), RCV (Lille), Sauvagine (Bordeaux), Sol FM (Lyon), Vallée FM (Marne-la-Vallée). **Support de publication :** *Les Inrockuptibles, Guitare Mag,* fanzines divers, site Internet Férarock. **N.B. :** 30 titres dans *Les Inrockuptibles*, 70 titres sur site Internet.
GFK Music (panelsculture.gfk.fr)	**Description :** tops albums, singles, compositions, *back catalogue*, vidéos, téléchargement. **Système de sondage :** panel distributeurs. Vente au consommateur final (sorties caisse). **Fréquence de réalisation du classement :** hebdomadaire. **Support de publication :** support électronique, site Internet. **N.B. :** GFK a racheté Ifop Music et ses activités de classement des meilleures ventes de singles, albums et compilations grâce à un panel de distributeurs physiques et numériques.
Le Palmarès (www.adisq.com)	**Description :** magazine industriel des palmarès radio au Québec. **Système de sondage :** BDS, Soundscan et compilation de palmarès radio. Système Le Palmarès (conçu exprès pour la compagnie). **Fréquence de réalisation du classement :** hebdomadaire. **Support de publication :** papier, PDF.
Le Palmarès international des musiques francophones (www.francodiff.org)	**Description :** palmarès mensuel et annuel établi à partir des *playlists* des radios partenaires de Francophonie diffusion. **Système de sondage :** déclaratif. **Critères de sélection des radios :** partenariat. **Fréquence de réalisation du classement :** mensuel et annuel. **Liste des radios/points de vente :** 450 radios partenaires. **Support de publication :** papier, *mailing*, site officiel et sites communautaires (MySpace, Facebook, Twitter, etc.).
Powerblues (www.radiosblues.com)	**Description :** classement des nouveautés blues. **Système de sondage :** interne au collectif. **Critères de sélection des radios :** collectif Radio blues. **Fréquence de réalisation du classement :** mensuel (+ 1 annuel). **Liste des radios/points de vente :** collectif Radio blues, dans les pays francophones. **Support de publication :** magazine *Crossroad*, www.bluesactu.com.
Quota (radio.rennes.free.fr/quota.php)	**Description :** classement de 35 artistes francophones reflétant la diffusion sur les antennes de 17 radios associatives, membres de l'association Quota. **Système de sondage :** déclaratif, *playlist* francophone des radios. **Critères de sélection des radios :** radios travaillant, entre autres, sur la chanson francophone. **Fréquence de réalisation du classement :** mensuel. **Médias sondés :** Alternantes FM (Nantes), radio Association (Montauban), Radio Club (Valenciennes), radio Harmonie (Vienne), radio Kaléidoscope (Grenoble), radio Mon Païs (Toulouse), radio Nevers (Coulanges), radio Pulsar (Poitiers), radio Rennes (Rennes), radio Résonance (Bourges), radio Transparence (Foix), radio Val de Reins (Amplepuis), radio Zéma (St-Chély-d'Apcher), radio Évasion (St-Méen), radio Active (Toulon), radio Château (Soudan), radio Chrono (St-Père-en-Retz). **Support de publication :** *Armor Magazine, Je chante !.*

Albums (www.disque enfrance.com)	**Description :** classement hebdomadaire des 200 meilleures ventes de LP en magasins, 250 meilleures ventes de LP fusionnés (LP vidéos), 50 meilleures ventes de LP en téléchargement, 40 meilleures ventes de compilations en magasins, 40 meilleures ventes *back catalogue* en magasins, 20 meilleures ventes de LP par thématique (30 pour le classique, jazz et musique du monde) en magasins. **Système de sondage et compilation des résultats :** réalisé par Ifop, GFK : lecture des codes-barres aux caisses d'un échantillon de magasins représentatifs du marché français. **Support de publication :** http://musiqueautop.com, http://www.chartsinfrance.net/charts.
Titres/singles (www.disque enfrance.com)	**Description :** classement des 100 meilleures ventes de singles en magasins, 50 meilleurs ventes de titres en téléchargement. **Système de sondage et compilation des résultats :** réalisé par Ifop, GFK : lecture des codes-barres aux caisses d'un échantillon de magasins représentatifs du marché français. **Support de publication :** http://musiqueautop.com, http://www.chartsinfrance.net/charts.
Virgin Stores (www.virgin megastore.fr)	**Type de classement :** distribution de produits culturels. **Description :** classement hebdomadaire des 30 meilleures ventes d'albums, dans les 37 magasins Virgin (Paris, Bordeaux, Lyon, Marseille, Rennes, Toulon, etc.). **Système de sondage :** relevé informatique des ventes dans les magasins. **Critères de sélection des radios/points de vente :** points de vente. **Fréquence de réalisation du classement :** hebdomadaire. **Support de publication :** catalogue.
World Music Charts Europe (www.wmce.de)	**Description :** chaque mois 45 spécialistes de *world music* de radios de 24 pays européens sélectionnent leur propre *top ten* favori (en dehors des sorties *world music* actuelles) de leurs *playlists* et les envoient à Berlin. **Critères de sélection des radios :** fréquence de temps de passage à l'antenne. **Fréquence de réalisation du classement :** mensuelle. **Support de publication :** émission, en ligne, impression de magazines dans divers pays.
Le XXX de France (www.ferarock.org)	**Description :** compilation mensuelle des listes de diffusion des radios de la Férarock. Elle concerne les artistes français et francophones, tous supports confondus. **Fréquence de réalisation du classement :** mensuel. **Liste des radios/points de vente :** toutes les infos sur www.ferarock.org. **Support de publication :** *Francofans*, CD1D, mailings. **N.B. :** l'un des tremplins bien connus des jeunes artistes.
Le Palmarès international des téléchargements (www.francodiff.org)	**Description :** palmarès des titres les plus téléchargés par les radios partenaires de Francophonie diffusion. **Système de sondage :** déclaratif. Décompte. **Critères de sélection des radios :** partenariat. **Fréquence de réalisation du classement :** bimensuel. **Liste des radios/points de vente :** 450 radios internationales partenaires. **Support de publication :** www.francodiff.org.
Plus FM (www.yacast.fr)	**Type de classement :** pour les radios locales. **Description :** classement hebdomadaire établi à partir de la programmation musicale des 31 radios locales de son « Panel Plus FM ». **Système de sondage et compilation des résultats :** la position des titres est pondérée à partir de l'audience des stations du panel, chaque diffusion étant affectée du nombre moyen d'auditeurs selon l'étude Médialocales de Médiamétrie. **Système de compilation des résultats :** la programmation musicale des stations du Panel Plus contribue à l'établissement du classement général ainsi que des classements thématiques et agglomérations. **Liste des radios/points de vente :** le panel Plus FM : 100 % Radio (Carcassonne), 107.7 FM (Réseau Autoroutier), Beur FM (Réseau Multivilles), D!rect FM (Metz), Delta FM Nord (Dunkerque), ECN (Mulhouse), Évasion FM (Evry + grande couronne IDF), Flash FM (Limoges), Forum (Orléans), Fréquence Plus (Dole / Dijon), Générations 88.2 (Paris), Happy FM (Reims), Hit & Sport (Lyon), La Radio de la Mer (Brest), Lor'FM (Metz), Magnum (Contrexéville), Mistral FM (Aubagne), Mona FM (Lille), Nice Radio (Nice), Normandie FM (Alençon), Ouest FM (Angers), Radio 8 (Sedan), Radio Maritima (Martigues), Radio MTI (Valence), Radio Néo (Paris / Toulouse), Radio Star (Vesoul), Résonance (Fécamp), RTS FM (Nîmes), RVM (Charleville-Mézières), Tendance Ouest (Cherbourg) et Totem (Rodez). **Support de publication :** web, musique, info.

Vidéomusicales (www.disque enfrance.com)	**Description :** 40 meilleures ventes de vidéos musicales en magasins. **Support de publication :** www.chartsinfrance.net/charts.
Noomiz www.noomiz.com	**Type de classement :** classement des artistes émergents inscrits sur la plateforme. **Système de sondage et compilation des résultats :** mesure l'adhésion des internautes à la musique, en s'appuyant sur une technologie de traitement de l'information baptisée NRank©. Cette technologie mesure de façon qualitative les audiences réalisées sur les blogs, réseaux sociaux, sites officiels, etc. **Fréquence de réalisation du classement :** mensuelle. **Support de publication :** *Musique Info* et Noomiz.com. **Particularités :** mesure qualitative tenant compte du comportement de l'auditeur. **N.B. :** Noomiz analyse également les audiences *online* d'artistes « signés », pour le compte de leurs managers, tourneurs, éditeurs ou labels. Les informations sont alors disponibles via l'outil NScan©.

Annexe VIII

Exemple de fiche radio Alchimystik

Le label

ES'PRIM

PRESENTE

alchimystik

Merci de bien vouloir remplir cette fiche retour et nous la renvoyer

Votre **note** sur ce maxi et **commentaires** : 1 2 3 4 5 6 7 8 9 10
....
....
Titre préféré :..

Accueil des auditeurs (commentaire) :
....
....
....
....

Ce maxi entre-t-il dans votre **playlist** :
Si oui, à combien de rotation : .../jour .../semaine

Jouerez vous ce maxi dans les **émissions spés** ?

Nom de l'émission :...
Jour et Horaire :...
Nom de l'animateur :...

Référence de la radio(tempo si possible) :...
....
....
Numéro de téléphone : .../.../.../.../...

Demande d'opé :...
Demande d'interview ou phoner :..

Merci de renvoyer cette fiche-retour :
promospe@hotmail.com
ou à l'adresse suivant :
Es'Prim
Houndjo Arnaud
2 Passage Penel
75018 Paris

Annexe IX

Exemple de fiche radio Ruda Salska

LOÏC DA SILVA
Joue LA RUDA SALSKA

Sortie : **11 juillet 2003**

Merci de nous retourner cette fiche
Par fax au 02 47 44 37 02
Ou par e-mail à rudacedou@wanadoo.fr

Ceci n'est pas un disque karaoké, ni une version Easy Listening de la Ruda Salska destinée aux oreilles fragiles et encore moins un Best Of !
Sur cet album (CD et vinyles / 11€), **Loïc Da Silva**, jeune interprète de la région tourangelle, revisite à l'accordéon des morceaux de la Ruda - trois de chaque album, plus **un inédit chanté par Pierrot**, le chanteur du groupe - transposant leur univers dans un autre temps.
Accordéoniste de Wig a Wag, champion du monde du piano à bretelles, médaille d'Or from Saint Pierre des Corps, Loïc a aussi joué avec Tayfa et Asha-B. Pianiste à ses heures, il a également tourné avec Big Joe Turner.
Auto-produit par le label de la Ruda et distribué par Tripsichord, ce disque est né aussi de l'envie de se faire plaisir. Se faire plaisir sur un projet audacieux, se faire plaisir à réinventer les morceaux, se faire plaisir avec cet instrument qui vous pousse les mélodies, la soif et l'envie de chanter...
Inclus sur le CD : un clip inédit de la Ruda sur "Trianon"

FICHE RADIO
Nom de la radio :
Programmateur :
Emission :
Téléphone et e-mail :
Quel Titre diffusez-vous :
Nombre de rotations hebdo :
Avis et commentaires :

FICHE PRESSE
Nom du magazine / journal / fanzine :
Rédacteur :
Téléphone et e-mail :
Allez-vous chroniquer l'album :
Date de parution :
Avis et commentaires :

Pour les interviews et les infos
contacter Cédric ou Flavie au 02 47 44 37 02

Les associés du Réel

40 bis, rue Martin Audenet
37700 Saint Pierre des Corps
Tel / Fax : 02 47 44 37 02

Annexe X

Certifications Snep et Impala

En juillet 2009, le SNEP a modifié les seuils des certifications albums et vidéo afin de mieux tenir compte des récentes évolutions du marché. Les nouveaux seuils sont les suivants (en nombre d'exemplaires) :

	SINGLE	ALBUM	VIDEO
ARGENT	Supprimé	Supprimé	X
OR	150000	50000	7500
PLATINE	250000	100000	15000
DOUBLE PLATINE	X	200000	30000
TRIPLE PLATINE	X	300000	45000
DIAMANT	400000	500000	60000

Impala Awards

Impala Silver	20000
Impala Gold	75000
Impala Diamond	200000
Impala Platinum	400000
Impala Double Platinum	800000

Annexe XI

Bibliographie

Ouvrages

ADAMI, *Guide de la négociation des contrats d'artistes*, Paris, Adami, 2005.

APCE, VINAY Élisabeth, *Réaliser votre étude de marché,* Paris, APCE, 2007.

BACACHE Maya, BOURREAU Marc, GENSOLLEN Michel, MOREAU François, *Les Musiciens dans la révolution numérique,* Paris, Irma éditions, coll. « ®évolutic », 2009.

BERGER Virginie, *Musique et stratégies numériques,* Paris, Irma éditions, coll. « ®évolutic », 2011.

BERT Jean-François, *L'Édition musicale,* Paris, Irma éditions, coll. « Métiers de la musique », 2011.

BISAILLON Jean-Robert, *Le Petit Guide Internet pour les auteurs et compositeurs*, Montréal, Spacq, 2007.

BOUVERY Pierre-Marie, *Les Contrats 360°,* Paris, Irma éditions, coll. « ®évolutic », 2011.

BOUVERY Pierre-Marie, *Les Contrats de la musique*, Paris, Irma éditions, coll. « Métiers de la musique », 2008.

CHAUVIN Pascal, *Devenez pro des relations presse*, Paris, Gualino, 2011.

COULTER Léo, JONES Richard, *Enregistrer sa musique et la diffuser sur Internet,* Paris, Eyrolles, 2010.

CURIEN Nicolas, MOREAU François, *L'Industrie du disque*, Paris, La Découverte, 2006.

DUDIGNAC Charlotte, MAUGER François, *La Musique assiégée*, Montreuil, L'Échappée, 2008.

FRANÇOIS Pierre, *La Musique. Une industrie, des pratiques*, Paris, La Documentation française, coll. « Les Études de la documentation française », n° 5270, 2008.

GAILLARD Philippe, JACQUINOT Christophe, *Le Guide du producteur de disques*, Paris, Dixit/Cir, 1990 *(épuisé).*

GARRAULT Hervé, *Communication et marketing de l'association,* Paris, Juris éditions, 2008.

GOMBERT Ludovic, PICHEVIN Aymeric, *Autoproduire son disque*, Paris, Irma éditions, coll. « Métiers de la musique », 2006 (épuisé).

GUIBERT Gérôme, *Les Nouveaux Courants musicaux*, Saint-Amant-Tallende/Paris, éd. Mélanie Séteun/Irma éditions, 1998 (épuisé, disponible en PDF).

GUIBERT Gérôme, *La Production de la culture,* Saint-Amant-Tallende/Paris, éd. Mélanie Séteun/Irma éditions, coll. « Musique et société », 2005.

GUILLOUX Jean-Marie, *Les Contrats d'enregistrement de phonogrammes*, Paris, Adami, 2005.

HEIN Fabien, *Le Monde du rock*, Saint-Amant-Tallende/Paris, éd. Mélanie Séteun/Irma éditions, coll. « Musique et société », 2006.

IRMA, *L'Officiel de la musique 2011*, Paris, Irma éditions, 2010.

KEEN ANDREW, *Le Culte de l'amateur. Comment Internet tue notre culture*, Paris, Scali, 2008 (épuisé).

LANGE André, *Stratégies de la musique*, Wavre (Belgique), éditions Pierre Mardaga, 1986.

LEFEUVRE Gildas, *Le Producteur de disques*, Paris, Dixit/Irma, 1998.

MILLER Michael, *Guide ultime du web marketing*, Paris, First Interactive, 2011.

PICHEVIN Aymeric, *Le Disque à l'heure d'Internet. L'industrie de la musique et les nouvelles technologies de diffusion*, Paris, L'Harmattan, 1997.

SOK Borey, *Musique 2.0*, Paris, Irma éditions, coll. « ®évolutic », 2007 (épuisé, disponible en PDF).

TORREGANO Emmanuel, *Vive la crise du disque !*, Paris, Les Carnets de l'info, 2010.

Articles

AARON Didier, LEBOEUF Danielle, SAMYN Corinne, « Musiques et médias : un mariage de raison », *Dossiers de l'audiovisuel*, n° 97, mai-juin 2001.

ASTOR Philippe, « Quel avenir pour le streaming ? », *Musique info*, n° 512, décembre 2009.

ASTOR Philippe, « Scénarii post-Hadopi : trois témoins se projettent dans l'avenir », *Musique info,* n° 507, juin 2009.

ASTOR Philippe, « Quand l'éditorial se transforme en méta-données de la musique », *Musique info*, n° 506, juin 2009.

ASTOR Philippe, « Extension de la durée de protection des droits voisins en Europe. Nature, enjeux et controverse », entretien avec Michel Lambot, *Musique info,* n° 504, mars 2009.

ASTOR Philippe, « Industrie du phonogramme : quelles perspectives face à la crise financière ? », *Musique info,* n° 502, janvier 2009.

ASTOR Philippe, BERROD Romain, « Placement de produit dans les clips : une chance pour l'industrie ? », *Musique info,* n° 518, juin 2010.

ASTOR Philippe, BERROD Romain, « À qui profite la gestion collective ? », *Musique info*, n° 515, mars 2010.

ASTOR Philippe, BERROD Romain, POTDEVIN Pascalin, « La presse musicale : entre tournant numérique et tourmente économique », *Musique info*, n° 506, mai 2009.

ASTOR Philippe, RIBAC François, « Les Éditeurs ont perdu le monopole de la reproduction de musique à grande échelle », *Musique info hebdo*, n° 443, 13 juillet 2007.

BERROD Romain, « Les revenus numériques en question », *Musique info,* n° 511, novembre 2009.

BERROD Romain, PHILIPPE-BERT Maud, « La blogueuse, le journaliste et la critique musicale », *Musique info*, n° 519, juillet 2010.

BERROD Romain, « Le nouveau paradigme de l'industrie musicale : une redéfinition radicale du marketing de la musique », *Musique info,* n° 505, avril 2009.

BERROD Romain, « Tous égaux devant le crédit d'impôt ? », *Musique info*, n° 514, mars 2009.

BERROD Romain, PEYRAUD Sébastien, « Merchandising : quel potentiel ? », *Musique info,* n° 509, septembre 2009.

BERROD Romain, PHILIPPE-BERT Maud, « Musique et internet, entre quatre yeux », débat entre David El Sayegh et Philippe Axel, *Musique info*, n° 509, septembre 2009.

BERROD Romain, PHILIPPE-BERT Maud, « Allons-nous tous changer de métier ? changements dans les professions de la filière musicale en pleine mutation », *Musique info*, n° 506, mai 2009.

BERROD Romain, PHILIPPE-BERT Maud, « Musique et marques : vers des associations vertueuses ? », *Musique info*, n° 502, janvier 2009.

JACOB Benjamin, JACOB Julie, « Les contrats proposés par les sites de production participative », *Musique info,* n° 502, janvier 2009.

BIGAY Romain, « La révolution 360° a-t-elle eu lieu ? », *IrmACTU*, n° 53, Irma, 2011.

BIGOTTI Jean-Noël, « Le fan, l'artiste et le marketing », *IrmACTU*, n° 57, Irma, 2011.

BIGOTTI Jean-Noël, « La supervision musicale », *IrmACTU*, n° 50, Irma, 2010.

BLONDEAU Thomas, « Rap indépendant : ma petite entreprise… », *Musique info hebdo*, n° 473, 4 avril 2008.

BOUTON Rémi, « L'enjeu des métadonnées musicales », *IrmACTU*, n° 56, Irma, 2011.

CORDEREIX Pascal, « Les Soixante-dix ans du dépôt légal du "disque" » [en ligne], *Chroniques*, n° 43, BNF, mars/avril 2008 [consulté le 23 mai 2011], http://www.irma.asso.fr/Les-70-ans-du-depot-legal-du

DAVET Stéphane, MORTAIGNE Véronique, « Le téléphone fait battre le cœur de la filière musicale », *Le Monde*, 22 janvier 2011.

DAVET Stéphane, LABESSE Patrick, « Les producteurs de disques se transforment en producteurs de concerts », *Le Monde*, 9 mai 2007.

De BODINAT Henri, « Les Indépendants sont le Viagra des majors », *La Lettre du disque,* n° 330, 19 mars 2002.

GARNIER Agnès, « Fonds d'avances aux industries musicales, mode d'emploi », *Le Jurisculture*, n° 104, février 2008.

GILLET Camille, « L'emploi dans le disque », *IrmACTU*, n° 52, Irma, 2010.

HAOUR Patrick, « La Crise du disque accroît-elle la place des managers ? », *Musique info hebdo*, n° 431, 20 avril 2007.

LACHER Kathleen, « Hedonic Consumption : Music as a product », *Advances in Consumer Research*, vol. 16, 1989, p. 367-373.

LEDAUPHIN Cédric, « 15 leçons pour l'industrie du disque », *Numérama*, 9 janvier 2008 [consulté le 23 mai 2011], http://www.numerama.com/magazine/5923-15-lecons-pour-l-industrie-du-disque.html

LEFEUVRE Gildas, « Domaine public *vs* domaine protégé. Le patrimoine sonore, la mémoire collective en danger. Interview de Patrick Frémeaux » [en ligne], *GL Connection*, n° 51, 5 mai 2008 [consulté le 23 mai 2011], http://reseauglconnection.com/article-19294525.html

LEGRAND Emmanuel, « Le rapport Zelnik à l'épreuve du Midem : les professionnels réagissent et commentent », *IrmACTU*, n° 43, Irma, 2010.

MILLIARD Mathias, « La distribution numérique », *IrmACTU*, n° 47, Irma, 2010.

MILLIARD Mathias, « Convention collective de l'édition phonographique », *IrmACTU*, n° 35, Irma, 2009.

MILLIARD Mathias, « Labels en ville : les dispositifs locaux de soutien à la filière discographique », [en ligne], *IrmACTU*, n° 16, Irma, 2007, http://newsletter.irma.asso.fr/irmactu.php?id=29

MORTAIGNE Véronique, SICLIER Sylvain, « le marché français du disque poursuit sa longue chute », *Le Monde*, 25 janvier 2011.

OTT Arsène, « Crise de l'industrie musicale et enjeux documentaires » [en ligne], 2003 [consulté le 23 mai 2011], http://www.acim.asso.fr/spip.php?article82

PHILIPPE-BERT Maud, « Le "do it yourself" : miroir aux alouettes ou passage obligé ? », *Musique info*, n° 510, octobre 2009.

PHILIPPE-BERT Maud, « Le métier de directeur artistique aujourd'hui », débat avec Marc Thonon, Vincent Frèrebeau, Julien Bassouls, Emmanuel de Buretel, Kévin Douvillez, Sylvain Taillet, *Musique info,* n° 510, octobre 2009.

PHILIPPE-BERT Maud, « Convention collective : un pas en avant pour deux pas en arrière ? », *Musique info*, n° 508, juillet 2009.

PHILIPPE-BERT Maud, « Culture et Internet : faut-il avoir peur de la gratuité ? », *Musique info*, n° 507, juin 2009.

PHILIPPE-BERT Maud, « Sommet mondial du droit d'auteur : good work ! », *Musique info*, n° 507, juin 2009.

POTDEVIN Pascaline, « Quand les artistes confirmés reprennent leur indépendance », *Musique info hebdo*, n° 487, 11 juillet 2008.

POUSSIELGUE Grégoire, « Musique : les labels doivent encore transformer l'essai dans le numérique », *Les Échos*, 10 septembre 2010.

POUSSIELGUE Grégoire, « Les Petits Producteurs demandent au gouvernement de maintenir son soutien », *Les Échos*, 25 janvier 2008.

WEKSTEIN Isabelle, « Chronique juridique : les contrats d'artiste face aux contraintes du droit du travail », *La Lettre du disque*, n° 287, 20 mars 2001.

Mémoires et rapports

Accord interprofessionnel entre les radiodiffuseurs, les producteurs de phonogrammes et les éditeurs de musique, [en ligne], 2003 [consulté le 17 juillet 2008], http://www.culture.gouv.fr/culture/actualites/communiq/aillagon/code-projet.html

Convention collective nationale de l'édition phonographique, version consolidée au 1er janvier 2011.

BAPTISTE Éric, *Rapport du groupe de travail sur les relations entre les radios et la filière musicale* [en ligne], 2002 [consulté le 23 mai 2011], http://www.culture.gouv.fr/culture/actualites/rapports/baptiste/rapport.rtf

BOUZIDI Yacine, *Étude sur les vidéomusiques et les clips musicaux,* mémoire de master 2 Management des organisations culturelles, université Paris IX Dauphine, 2011.

Bureau export, *Musique & numérique : décryptage des principaux marchés*, 2011.

CD1D, *CD1D : 6 ans d'initiatives indépendantes, projets et perspectives 2004-2010*, 2010.

COCQUEBERT Antoine, *Le Financement de l'industrie du disque*, Rapport établi à la demande du ministère de la Culture [en ligne], mars 2004 [consulté le 23 mai 2011], http://www.irma.asso.fr/Le-financement-de-l-industrie-du

CRAMET Mathilde, *Les Pouvoirs publics face aux difficultés des indépendants de l'industrie du disque en France*, maîtrise IEP de Grenoble, 2003.

CSA, *Étude sur les relations entre TF1 et Métropole Télévision et la production phonographique* [en ligne], Paris, CSA, 2003 [consulté le 23 mai 2011], http://www.csa.fr/actualite/communiques/communiques_detail.php?id=12813.

Les Industries culturelles européennes dans un environnement numérique, colloque de la Présidence française, Lyon 11 et 12 septembre 2000.

LABARTHE PIOL Benjamin, *L'impact d'Internet sur l'industrie du disque : vers un nouveau régime de croissance*, thèse, université Paris Dauphine, 2005.

MERINO Cédric, *Les Moyens d'actions marketing appliqués à l'industrie du disque*, DU Gestion et économie de projets musicaux, Nanterre, 2002.

MICHAUT Franck, *Le Marketing du disque face à ses limites*, mémoire de DESS gestion des institutions culturelles, Paris IX, 2002.

Ministère de la Culture et de la Communication, *Le crédit d'impôt en faveur de la production phonographique*, DGMIC, mise à jour au 19 avril 2011. [consulté le 23 mai 2011], http://www.ddm.gouv.fr/rubrique.php3?id_rubrique=180

Ministère de la Culture et de la Communication, *Économie de la production phonographique*, DGMIC, 2004, [consulté le 23 mai 2011], http://www.ddm.gouv.fr/pdf/guez_0304.pdf

MOATI Philippe, *Prospective du commerce physique de biens culturels*, DEPS, Culture Prospective, 2011-1, 2011.

MONTEL Mathilde, *Quelle stratégie de communication pour les labels de musique indépendants, afin de réussir dans un marché dominé par les majors*, mémoire de communication, EFAP, 2007.

MOYON Émilien, *Nouvelles pratiques de consommation et innovations technologiques : quels impacts sur l'industrie de la musique ?*, mémoire de master, IAE, Lille, 2006.

PICHEVIN Aymeric, *Le Destin d'une œuvre à l'ère numérique* [en ligne], Paris, Adami, 2008 [consulté le 23 mai 2011], http://www.irma.asso.fr/Le-destin-d-une-oeuvre-a-l-ere

SACHET Bastien, *Sources d'information utilisées dans l'achat de disques : outil de segmentation ?*, mémoire de DEA, 2001.

UPFI, *Livre blanc : les objectifs prioritaires des producteurs de phonogrammes pour l'année 2002* [en ligne], Paris, Upfi, 2002 [consulté le 23 mai 2011], http://www.irma.asso.fr/Livre-blanc-de-l-UPFI-2002

ZELNIK Patrick, TOUBON Jacques, CERUTTI Guillaume, *Création et Internet : Rapport au ministre de la Culture et de la Communication*, Paris, ministère de la Culture et de la Communication, 2009.

Les États des lieux chiffrés (données chiffrées mises à jour chaque année)

Ifpi, *Digital Music Report* (lien : http://www.ifpi.org/content/section_statistics/index.html).

Ministère de la Culture et de la Communication, département des études et de la prospective, *Chiffes* clés, La Documentation française.

Observatoire de la musique, diverses études, http://observatoire.cite-musique.fr/observatoire/etudes_.asp?cle_appel=M1.

Snep, toutes les études du Snep sont disponibles ici : http://www.disqueenfrance.com/fr/pag24-CHIFFRES-DU-MARCHE.html.

Yacast, toutes les études de Yacast sont disponibles ici : http://www.yacast.fr/fr/accueil-adv-etudes.html

Les fiches pratiques de l'Irma

Tout savoir, de la scène au disque : disponible en ligne sur www.irma.asso.fr/Tout-savoir-de-la-scene-au-disque

- Le statut de l'artiste-interprète
- Tarifs artistes
- Le choix d'une structure de production (disque et spectacle)
- Les aides au disque
- Tableau des aides aux projets
- Droits voisins et copie privée
- Le Fonds pour la création musicale (FCM)
- Les aides à la diffusion internationale et à l'export
- Les trois étapes du disque.
- Fiscalité des auteurs et artistes-interprètes
- La recherche de partenaires privés
- Le crédit d'impôt

Annexe XII

Adresses utiles

ADAMI – Société civile pour l'administration des droits des artistes et musiciens-interprètes
14/16 rue Ballu
75009 PARIS
tél. : 01 44 63 10 00
fax : 01 44 63 10 10
www.adami.fr

ADMICAL – Association pour le développement du mécénat industriel et commercial
26 ter rue Ordener
75018 PARIS
tél. : 01 42 55 20 01
fax : 01 42 55 71 32
contact@admical.org – www.admical.org

APCE – Agence pour la création d'entreprise
14 rue Delambre
75682 PARIS CEDEX 14
tél. : 01 42 18 58 58
fax : 01 42 18 58 00
www.apce.com

BIBLIOTHÈQUE NATIONALE DE FRANCE
Département de l'audiovisuel, service des documents sonores
Quai François Mauriac
75706 PARIS CEDEX 13
tél. : 01 53 79 53 26
fax : 01 53 79 47 21
audiovisuel@bnf.fr – www.bnf.fr

CNV – Centre national de la chanson, des variétés et du jazz
9 bd des Batignolles
75008 PARIS
tél. : 01 56 69 11 30
fax : 01 53 75 42 61
info@cnv.fr – www.cnv.fr

FCM – Fonds pour la création musicale
14 bd du général Leclerc
92200 NEUILLY-SUR-SEINE
tél. : 01 48 78 50 60
fax : 01 45 96 06 97
info@lefcm.org – www.lefcm.org

IFCIC – Institut pour le financement du cinéma et des industries culturelles
46 av. Victor Hugo
75116 PARIS
tél. : 01 53 64 55 55
fax : 01 53 64 55 66
saunier@ifcic.fr – www.ifcic.fr

INPI – Institut national de la propriété industrielle
26 bis rue de Saint-Pétersbourg
75800 PARIS CEDEX 08
tél. : 0 820 213 213
fax : 01 53 04 45 23
www.inpi.fr

OBSERVATOIRE DE LA MUSIQUE
Cité de la musique
221 av. Jean Jaurès
75019 PARIS
tél. : 01 44 84 46 62
fax : 01 44 84 46 58
observatoire@cite-musique.fr – http://observatoire.cite-musique.fr/observatoire

SACEM – Société des auteurs, compositeurs et éditeurs de musique
225 av. Charles de Gaulle
92528 NEUILLY-SUR-SEINE CEDEX
tél. : 01 47 15 47 15
fax : 01 47 15 47 16
eric.debondy@sacem.fr – www.sacem.fr

SCPP – Société civile des producteurs phonographiques
14 bd du Général Leclerc
92527 NEUILLY-SUR-SEINE CEDEX
tél. : 01 41 43 03 03
fax : 01 41 43 03 26
contact@scpp.fr – www.scpp.fr

SDRM – Société pour l'administration du droit de reproduction mécanique
225 av. Charles de Gaulle
92528 NEUILLY-SUR-SEINE CEDEX
tél. : 01 47 15 47 15
fax : 01 47 45 12 94
catherine.kerr.vignale@sacem.fr – www.sdrm.fr

SDLC – Syndicat des distributeurs de loisirs culturels
16 bd Général Leclerc
Bât F – 2e étage
92110 CLICHY
tél. : 01 55 90 86 69
fax : 01 55 90 86 69
contact@sdlc.fr – www.sdlc.fr

SESAM
225 av. Charles De Gaulle
92528 NEUILLY-SUR-SEINE CEDEX
tél. : 01 47 15 87 24
fax : 01 47 15 87 99
sesam@sesam.org – www.sesam.org

SNEP – Syndicat national de l'édition phonographique
14 bd du général Leclerc
92200 NEUILLY-SUR-SEINE
tél. : 01 47 38 04 04
fax : 01 53 76 07 30 / 01 53 76 07 33
valerie.dete@snepmusique.com – www.disqueenfrance.com

SPEDIDAM – Société de perception et de distribution des droits des artistes-interprètes de la musique et de la danse
16 rue Amélie
75343 PARIS CEDEX 07
tél. : 01 44 18 58 58
fax : 01 44 18 58 59
info@spedidam.fr – www.spedidam.fr

SPPF – Société civile des producteurs de phonogrammes en France
28 rue de Châteaudun
75009 PARIS
tél. : 01 53 77 66 55
fax : 01 53 77 66 44
direction.generale@sppf.com – www.sppf.com

UPFI – Union des producteurs phonographiques français indépendants
28 rue de Châteaudun
75009 PARIS
tél. : 01 53 77 66 40
fax : 01 53 77 66 44
upfi@orange.fr – www.upfi.fr

Table des matières

Deuxième partie
La production

Quatrième partie
La distribution

Cinquième partie
La promotion

Sixième partie
L'entreprise

Annexes

Remerciements

Fabrice Absil, Pascal Anquetil (Cij), Malika Baaziz (Kaliiiiima) Fred Bapt, Bernard Batzen (Azimuth), Cynthia Bellemare, François Bensignor (CIMT), Virginie Berger, Romain Berrod, l'illustre Jean-François Bert, Romain Bigay, Jean-Robert Bisaillon, Valérie Bois (binôme, sans qui certaines parties particulièrement pénibles n'auraient pas pu prendre forme dès le début de la rédaction, un Google de remerciements...), Sarah Bonet (virtuose PAO), Marie-Pierre Bonniol (PopGirl), Xavier Bonnot (jette ce stylo rouge !), Rémi Bouton, Pierre-Marie Bouvery (l'inénarrable), Corinne Bret, Gilles Castagnac, Jill Caytan, Antoine Cocquebert (Wired expertise & commissariat, énormes remerciements pour les renseignements comptables), Elsa Cunci (Elsabitbol), Samantha Dahan, Julie Desvaux, Frédéric Drewniak (Cir), Jean-François Dutertre (Adami), Camille Gillet, Geneviève Girard (Azimuth), Gérôme Guibert, Meredith Hubble, Je cherche encore et toujours un ampli guitare 15 watts à lampe et une vieille Austin mini-break pas chère à retaper, Marine Joris (et le pastis), Anne-Sophie Juan (AOI), Stéphane Laïck (label manager At(h)ome), Floriane Lotton (Julie Panpan), spéciale dédicace à Olivier Mahieux, Aude Merlet, Mathias Milliard (*alias* un t deux ailes), Bertrand Mougin, Okus, Yann Perrin, Maud Philippe-Bert, Julien Pion, Marius Pion, Céline Poirier (œil de lynx), Réseau Ressource, Jérôme Roger (SPPF), Magali de Saint-Mathurin, Marie-José Sallaber, Vanessa Sebaoun, Sundy Tasker (je suis làààààà), Marc Thonon (PDG d'Atmosphériques), Morihei Ueshiba, Boris Vedel (directeur de Naïve music) et toutes celles et ceux que l'on a oubliés...

JE MONTE MON LABEL

Auteur : Jean-Noël BIGOTTI

L'équipe Irma

Directeur : Gilles Castagnac
Directrice adjointe : Marie-José Sallaber
Responsable des éditions : Jean-Noël Bigotti (que de sites à bâtir)
Responsable de la fabrication/secrétaire de rédaction : Sarah Bonet
Corrections : Céline Poirier
Distribution : Malika Baaziz et Sundy Tasker
Conception de la maquette couverture : Agence Bronx
Conception graphique et logo Irma : Agence Lalu
Régie publicitaire : Espace Vital (François Millet, 01 45 49 29 33)

Liste des annonceurs

SPPF : 2e de couverture

Directrice de la publication : Geneviève Girard

Achevé d'imprimer en juin 2011
par CPI Firmin Didot
à Mesnil-sur-l'Estrée

ISBN : 978-2-916668-34-5
Dépôt légal : juin 2011
N° d'impression : 106084
Prix : 35 €

Imprimé en France